国家社科基金
后期资助项目
GUOJIA SHEKE JIJIN HOUQI ZIZHU XIANGMU

基于贝叶斯MCMC算法的
寿险精算研究

胡仕强　著

中国财经出版传媒集团

经济科学出版社
Economic Science Press
北京

图书在版编目（CIP）数据

基于贝叶斯 MCMC 算法的寿险精算研究/胡仕强著
. --北京：经济科学出版社，2024.2
国家社科基金后期资助项目
ISBN 978 - 7 -5218 -5651 -4

Ⅰ.①基…　Ⅱ.①胡…　Ⅲ.①人寿保险 - 保险精算 -
研究　Ⅳ.①F840.622

中国国家版本馆 CIP 数据核字（2024）第 049976 号

责任编辑：胡蔚婷
责任校对：杨　海
责任印制：范　艳

基于贝叶斯 MCMC 算法的寿险精算研究

JIYU BEIYESI MCMC SUANFA DE SHOUXIAN JINGSUAN YANJIU

胡仕强　著

经济科学出版社出版、发行　新华书店经销
社址：北京市海淀区阜成路甲 28 号　邮编：100142
总编部电话：010 - 88191217　发行部电话：010 - 88191522
网址：www.esp.com.cn
电子邮箱：esp@ esp.com.cn
天猫网店：经济科学出版社旗舰店
网址：http://jjkxcbs.tmall.com
北京季蜂印刷有限公司印装
710×1000　16 开　16.75 印张　300000 字
2024 年 2 月第 1 版　2024 年 2 月第 1 次印刷
ISBN 978 - 7 -5218 -5651 -4　定价：68.00 元
（图书出现印装问题，本社负责调换。电话：010 -88191545）
（版权所有　侵权必究　打击盗版　举报热线：010 -88191661
QQ：2242791300　营销中心电话：010 -88191537
电子邮箱：dbts@ esp.com.cn）

国家社科基金后期资助项目
出版说明

  后期资助项目是国家社科基金设立的一类重要项目，旨在鼓励广大社科研究者潜心治学，支持基础研究多出优秀成果。它是经过严格评审，从接近完成的科研成果中遴选立项的。为扩大后期资助项目的影响，更好地推动学术发展，促进成果转化，全国哲学社会科学工作办公室按照"统一设计、统一标识、统一版式、形成系列"的总体要求，组织出版国家社科基金后期资助项目成果。

全国哲学社会科学工作办公室

前　言

一、本书的研究意义与主要特色

随着我国保险市场的发展，新的寿险产品大量出现，产品结构也变得越来越复杂，客观上需要更加精细化的风险管理技术的同步跟进。然而传统的精算研究方法仍然是依靠经验去选择一个特定的随机过程来表示标的资产的价格动态学，从而得到一个显性的定价模型，但实际上真正的模型是未知的，传统方法难以避免模型的误设问题；其次在参数估计方面，传统的最大似然估计往往假定参数是一个确定的未知值，而完全忽略了其不确定性问题，这也是产生参数不确定性风险的方法论根源，也将导致死亡率预测、产品定价和风险资本计算的较大偏差。这种模型和参数的不确定性会对真实的损失分布产生相当大的影响，使其难以精确捕捉到保险人所面临的风险大小，是保险监管必须重视的一个重要风险来源。

本书采用的贝叶斯统计推断技术在拟合未来损失或资产收益的分布时，使用贝叶斯 MCMC（Markov Chain Monte Carlo）算法形成一个来自预测分布的随机样本，这种随机性就从方法论上将参数的不确定性问题纳入考虑范畴。而基于模型边缘似然的贝叶斯因子为模型是否是产生观察数据的真正随机机制，提供了简洁直观的判断标准，可实时预警所设模型的适用性和优劣性。这些技术方法再结合最大熵风险中性转换模型，基于王变换再抽样的风险中性模拟技术，和基于收敛抽样样本的数值模拟技术，为防范参数和模型不确定性风险提供了关键的技术手段，能大幅提高产品定价和资本要求风险度量的精度，对结构复杂的新型寿险产品的开发和风险管理都将具有非常重要的意义。

具体而言，本书的研究意义和创新之处主要体现在以下几点：

（1）为基于经典统计理论的寿险精算研究，提供了崭新的视角和方法。贝叶斯 MCMC 方法的发展回避了后验分布表达式复杂的计算，通过分析后验分布的独立随机样本而获得相关统计特征信息，将精算的重点，从"精确解析"转换成"算法模拟"，用高精度的"近似"替代无法获得的"准确"。结合 WinBUGS 软件可以很方便地对精算模型和分布进行大规模的 MCMC 模拟运算和深度分析，极大地便利了现代贝叶斯统计方法在死亡率预测、产品定价和风险管理等寿险精算领域的使用。此外基于大量收敛抽样样本的数据可视化处理方法也极大地丰富了研究结论的表现形式，各种复杂的、多变量相依结论的二维和三维趋势图有力提升了研究结论的简洁性和可读性，对寿险精算技术的革新具有重要意义。

（2）为新型寿险产品的定价和风险评估提供了一个真实而灵活的建模工具，对产品金融风险的防范和基于风险的资本监管框架的建立都具有重要的意义。本书基于后验预测分布的贝叶斯统计推断技术，以及贝叶斯 MCMC 算法结合最大熵方法的风险中性转换模型，和基于王变换再抽样的风险中性模拟技术，发展出一套简便灵活的标的资产价格过程的估计方法，既从方法论上考虑了传统方法中的模型和参数不确定性问题，又将我们的分析拓展到能捕捉真实风险的复杂模型，进而去描述并解决一些我们用传统方法无法解决的问题。为新型寿险产品的定价和风险资本的准确度量提供了系统性的管理方法。

（3）为克服我国人口死亡率统计数据匮乏的不利影响，提供了全新的解决方案。我国人口死亡率历史数据匮乏且质量不高，多为 1‰ 人口变动抽样调查数据。样本量较小，存在严重的风险暴露不足问题，这大大降低了死亡率预测的准确性。本书中贝叶斯 MCMC 方法开拓的基于后验分布模拟样本的统计推断技术，使研究者可以对少量的人口数据或者缺失数据进行精确的处理，可以把研究视野从样本空间的"有限范围"拓展到样本外的"广袤区域"，可以有效提高死亡率预测的精度，因此对受数据匮乏困扰的我国寿险精算研究来说，提供了难得的技术支持，具有非常重要的现实意义。

（4）有力缓解了传统方法中误差的产生、累积和传导，构建起了一个简洁、高效而统一的研究框架。在死亡率预测、产品定价和风险资本评估等各项精算任务中，传统的时间序列方法先进行参数估计再根据趋势外推进行预测的二阶段方法，有割裂估计过程和预测过程的弊端，会导致每项任务中误差的产生和累积。此外，这种相互孤立再机械叠加的问题也存在于这三大精算任务之间，会造成误差从死亡率预测向后一任务的逐次传导，从而影响产品精算和风险管理的整个环节。而现代贝叶斯 MCMC 方法不仅将参数估计与预测放在一个统一的框架下，一次性估计出所有观察和预测年份的参数值，而且能够以系统性的方式一次性融合三大精算任务，通过 MCMC 抽样和模拟，做到使用方法统一，遵循逻辑一致，这将带来对区间效应更加一致性的估计，从而有效地缓解传统方法中误差的产生、累积和传导问题。

二、文献回顾

自 21 世纪开始，贝叶斯统计学在科学研究中就已经逐渐盛行起来。但回顾其发展历史我们不难发现，直到 20 世纪 80 年代末贝叶斯理论也仅仅被认为是经典理论的一个有趣的替补。经典统计理论与贝叶斯方法的主要区别是后者把参数看作具有先验分布的随机变量，通过先验分布和传统的似然函数相结合就可以得到研究者感兴趣的参数的后验分布，以此为基础就可以进行各种统计推断。虽然贝叶斯理论的主要工具是经典的概率理论，但多年来贝叶斯学派还是一直因多种原因被认为是少数的异类。经典统计学派的主要反对理由是贝叶斯方法通过先验分布把主观观点引入了统计推断。而贝叶斯方法无法被广泛接纳为主流数据分析方法的一个主要原因就是后验分布计算的难以处理。渐进方法虽然给一些特定问题提供了解决方案，但没法进行一般化的推广。直到 20 世纪 90 年代早期，两组优秀的统计学家发现了 Markov Chain Monte Carlo（MCMC）方法。实际上 20 世纪 50 年代物理学家就很熟悉 MCMC 方法了，尼克·梅特罗波利斯（Nick Metropolis）和他的助手们当时就发展出了一种早期的电子超级计算机，并且一直用蒙特卡洛（Monte Carlo）技术来检验他们的物理学理论。MCMC 方法的应用加上个人计算机的快速发展，使得这一新的计算工具在短短几年中就变得时髦起来，为统计研究者开辟了一条崭新的高速通道。通过 MCMC 方法的使用，我们现在可以设立和估计那些复杂模型，这些模型可以描述并解决一些我们用传统方法无法解决的问题。

自从 1990 年，MCMC 方法首次出现在统计学领域以来，该领域已经出现了大量相关文献。在 1990～1995 年间，MCMC 相关的研究大都关注这种新方法在各领域主流模型中的应用。典型代表有盖尔曼和鲁宾（Gelman and Rubin, 1992），格尔凡德、史密斯和李（Gelfand, Smith and Lee, 1992），吉奥克斯和威奥德（Gilks and Wild, 1992），德拉帕塔斯和斯密斯（Dellaportas and Smith, 1993）。MCMC 方法的发展也促进了随机效应模型和分层模型的应用。格林（Green, 1995）提出的可逆跳 Markov Chain Monte Carlo（RJMCMC）算法推动了模型平均、模型选择与模型搜索算法的系列相关研究的快速发展，如德拉帕塔斯等（Dellaportas et al., 2002），塞森（Sisson, 2005），汉斯等（Hans et al., 2007）。与此同时，早期的 BUGS 软件出现了。BUGS 是基于计算语言的软件，使用者只需要设定模型结构，就可以使用 MCMC 方法从设定模型的后验分布中进行抽样。而 WinBUGS 软件的出现与发展更是证明自己在更广泛的科学领域对贝叶斯模型的运行具有积极价值。可以毫不夸张地说，WinBUGS 是贝叶斯方法在科学研究中越来越受欢迎的关键因素。

贝叶斯 MCMC 算法在寿险精算中的应用要晚于非寿险精算，主要兴起于 2000 年之后。在寿险精算的几大板块中，死亡率预测领域的应用相对更为活跃。科赞多等（Czado et al.，2005）利用 Poisson 对数双线性模型的贝叶斯形式，在死亡率指数的确定性趋势假设下，用法国男性数据进行了死亡率的预测和检验。吉罗西和肯（Girosi and King，2005）利用贝叶斯分层建模方法来预测人口死亡率，该方法寻求从年龄、群体、国家等相似的截面来聚集预测可用的信息。佩德罗撒（Pedroza，2006）利用 Lee - Carter 方法的状态空间模型，和贝叶斯 MCMC 方法预测了美国男性人口死亡率，在与实际数据进行对比后作者认为其预测效果要优于传统的时间序列模型。雷切姆茨和撒傅儒茨（Reichmuth W.，Sarferaz S.，2008）发展出了一种有效的贝叶斯 MCMC 方法来估计模型参数和潜变量，结果显示通过构建预测的误差区间，能有效地评估参数的不确定性，并改善特定年龄的预测效果。库古尔等（Kogure et al.，2009）利用日本的死亡率数据和贝叶斯 MCMC 方法，比较了带漂移的随机漫步模型、确定趋势模型和静态平稳模型等不同死亡率指数模型结构的预测效果。瑞贝勒和豪尔德（Riebler A.，Held L.，2010，2012）关注了贝叶斯多变量 APC（age-period-cohort）模型，作者使用 APC 效应的平滑先验，对人口特定期间的效应是否相关分别进行检验分析。查恩斯等（Cairns et al.，2011）研究了贝叶斯框架下的共同建模问题。作者将 APC 模型嵌入一个贝叶斯框架中，探讨了为一个大型人口群体和一个小型人口群体死亡率预测共同建模的问题。拉夫特里等（Raftery et al.，2013）利用贝叶斯分层模型对世界所有国家人口出生时的预期寿命进行了概率预测。杰克·李（Jackie Li，2014）考察了有限数据下，贝叶斯 MCMC 方法的死亡率预测方法，并指出这种方法在数据有限的发展中国家中的应用价值。安东尼奥等（Antonio et al.，2015）提出了一种贝叶斯分析方法来识别两个相关人群中影响死亡率的共同特征和特有效应，以便对多人口的对数双线型死亡率模型进行联合建模和预测。维斯尼奥斯基等（Wiśniowski et al.，2015）拓展了传统的 Lee - Carter 模型，发展了一种一体化的动态贝叶斯方法，通过年龄和性别来预测人口的模式。

正如查恩斯等（Cairns et al.，2011）所指出的那样，应用贝叶斯MCMC算法来预测人口死亡率至少可以带来这样几个优势：首先，参数的拟合和预测步骤统一在一起，这将带来对区间效应更加一致性的估计；其次，贝叶斯方法提供了一个自然的框架以便死亡率预测中的参数不确定性可以纳入研究者的考虑之中，这和新的保险监管框架也是一致的；最后，贝叶斯算法使研究者可以对少量的人口数据或者缺失数据进行精确的处理，这为人口历史数据普遍缺失的广大发展中国家的死亡率预测提供了难得的技术支持。

从作者掌握的文献资料来看，与死亡率预测研究相比，贝叶斯MCMC方法应用于寿险定价和风险管理领域的文献相对较少。哈迪（Hardy，2002）使用贝叶斯MCMC方法对投资连结型保单的风险管理进行研究。赞格劳尔和博尔（Zaglauer and Bauer，2008）在贝叶斯MCMC算法框架下，考虑随机利率情形对分红寿险合同进行定价和风险状况分析。库古尔和松下优野（Kogure and Yoshiyuki，2010）以将来生存概率预测分布的风险中性为基础，使用具有高斯似然的贝叶斯 Lee – Carter 模型来为长寿风险定价。库古尔，李和卡米亚（Kogure, A.，J. Li, and S. Y. Kamiya，2014）进一步将库克尔和松下优野（2010）中的贝叶斯风险中性预测分布方法拓展到多变量情形，并利用日本数据对反向抵押贷款中的精算风险和金融风险进行了详细的分析。洛马等（Luoma et al.，2014）利用贝叶斯MCMC方法对具有美式期权特征的投资连接型储蓄合同进行定价，作者认为将这种灵活的框架应用于现实的定价问题，可以有效解决模型和参数的不确定性问题。之后夫施米和库古尔（Fushimi T.，Kogure A.，2018）利用贝叶斯MCMC算法和基于最大熵方法的风险中性预测分布，在随机利率情形下，使用双因子 Lee – Carter 模型来为长寿衍生产品定价。

利用贝叶斯MCMC方法研究死亡率预测的中文文献主要出现在近5～10年。其中金博轶（2012）使用贝叶斯方法通过MCMC抽样和Currie模型对我国人口未来死亡率进行预测并对年金长寿风险进行了度量，研究表明，贝叶斯方法能够更好地拟合我国人口死亡统计数据。胡仕强（2015）采用贝叶斯MCMC方法来预测我国人口死亡率。作者认为贝叶斯方法不仅有效减少了数据质量问题的不利影响，提高了参数估计的稳健性，而且有效克服了参数估计和预测分开进行的弊端，在BIC值和残差项方差等模型选择标准上明显优于传统方法。杨贵军、刘帅（2015）采用 Bayesian 随机效应模型分析我国人口死亡率，分省域、分性别、分城乡测算人口平均预期寿命，并对死亡率的各项差异指标进行测算。作者认为模型考虑了人口死亡率的空间相关性和年龄的相互影响，能更好地揭示人口预期寿命的变化规律。张宁（2017）针对死亡率预测的模型不确定问题，引入了贝叶斯模型平均方法。该方法以贝叶斯后验概率为权重，综合考虑"一揽子"预测模型的预测能力，并根据它们预测吻合程度进行加权，最终给出死亡率预测结果。作者认为，该方法不但在理论上表现出超过单一模型的优势，也在实践中超过了任何一个单一模型。

贝叶斯 MCMC 方法应用于寿险产品定价与风险管理的中文文献只有寥寥数篇。其中胡仕强、陈荣达（2018）采用贝叶斯 MCMC 方法来进行长寿衍生产品的定价。研究结果表明，贝叶斯方法通过 Gibbs 抽样和 MC-MC 模拟，更好地考虑了样本不足和样本质量问题，以及定价过程中数据和参数风险的产生，累积和传导。其方法的优越性对保障我国有限人口数据下长寿衍生产品的成功开发具有积极的理论意义和现实价值。王悦（2018）应用贝叶斯 MCMC 方法对长寿风险管理方法中自然对冲策略的最优比例问题进行研究。探究在不同情形下长寿风险对冲产品组合的最优比例，并对产品组合最优比例的影响因素进行了分析。胡仕强（2019）利用贝叶斯 MCMC 方法，对不同年龄段长寿风险自然对冲的效果进行数值模拟，结果表明低年龄寿险保单和高年龄年金保单组合具有最平滑的三维图，最小的 VRR 和 VaR 值，可明显提高长寿风险自然对冲的有效性。胡仕强、陈荣达（2022）认为长寿连接型年金通过嵌入长寿期权，赋予年金发行人动态调整实际支付的权利。这种根据真实死亡率构建的支付结构，厘清了年金中长寿风险的权责关系，也重塑了长寿风险的分摊机制，从根本上消除了长寿风险造成的超额偿付压力，年金持有人的效用状况也优于同价格传统年金。

传统精算中死亡率预测模型对时间序列技术的倚重也必然意味着对人口统计数据要求的严苛，而我国有限的连续年份数据和极少的普查数据能否保证预测的有效性和可靠性，仍缺少严格的实证比较和全面评估。本书中我们利用贝叶斯建模和贝叶斯因子方法来评估我国有限数据下死亡率预测效果，以贝叶斯 MCMC 算法的模型选择技术来优化我们对模型和数据适配性的判断。胡仕强、鲍亚楠（2022）在贝叶斯 MCMC 研究框架下利用贝叶斯因子和离差信息准则进行死亡率预测的模型选择和拟合效果的评估，进而比较了不同模型和数据组合下年金的定价、统计特征、风险度量和偿付能力资本要求。结果表明 Lee – Carter 有限数据模型和三年高质量普查数据的组合能有效降低模型离差，提高死亡率预测的精度，并且能更好抓住年金价格分布的尖峰厚尾特征，结合 TVaR 风险度量能有效缓解 Solvency Ⅱ 中基于 VaR 的方法缺陷，更准确地评估年金产品中的长寿风险。传统精算中的预测、定价和风险评估等研究过程相互独立，方法庞杂，且各方法之间缺乏一以贯之的逻辑，过程风险的累积和传导在所难免，尚未见到能兼容各项任务的简洁、统一的分析框架。本书创新性地应用王变换再抽样的风险中性化模拟技术把预测，定价与风险管理过程融入到贝叶斯 MCMC 算法中，以抽样和模拟统一各阶段的研究方法，以一体化的逻辑贯穿各精算任务模块始终，有效避免了过程风险的累积和传导，构建了一个简洁、高效而统一的分析框架。

三、研究内容与研究方法

本书分四篇，共十一章。其中第一章是贝叶斯 Markov Chain Monte Carlo 算法基础篇。包括贝叶斯 MCMC 算法的基本原理和死亡率模型的贝叶斯建模基础。第二～四章是死亡率预测篇，包括贝叶斯方法与传统方法的比较，Lee – Carter 单因子模型与双因子模型的贝叶斯因子比较，以及死亡率模型的贝叶斯选择问题。具体为，第二章基于贝叶斯 MCMC 方法的我国人口死亡率预测；第三章基于双因子 Lee – Carter 模型的死亡率预测及年金风险评估；第四章死亡率模型选择与年金风险评估。第五～七章是定价篇。研究在贝叶斯 MCMC 一体化框架下寿险衍生产品的定价问题。具体为，第五章我国有限人口数据下长寿衍生产品定价的贝叶斯方法；第六章随机利率与死亡率情形下长寿衍生品定价的贝叶斯算法；第七章基于贝叶斯 MCMC 算法的美式长寿期权定价研究。第八～十一章是风险管理篇。以贝叶斯 MCMC 算法探讨当前长寿风险管理的三大前沿方案：即自然对冲方案；资本市场风险转移方案和损失控制方案。具体为，第八章基于死亡率免疫理论的自然对冲有效性评估；第九章自然对冲、年金价格及其偿付能力评估；第十章基于长寿衍生产品的年金长寿风险对冲研究；第十一章长寿连结型年金风险分摊机制研究。每章都附有作者原创并经过检验的基于 WinBUGS 的第一手程序代码，形成了有理论方法，有实证研究，有实际操作的完整技术方法体系。

本书的研究方法可以简洁地总结如下：

（1）在死亡率预测方面，利用贝叶斯 MCMC 算法重新构建 Lee – Carter 死亡率预测模型，并利用不同模型的边际似然计算贝叶斯因子，从而进行死亡率模型的比较与选择；

（2）在产品定价方面，利用最大熵与后验预测分布相结合的风险中性方法，以及创新性地应用基于王变换再抽样的风险中性化算法，把复杂寿险产品的定价和死亡率预测一起纳入贝叶斯 MCMC 算法框架体系。

（3）在风险管理方面，本书探索并实践检验了利用贝叶斯 MCMC 算法产生的大量收敛的抽样样本，来进行数值模拟的技术。即通过数值模拟技术和丰富的样本数据来计算 VaR、TVaR 和 SCR 等风险和偿付能力指标，方法简洁、灵活、适用性强。

（4）基于大量收敛抽样样本的数据可视化方法。本书对收敛样本数据进行了可视化处理，各参数的二维和三维趋势图有力提升了研究结论的简洁性，也极大地丰富了研究结论的表现形式。

目　　录

产品定价篇

风险管理篇

算法基础篇

算法基础包括贝叶斯 MCMC 算法的基本原理方法，贝叶斯模型选择方法和死亡率模型的贝叶斯建模操作基础。其中贝叶斯 MCMC 算法基础介绍基本原理，术语和方法；分层贝叶斯模型在复杂结构的死亡率预测数据中的应用思想；贝叶斯模型选择方法介绍基于贝叶斯 MCMC 算法的贝叶斯模型与变量选择技术，相比传统方法，该技术方法应用的贝叶斯因子指标能够整合样本信息和先验信息，可以对全模型进行变量选择，并挑选出具有最大后验模型概率的最佳模型；死亡率模型的贝叶斯建模基础以本书中通用的死亡率模型为背景，分解贝叶斯算法的建模步骤，包括似然、先验和初始值的设定方法原则，模型编译和结果分析等基础步骤。

第一章 贝叶斯 MCMC 算法
基本原理与方法

第一节 贝叶斯 MCMC 算法原理

一、贝叶斯定理与贝叶斯统计推断

经典统计学是基于总体信息和样本信息进行统计推断的理论与方法，它的基本观点是把样本看成来自一定概率分布的总体，所研究的对象是总体而不局限于数据本身。而贝叶斯统计学是基于先验信息，总体信息和样本信息进行统计推断的理论与方法。两者的主要区别在于是否利用了先验信息。

统计学中最重要的问题之一是概率模型的构建，它表示或者足够近似所研究问题的真实生成机制。这类模型的构建通常是基于某种概率或逻辑基础，对给定现象的性质与功能进行描述。假设一个随机变量 Y，称为因变量，它遵循概率密度函数为 $f(y \mid \theta)$ 的函数关系，其中 θ 是参数向量。考虑一个独立同分布的样本 $y = [y_1, \cdots, y_n]^T$，容量为 n；其中 A^T 表示向量或矩阵 A 的转置。联合分布称为模型的似然函数，它包含由观测样本提供的可用信息。

$$f(y \mid \theta) = \prod_{i=1}^{n} f(y_i \mid \theta)$$

通常建立模型是为了评估或解释因变量 Y 与解释变量 X_j 所表示的各种特征之间的因果关系；j 表示协变量或模型项。这里解释变量通过确定的函数与因变量相关联。

（一）贝叶斯定理

让我们考虑两种随机事件 A 和 B。同时假设 $A = A_1 \cup \cdots \cup A_n$，对于每

一个 $i \ne j$，都有 $A_i \cap A_j = \phi$。则贝叶斯定理提供了给定 B 时 A 的条件概率：

$$P(A_i \mid B) = \frac{P(B \mid A_i)P(A_i)}{P(B)} = \frac{P(B \mid A_i)P(A_i)}{\sum_{i=1}^{n} P(B \mid A_i)P(A_i)}$$

用一种更加简洁和一般化的形式，上式也可以写成：

$$P(A \mid B) = \frac{P(B \mid A)P(A)}{P(B)} \propto P(B \mid A)P(A)$$

上述方程就是贝叶斯规则。这种规则可以被用作逆向推断。假设 B 是最终的观察结果，而 A_i 表示引发 B 的可能原因，则概率 $P(B \mid A_i)$ 可以被解释成当 A_i 原因具备时 B 出现的概率，而 $P(A_i \mid B)$ 则表示 A_i 对我们已经观察到的 B 结果的出现"负责"的概率。正如贝尔纳多和史密斯（Bernardo and Smith，1994）所指出的那样，贝叶斯推断是基于这样一种理论逻辑，它提供了一种可以从数据中学习的概率机制。因此，在观察到数据（y_1, y_2, …, y_n）后，我们可以计算它的后验分布 $f(\theta \mid y_1, \cdots, y_n)$，它集合了先验信息和数据信息，是贝叶斯推断的关键。

我们可以通过一个例子来理解贝叶斯推断是如何集合先验信息和数据信息的。我们知道血友病是一种与 X 染色体相关的隐性遗产疾病，也就是说遗传了该染色体致病基因的男性会呈现出患病状态，而仅有一条 X 染色体携带致病基因的女性就并未患病，仅是隐性携带者。假设有一位女性的哥哥患病了，这就意味着她的母亲是血友病基因的携带者，有一条"好"的基因和一条"坏"的基因。如果我们也知道她的父亲并未患病，则反映她本身状态的参数就只有两个值，要么是致病基因的携带者（$\theta=1$），要么不是（$\theta=0$），显然基于已知信息对未知参数 θ 的先验分布是 $\Pr(\theta=1) = \Pr(\theta=0) = 0.5$。如果我们同时知道该女性儿子的状态就可以用这些数据来更新参数 θ 的先验信息，如果她的两个儿子都没有患病，令 $y_i = 1$ 或 0 分别表示儿子的患病与未患病，则有似然函数：

$$\Pr(y_1=0, y_2=0 \mid \theta=1) = 0.5 \times 0.5 = 0.25$$
$$\Pr(y_1=0, y_2=0 \mid \theta=0) = 1 \times 1 = 1$$

现在我们就可以利用贝叶斯法则把先验信息和来自数据的信息结合起来，用 y 来表示数据集合（y_1, y_2），则有

$$\Pr(\theta=1 \mid y) = \frac{\Pr(y \mid \theta=1)\Pr(\theta=1)}{\Pr(y \mid \theta=1)\Pr(\theta=1) + \Pr(y \mid \theta=0)\Pr(\theta=0)}$$
$$= \frac{0.25 \times 0.5}{0.25 \times 0.5 + 1.0 \times 0.5} = \frac{0.125}{0.625} = 0.2$$

从直觉上来说，如果该女性有没有患病的儿子，那么她不太可能是一

名携带者。而贝叶斯法则就提供了一个确定该直觉判断准确程度的正式机制。

（二）基于模型的贝叶斯推断

贝叶斯统计不同于经典统计理论，因为所有未知参数被视为随机变量。因此，一开始就需要定义先验分布。这个先验分布表示研究者在对任何数据进行统计分析之前可以获得的信息。研究者的兴趣在于如何在给定观测数据 y 之后计算参数 θ 的后验分布，即 $f(\theta \mid y)$，根据贝叶斯定理，后验分布可以写成：

$$f(\theta \mid y) = \frac{f(y \mid \theta)f(\theta)}{f(y)} \propto f(y \mid \theta)f(\theta)$$

后验分布包含先验和观测数据信息，是由先验分布 $f(\theta)$ 和似然函数表示的，其中似然函数为：

$$f(y \mid \theta) = \prod_{i=1}^{n} f(y_i \mid \theta)$$

在本书中，在 x 处取值的随机变量 X 的边际概率或密度函数用 $f(x)$ 表示，用 $f(x \mid y)$ 表示当 $Y = y$ 时，随机变量 X 在 x 处取值的相应条件概率密度函数。

先验分布的设定在贝叶斯推断中具有重要意义，因为它影响后验推断。通常强调先验均值和方差的设定，先验均值为我们关注的参数提供了一个先验点估计，而方差表示了这一估计的不确定性。如果我们预先坚信这个估计是准确的，那么方差必须设置得很小，而对先验均值未知或有很大的不确定性时可以用大方差表示。如果可以获得先验信息，应将其归结为某种适当的先验分布。但大多数情况下，我们往往无法获得先验信息，在这种情况下，我们需要设定一个不会影响后验分布的先验，并"让数据自己说话"，这种分布通常被称为无信息或模糊的先验分布。一种常见的模糊先验分布是 $f(\theta) \propto 1$，它是参数空间上的一致先验。只要得到的后验分布是正确的，这种先验分布就可以放心地应用。当然我们也可以参考文献卡斯和瓦塞曼（Kass and Wasserman，1995）、杨和博格（Yang and Berger，1996），使用广泛的"无信息性"模糊先验。

像后验分布矩这样的描述性指标可以用来推断参数向量 θ 的不确定性。更具体地说，后验均值、中位数或众数，可以用作点估计。我们可以使用贝叶斯规则来推断任何关注参数 θ，即使观察数据是在不同的时间点依次收集的。在得到任何可用数据之前，我们只使用先验分布 $f(\theta)$ 进行推断。在观测到一组数据 $y^{(1)}$ 时，我们可以使用后验分布 $f(\theta \mid y^{(1)}) \propto$

$f(y^{(1)}\mid\theta)f(\theta)$。当获取第二组数据时，我们可以使用第一个实例的后验作为先验，并将新数据合并到新的更新的后验分布中。因此，更新后的后验分布将由下式给出：

$$f(\theta\mid y^{(1)},\ y^{(2)})\propto f(y^{(2)}\mid\theta)f(\theta\mid y^{(1)})$$
$$\propto f(y^{(2)}\mid\theta)f(y^{(1)}\mid\theta)f(\theta)$$

使用下列方程可以将数据收集于不同时间点 t 的后验分布推广为：

$$f(\theta\mid y^{(1)},\ \cdots,\ y^{(t)})\propto f(y^{(t)}\mid\theta)\ f(\theta\mid y^{(1)},\ \cdots,\ y^{(t-1)})$$
$$\propto\prod_{k=1}^{t}f(y^{(k)}\mid\theta)f(\theta)$$

很明显，贝叶斯理论提供了一个易于使用的机制来更新我们关于兴趣参数 θ 的信息。为了完成贝叶斯模型的定义，必须先设定先验分布和似然函数，在完成这两项设定之后，我们探讨的核心将放在如何使用密度图和一些描述性测定指标来分析后验分布上。通常我们可以将整个过程分为四个阶段：模型建立、后验分布计算、后验分布分析和推断，从而得出我所研究问题的最终结论。稍微具体来说，在第一阶段中，我们需要考虑一个有合理假设的模型（似然，参数，先验）。在第二阶段中，我们使用适当的方法来计算关注参数的后验分布。然后，我们将重点放在使用各种描述性指标和置信区间来分析后验分布上，最后对我们正在处理的问题得出结论。

在第一阶段的模型构建，我们可以遵循下面描述的过程：

（1）识别问题的主要变量（称为因变量 Y）和相应的数据 y。

（2）找到可以准确描述 Y 的分布。

（3）确定可能影响因变量 Y 的其他解释变量。

（4）设定先验分布。包括选择分布族并指定先验参数；选择非信息或先验信息。

（5）得出模型的似然。

在第二阶段中，我们首先确定后验分布的计算方法，是解析的、渐近的还是用数值模拟技术，然后利用所选方法来估计后验分布。关于后验分布的分析，我们可以采取以下措施：

（1）审视检查关注参数的边缘后验分布。

（2）计算后验描述性统计量，如平均值、中间值、标准差、相关性、分位数和95%或99%后验可信区间。

（3）计算后验众数。

上述的基本步骤可通过更多细节和进一步分析加以充实。另一个重要的问题是对所使用模型的准确性进行诊断测试或检查。可以使用各种技术来检查模型的假设是否有效，以及模型的拟合是否充分，测试导致不同结论的特定假设，并比较可能代表完全不同情形的不同模型。上述过程都可能生成一个新的修正模型，因此代表了模型构建的一个重要部分。

另一个重要的问题是后验分布的稳健性。通过灵敏度分析，我们可以评估后验分布对先验分布选择的稳健性，在灵敏度分析中，我们可以评估不同先验分布下后验分布的变化。当我们可以得到先验信息时，敏感性分析侧重于先验分布的结构；但如果我们使用无信息先验时，研究重点应该是关注先验参数的不同选择对后验推理的影响。

我们的最终关注点是模型的预测。贝叶斯理论通过预测分布给我们提供了一个预测未来观测值的现实而直接的理论框架。预测分布等价于经典理论中的拟合（或期望或预测）值，区别在于我们现在直接处理的是"分布"。此分布也用于检查假设以及模型的拟合。

二、贝叶斯马尔可夫链蒙特卡罗算法

贝叶斯推断中的随机模拟方法，重点是马尔可夫链蒙特卡罗（MCMC）方法，其在贝叶斯推理中得到了广泛的应用。本书中 MCMC 方法的描述伴随着在 WinBUGS 编程软件中实现的详细示例。这里我们简要描述一下 WinBUGS 的运行逻辑。

将贝叶斯革命代入应用统计等领域的主要推动因素是 WinBUGS 软件的出现，这是 BUGS 项目中作为开放计算程序的 Windows 版本。BUGS 是英文 "Bayesian inference using Gibbs sampling" 的首字母缩写。WinBUGS 原本只是使用 MCMC 算法中的一个特别变体即 Gibbs sampling 技术，但现在已经广泛使用其他的 MCMC 抽样技术。对于大多数着眼于应用统计的学者来说，WinBUGS 就是一个独创性的 MCMC 黑匣子，研究者使用简单有效的模型定义语言，即 BUGS 语言来给 MCMC 机械提供数据集并对统计模型做出描述，以此来与其交流。我们所有要处理的模型都使用一种比传统的最大似然估计代码更简洁和更透明的方式来进行设定。传统的估计方法中我们首先需要明确地定义模型的似然函数，然后利用一些函数最优化的软件工具来进行最大似然估计。而 BUGS 代码看起来会简洁和准确得多。在 BUGS 语言中，所有的统计模型都通过设定参数和数据间的随机和确定性关系来进行描述，通过把一个完整的模型分解成一些更小的成分，我们对模型的运行逻辑和理解都会得到增强。而且即使一些很复杂的模型结构也能变得相对可行和简洁。BUGS 的模型描述是分层的，而 WinBUGS

对拟合分层模型是非常理想的，在本书中死亡率预测模型就是典型的分层模型。

一旦模型设定以后，WinBUGS 就以一种完美的黑匣子模式来构建一个 MCMC 算法并按照所要求的长度来运行。对每个我们选择进行估计的参数，软件的运行结果是一系列长长的数据流。如果 MCMC 算法构建准确，并且数据链收敛到理想的后验分布，那么这些数据就表示来自这些后验分布的随机样本。由于它们都来自马尔可夫链，因此在使用前这些数据的自相关性需要关注。在这些数据链的前面部分，任意选取的起始值的影响仍然存在，因此这前部一定次数的抽样结果必须作为所谓的燃烧值被丢弃。燃烧值长短的一个简单的判断标准是监视每个参数的时间序列图，数据轨迹图应该随机地围绕常数均值上下波动。也有一些正式的标准来判断是否达到了收敛。一旦数据链已经收敛到理想的目标分布，为了计算空间和减少自相关，可以设定每 k 个值记录一个来得到一个来自后验分布的更小，但更有信息含量的样本。显然 WinBUGS 可以被作为一个独立运行的软件来使用。但我们会发现通过沟通工具包 R2WinBUGS 把它和 R 软件连接在一起会更有效。

（一）模拟、蒙特卡罗积分及其在贝叶斯推断中的实现

在数量科学中，经常会遇到下面这类积分的求值问题：

$$I = \int_x g(x)\,dx$$

文献中提出了几种解决方案，其中一种是基于生成的随机样本，然后通过其统计无偏估计得到上面所示的积分，即样本均值。因此，我们假设随机变量的密度函数 $f(x)$ 可以很容易地生成随机值。这可以用下式表示：

$$I = \int_x \left[\frac{g(x)}{f(x)}\right] f(x)\,dx = \int_x g^{\cdot}(x) f(x)\,dx$$

这里 $g^{\cdot}(x) = g(x)/f(x)$，积分 I 有效的计算方法为：

（1）用概率密度函数 $f(x)$ 从目标分布生成 $x^{(1)}$，$x^{(2)}$，…，$x^{(T)}$。

（2）计算样本均值。

$$\hat{I} = \frac{1}{T} \sum_{t=1}^{T} \left[\frac{g(x^{(t)})}{f(x^{(t)})}\right]$$

这种计算灵感来源于电子计算机发展的早期，最初是由洛斯阿拉莫斯的大都会研究小组采用的。该方法的主要优点是简单。即使积分是可以计算的，通过生成随机样本计算仍然要比计算高维积分要容易得多。该样本均值作为积分 I 的估计精度是受到样本量影响的，而实际上生成的样本大小 T 可以由研究者指定。正如盖蒙曼和路普斯（Gamerman and Lopes，2006）

所指出的那样，对于一个合适的大样本（例如 $T=10000$），这种方法的计算结果是非常准确的。

上述方法直接适用于贝叶斯推断中的许多问题。因此，对于关注参数 $G(\theta)$ 的每个函数，我们可以通过更简单的方法计算后验均值和方差：

（1）从后验分布 $f(\theta \mid y)$ 生成样本 $\theta^{(1)}$，$\theta^{(2)}$，$\cdots$，$\theta^{(T)}$。

（2）通过简单的随机样本计算来获得 $G(\theta)$ 的样本均值。

$$\hat{I} = \frac{1}{T}\sum_{t=1}^{T}\left[G(\theta^{(t)})\right]$$

模拟也可以用来估计和可视化 $G(\theta)$ 的后验分布。这可以借助 $G(\theta^{(1)})$，$G(\theta^{(2)})$，$\cdots$，$G(\theta^{(T)})$ 的核估计来实现。上述过程中的主要问题是如何从后验密度 $f(\theta \mid y)$ 生成样本，在大多数情况下，这并不简单。来自共轭先验的后验分布是最简单的一种情形，其中计算那些无法通过解析计算的参数 θ 的函数 $G(\theta)$ 的后验描述性统计量是我们关注的重点。为了产生随机值，有许多方法可用，例如使用逆累积分布函数的方法和重要性抽样方法等。

（二）MCMC 方法

前一节介绍的模拟方法不能应用于所有情况。它们主要指的是一维分布。正如吉文斯和侯廷（Givens and Hoeting，2005）所言，其中一些方法侧重于具体积分的有效计算，不能用于从任何关注参数的后验分布中获取样本。而马尔可夫链模拟的仿真技术以其通用性和灵活性克服了上述问题。马尔可夫链的这些特点，加上计算机设备的高速发展，使马尔可夫链蒙特卡罗模拟技术（MCMC）自 20 世纪 90 年代初以来一直广受欢迎。MCMC 技术并不是最新出现的技术，早期的文献包括汉斯廷（Hastings，1970）对 Metropolis 算法的推广，以及盖尔曼（Geman and Geman，1984）对 Gibbs 抽样器的开发。然而，大约用了 35 年时间，贝叶斯学派研究者才重新提出 MCMC 方法，并成为主要的现代统计推断的数学工具之一。

马尔可夫链蒙特卡罗技术使定量研究人员能够使用高度复杂的模型，并准确估计相应的后验分布。因此，MCMC 方法对贝叶斯理论的发展和传播做出了巨大贡献。MCMC 方法应用的具体细节可以在吉尔克斯（Gilks et al.，1996）的文献中找到。而斯皮格尔哈尔特等（Spiegelhalter et al.，1996a）和斯皮格尔哈尔特等（Spiegelhalter et al.，2003b）对如何使用 BUGS 和 Win BUGS 软件，利用 MCMC 技术从复杂模型的后验分布中生成样本，提供了一个有效的贝叶斯建模方法。

在下面的章节中，我们将介绍 MCMC 算法的基本概念，术语和逻辑。

MCMC 技术是建立在马尔可夫链的基础上的，马尔可夫链最终"收敛"到目标分布，在我们的例子中，目标分布是后验分布 $f(\theta|y)$。这是区分 MCMC 算法和直接模拟方法的主要标志，直接从目标的后验分布提供样本。此外，MCMC 输出是一个相依样本，因为它是由马尔可夫链生成的，而"直接"方法的输出是一个独立样本。最后，MCMC 方法包含了迭代过程的概念，因为在每个步骤中它们都根据上一个数值来产生下一个数值。

1. 算法

马尔可夫链是一个随机过程 $\{\theta^{(1)}, \theta^{(2)}, \cdots, \theta^{(T)}\}$，使得 $f(\theta^{t+1}|\theta^t, \cdots, \theta^1) = f(\theta^{t+1}|\theta^t)$。也就是说，给定时间 t，$t-1$，$\cdots$，t 时所有的 θ 值，则在序列 $t+1$ 处 θ 的分布仅取决于前一序列 t 的值 $\theta(t)$。而且 $f(\theta^{(t+1)}|\theta^{(t)})$ 是独立于 t 的。最后，马尔可夫链是不可约的，非周期的，正递归的，当 $t\to\infty$，$\theta^{(t)}$ 的分布转化为平衡分布，与链 $\theta^{(0)}$ 的初始值无关。

为了从 $f(\theta|y)$ 生成样本，我们必须构造一条具有两个理想特征的马尔可夫链：首先，$f(\theta^{(t+1)}|\theta^{(t)})$ 应该是"容易生成的"，其次，所选的马尔可夫链的均衡分布必须是 $f(\theta|y)$ 的后验分布。假设我们用这些要求构造了一个马尔可夫链，然后

（1）选择一个初始值 $\theta^{(0)}$。

（2）生成 T 值，直到达到均衡分布。

（3）使用收敛诊断来监视算法的收敛。如果收敛诊断失败，将生成更多的观测结果。

（4）剔除前面 B 个观察结果。

（5）考虑 $\{\theta^{(B+1)}, \theta^{(B+2)}, \cdots, \theta^{(T)}\}$ 作为后验分析的样本。

（6）绘制后验分布（通常集中在单变量边际分布上）。

（7）最后得到后验分布描述性统计量，如均值、中值、标准差、分位数和相关性。

2. 定义和术语

上述算法的描述中涉及很多相关的定义和术语。

（1）均衡分布。这称为 MCMC 算法的平稳分布或目标分布，均衡分布的概念与用于构造 MCMC 算法的马尔可夫链有关。这种链在多个时间序列 $t > B$ 之后稳定到均衡分布。因此，在马尔可夫链中，$\theta^{(t)}$ 和 $\theta^{(t+1)}$ 的分布将是相同的，都为均衡分布。一旦达到均衡分布，MCMC 算法将从相应的均稳分布中产生相依的随机值。

（2）算法的收敛性。MCMC 算法的收敛性，指的是算法达到均衡并从期望的目标分布生成参数值的情形。一般来说，我们不清楚从正确的目标分

布中获取样本需要运行多少算法。但现有的 WinBUGS 软件已经开发了一些诊断方法来监测算法的收敛性；

（3）迭代。迭代是指能从后验分布中生成一整套参数值的一个算法循环。它经常被用来表示对模拟值的观察。这里迭代用上标数或括号中相应的索引 t 表示。例如，$\theta^{(5)}$ 和 $\theta^{(t)}$ 分别表示在算法的第 5 次和第 t 次迭代中生成的随机向量 θ 的值。总迭代次数 T，是指 MCMC 算法的迭代次数总数。

（4）链 $\theta^{(0)}$ 的初始值。用于初始化马尔可夫链的起始值常被简单地称为初始值。如果这些初始值远离最高后验概率区间，那么这些初始值的设定可能会影响到后验分布的一些描述性统计量，但样本 T 的大小足以消除初始值设定的影响。我们可以通过删除算法的前期迭代，让算法运行大量迭代次数或者获取不同起点的样本来减轻或避免初始值的影响。也有研究人员选择容易获得的后验众数或最大似然值作为初始值，以确保这些值接近后验分布的中心。研究发现，当使用信息先验时，基于先验分布的平均值或众数是合理的选择。

（5）燃烧期。在燃烧周期中，为了避免初始值的影响，从样本中消除前 B 次迭代。如果生成的样本足够大，那么燃烧期对后验统计量计算的影响就是很小的。

（6）抽样步数。如前所述，MCMC 生成的最终样本不是独立的。因此，我们需要监控生成值的自相关，选择 $L > 1$ 的抽样步数，使得之后的自相关较低。然后，我们可以通过在每一批 L 迭代中保留第一个生成的值来生成一个独立的样本。

（7）保留迭代 T'。这些是丢弃初始燃烧迭代后保留的迭代次数，即 $T' = T - B$。如果我们也考虑抽样步数 $L > 1$，那么保留的迭代总数是指用于后验分析的最终独立样本。

（8）MCMC 输出和输出分析。MCMC 输出是指 MCMC 生成的样本。我们通常在去掉初始迭代（在燃烧期间产生）并考虑适当的步数后，将MCMC输出作为样本。输出分析是指 MCMC 输出样本的分析。它包括算法收敛性的监控过程，用于描述后验分布的样本分析以及有关参数的推断。

用 MCMC 输出来描述目标分布：MCMC 算法的输出结果给我们提供了如下的一种随机样本：$G(\theta^{(1)})$，$G(\theta^{(2)})$，$\cdots$，$G(\theta^{(t)})$，$\cdots$，$G(\theta^{(T')})$。从这个样本中，对任何感兴趣的参数 θ 的函数 $G(\theta)$，我们都能够：

（1）通过考虑 $G(\theta^{(1)})$，$G(\theta^{(2)})$，$\cdots$，$G(\theta^{(t)})$，$\cdots$，$G(\theta^{(T')})$，得到期望参数的一组样本。

（2）利用传统的样本估计，从上述样本中得到 $G(\theta)$ 的后验统计量。其他我们感兴趣的统计量还包括后验中位数或分位数。我们也可以用 MCMC 抽样样本来估计后验众数。

（3）计算和监测参数间的相关性。

（4）产生边际后验分布的图像（直方图，密度图，误差条形图，盒型图等）。

3. Monte Carlo 误差

在分析 MCMC 输出结果时，必须要报告和监测的一个重要指标就是 Monte Carlo error（MC error），MC error 必须足够低，以保证我们能以较高的精度计算兴趣参数。该指标是和所产生的样本规模的倒数成比例的，而样本规模又是研究者可以控制的变量，因此足够的迭代数量就显得尤为重要。估计 MCMC error 通常由两种方法，一种是批次均值方法，另一种是窗口估计方法。其中第一种方法比较简单且易于实行，因此也是比较受到欢迎的方法，而第二种方法的估计精度更高。

简单来说，批次均值方法中我们将相应的输出样本分割成 K 个批次，比如 $K=30$ 或 $K=50$，基本原则是使得批次次数 K 和每个批次的样本规模 $v=T'/K$ 都必须要足够大，以便于对方差和自回归的估计。

4. 算法的收敛性

算法的收敛：所谓算法的收敛是指算法是否达到了它的均衡分布。如果已经达到了均衡分布，则所得到的样本就来自正确的目标分布。因此监测算法的收敛性对从所关注的后验分布中产生的结果来说是至关重要的。有很多种监测收敛性的方法。其中最简单的一种应该是监测 MCMC error，误差值很小表明我们已经很精确地得到目标参数的值。此外，监测自回归也是很有用的方法，值的高低分别表明收敛的慢与快。

另一种方法是监测迹图：迭代次数与所产生值的图像。如果所有的值都在一个区间内，没有表现出强烈的周期性和趋势性，那么我们可以认为已经达到收敛了，如图 1-1 中所示的是死亡率预测模型中的几个参数，分别给出了迭代之后的轨迹图和迭代过程演变的历史轨迹图，也就是时间序列图，容易看出在燃烧了初始的 1000 次迭代后，在接下来的 10000 次迭代中它们的值都是在一个区间中，没有周期性的特征，也没有趋势性的变化，因此我们有理由认为算法已经收敛了，由此产生的样本可以放心地用于计算均值、方差、中位数等特征值，并进行统计推断了。

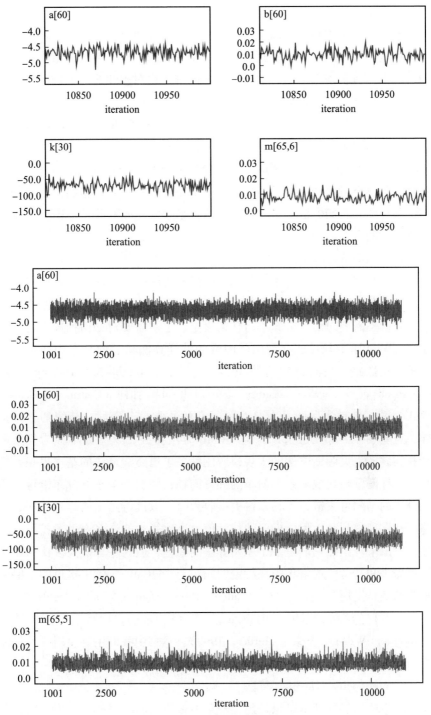

图 1−1　死亡率预测参数的时序

另一个有用的图是通过描述一个量的遍历平均值随迭代次数的变化而产生的。遍历平均是指当前迭代之前的平均值。如果经过一些迭代后遍历均值稳定，那么意味着算法收敛。另一个在实践中非常有效的策略是以不同的起点运行多条链。当我们观察到不同链的线在迹和遍历平均图中混合或交叉，就能保证收敛性。

所有收敛诊断都像警报一样工作，当它们检测到 MCMC 输出中的异常时会发出声音。每个诊断测试都是为了检测不同的问题而构建的，因此，在大多数情况下，必须应用所有检测来确保达到收敛。总而言之，经验丰富的研究者可能会遵循简单快速的策略来监控收敛，包括绘制自相关图、跟踪图和遍历方法。更先进的技术，如多链比较和收敛诊断必须用于高维复杂的后验分布。

（三）MCMC 算法

对后验分布的 MCMC 抽样在 WinBUGS 软件中比较简单。我们仅需要设定先验分布，似然函数和观察数据即可。有时我们也设定随机漫步的起点。我们不需要对后验分布进行任何设定，也不需要对如何抽样进行任何设定。WinBUGS 软件就会利用其内置的抽样算法从后验分布中产生一个随机值的链路。最流行的两种 MCMC 方法是：Metropolis – Hastings 算法（Metropolis et al., 1953；Hastings，1970）和 Gibbs 抽样（Geman and Geman，1984）。我们知道当后验分布是高维复杂的非常见分布时，传统的直接抽样，重要抽样等都无法适用，但 MCMC 方法突破了这些原本极为复杂的计算问题，为贝叶斯方法的大规模应用铺平了道路。算法的基本思想是把复杂抽样问题转化成一系列简单的抽样问题，构造一个平稳分布恰好为后验分布的马尔可夫链，当马尔可夫链收敛时，取该链路上的样本点序，由遍历性定理得到函数后验期望的估计值。这些算法的许多变体和扩展已经被开发出来。虽然它们是基于原始算法的原理，但这些算法大多比原始算法更先进和复杂，通常集中在特定的问题上。MCMC 文献中报道的一些更重要的最新发展是切片抽样（Higdon，1998；Damien et al.，1999；Neal，2003）、可逆跳跃 MCMC（RJMCMC）算法（Green，1995）和完美抽样（Propp and Wilson，1996；Merller，1999）。本书中我们主要使用两种最流行的方法，即 Metropolis – Hastings 算法和 Gibbs 采样。

1. Metropolis – Hastings 算法

MCMC 算法的基本思想是建立一条不可约、非周期的马尔可夫链，其平稳分布是我们关注参数的后验分布。Metropolis – Hastings 算法是比 Gibbs 抽样出现更早，也更一般化，是由梅特罗波利斯（Metropolis，

1953）通过引入物理学中使用的基于马尔可夫链的模拟方法，初步制定了 Metropolis 算法。后来，汉斯廷（Hastings，1970）将原始方法推广到了所谓的 Metropolis – Hastings 算法中。后者被认为是所有 MCMC 方法的一般公式。其基本方法如下：首先寻找近似于后验分布的简单分布，即所谓的待选生成密度，然后选取初始值进行迭代。格林（1995）通过引入可逆跳跃 Metropolis – Hustings 算法，进一步推广了 Metropolis – Hastings 算法，用于从不同维度的参数空间采样。

假设一个目标分布 $f(x)$，我们希望从中生成一个 T 大小的样本。Metropolis – Hastings 算法可以通过以下迭代步骤来描述；其中 $x^{(t)}$ 是算法 t 迭代中生成值的向量。

（1）设定初始值 $x^{(0)}$。

（2）在 $t = 1, \cdots, T$ 中重复以下步骤。

a. 设定 $x = x^{(t-1)}$

b. 从建议分布生成新的候选值 $q(x - x') = q(x' \mid x)$

c. 计算 $\alpha = \min\left(1, \dfrac{f(x') q(x \mid x')}{f(x) q(x' \mid x)}\right)$

d. 用概率 α 迭代 $x^{(t)} = x'$，用概率 $1 - \alpha$ 迭代 $x^{(t)} = x = x^{(t-1)}$

无论选择何种分布 q，Metropolis – Hastings 算法都将收敛到其均衡分布。然而，在实践中，方案的选择是很重要的，因为不好的选择会大大延迟均衡分布的收敛。

上述算法可以直接在贝叶斯框架中实现，用监测参数 θ 代替 x，用后验分布代替目标分布 $f(\theta \mid y)$。因此，在贝叶斯推理中，该算法概述如下：

（1）设定初始值 $\theta^{(0)}$。

（2）在 $t = 1, \cdots, T$ 中重复以下步骤。

a. 设定 $\theta = \theta^{(t-1)}$

b. 从建议分布 $q(\theta' \mid \theta)$ 中生成新的候选参数值 θ'

c. 计算 $\alpha = \min\left(1, \dfrac{f(\theta' \mid y) q(\theta \mid \theta')}{f(\theta \mid y) q(\theta' \mid \theta)}\right)$

d. 用概率 α 迭代 $\theta^{(t)} = \theta'$，用概率 $1 - \alpha$ 迭代 $\theta^{(t)} = \theta$

该算法的一个重要特点是不需要计算 $f(\theta \mid y)$ 中涉及的规范化常数 $f(y)$，因为它不再出现于 α 中，因此概率被简化为：

$$\alpha = \min\left(1, \frac{f(y \mid \theta') f(\theta') q(\theta \mid \theta')}{f(y \mid \theta) f(\theta) q(\theta' \mid \theta)}\right)$$

为了简化符号，在下面，我们表示链的当前状态，没有任何上标。Metropolis – Hastings 算法的特例是随机游走 Metropolis、独立采样、单分量

Metropolis – Hastings 和 Gibbs 采样。

2. Gibbs 抽样

Gibbs 抽样是由盖尔曼（Geman and Geman，1984）引入的。这是 Metropolis – Hastings 算法的一个特例，将满条件后验分布 $f(\theta_j \mid \theta_{\setminus j}, y)$ 用作建议概率 $q(\theta' \mid \theta^{(t)})$，这里 $\theta_{\setminus j} = (\theta_1, \cdots \theta_{j-1}, \cdots, \theta_{j+1}, \cdots, \theta_d)^T$，尽管只是 Metropolis – Hastings 算法的一个特例，因其便捷性和受欢迎程度，Gibbs 抽样通常还是被人们作为一种独立的模拟技术。它是最简单也是应用最广泛的 MCMC 方法，现已成为贝叶斯计算的强有力工具。它的一个优势是在每一步当中，随机值都是从一维分布中产生的，因此有大量可供使用的计算工具。通常这些条件分布都有已知的形式，因此可以很容易地使用统计和计算软件中的标准分布来对随机数进行模拟。Gibbs 抽样的算法步骤可以总结如下：

（1）设定初始值 $\theta^{(0)}$。

（2）对 $t = 1$，$\cdots$，T 重复以下步骤。

a. 设定 $\theta = \theta^{(t-1)}$

b. 对 $j = 1$，$\cdots$，d，从 $\theta_j \sim f(\theta_j \mid \theta_{\setminus j}, y)$ 中更新 θ_j

c. 设 $\theta^{(t)} = \theta$，并将其保存为从算法 $t+1$ 步迭代中产生的数值集中。

因此，给定一个特殊的链 $\theta^{(t)}$，我们可以如下产生新的参数值：

$\theta_1^{(t)}$ 从 $f(\theta_1 \mid \theta_2^{(t-1)}, \theta_3^{(t-1)}, \cdots, \theta_p^{(t-1)}, y)$

$\theta_2^{(t)}$ 从 $f(\theta_2 \mid \theta_1^{(t)}, \theta_3^{(t-1)}, \cdots, \theta_p^{(t-1)}, y)$

$\cdots$

$\theta_j^{(t)}$ 从 $f(\theta_j \mid \theta_1^{(t)}, \theta_2^{(t)}, \cdots, \theta_{j-1}^{(t)}, \theta_{j+1}^{(t-1)}, \cdots, \theta_p^{(t-1)}, y)$

$\cdots$

$\theta_p^{(t)}$ 从 $f(\theta_p \mid \theta_1^{(t)}, \theta_2^{(t)}, \cdots, \theta_{p-1}^{(t)}, y)$

需要指出的是 Gibbs 抽样要求参数的条件分布容易求出或者是熟悉的分布，这样才可以从这些条件分布中进行抽样，条件后验分布未知或不是常见分布时，无法使用 Gibbs 抽样，但可以使用 Metropolis – Hastings 抽样。

三、贝叶斯分层模型

贝叶斯模型有一个内在的分层结构。具有先验参数 a 的模型参数 θ 的先验分布 $f(\theta \mid a)$ 是这种分层结构中的第一层，而模型似然是贝叶斯模型的最终阶段，这样通过贝叶斯定理，我们就可以得到后验分布 $f(\theta \mid y) \propto f(y \mid \theta) f(\theta; a)$。换句通俗的说法，$a$ 是先验参数，θ 是先验分布，而 y 就是数据似然。

为了抓住一些数据的复杂结构，先验参数经常会用一系列被称为先验分布分层的条件分布来构建。先验分布可以写成：

$$f(\theta \mid y) \propto f(y \mid \theta)f(\theta;\ a)f(a;\ b)$$
$$\propto f(y \mid \theta)f(\theta \mid a)f(a \mid b)$$

在此模型中先验分布具有 2 级分层，其中 $f(\theta \mid a)$ 是第一级，而 $f(a \mid b)$ 是第二级。分层先验的最上级先验分布叫作超先验，相应的参数也叫作超参数。在上面的例子中，$f(a \mid b)$ 是超先验，而 b 就是先验参数 a 的超参数。如果需要的话，这种结构可以拓展到更多层级。

一般来说，任何具有参数 θ 和 ϕ 以及先验分布 $f(\theta, \phi)$ 的贝叶斯模型，如果其中的联合先验分布 $f(\theta, \phi)$ 可以分解成一系列条件分布 $f(\theta, \phi) = f(\theta \mid \phi)f(\phi)$ 的话，该模型就可以写成分层结构。在分层模型中，超参数 ϕ 很少包含在模型似然中。

我们可以通过简单的例子来认识分层模型的作用。比如假定我们要从 K 个研究群体中去收集反应变量样本 $Y_{ik} \sim N(\mu_k, \sigma^2)$；$i = 1, 2, \cdots, n_k$，$k = 1, 2, \cdots, K$。起初我们可能会假定两种备选的模型。一种模型估计常数均值效应 μ，那么在正态分布假设下，模型就可以表示成：$Y_{ik} \sim N(\mu, \sigma^2)$；$i = 1, 2, \cdots, n_k$，$k = 1, 2, \cdots, K$。另一种模型估计因组别而不同的独立均值效应 μ_k，在正态分布假设下，模型就可以表示成：$Y_{ik} \sim N(\mu_k, \sigma^2)$；$i = 1, 2, \cdots, n_k$，$k = 1, 2, \cdots, K$。因为模型 2 估计每一群组的期望表现，我们可能更偏好模型 2，但它的不足之处就是 μ_k 必须从每个群组里独立进行估计，因此对于有小样本规模的群组来说，后验的不确定性会比较大。因此我们自然会想到，μ_k 应该在整个种群分布中应该是可观察的，而这整个种群均值是 μ，这样就可以采用一个 2 阶段先验分布：$\mu_k \sim N(\mu, w^2)$。

分层结构模型在此类群组问题中应用很广泛。而死亡率预测问题就是典型的此类问题，我们的观察数据不仅包含某一年中从婴儿到老人的所有年龄人口，涉及这些不同年龄间效应的估计，也包括不同年份的数据，从而涉及不同年份数据间效应的估计问题。这种模型结构具体在状态空间模型和 Poisson 对数正态模型中都有应该。比如在死亡率预测模型中

```
for(i in 2:N){
for (j in 2:T){
    M[i,j] ~ dnorm(u[i,j],invsigma2. E)
    u[i,j] <- a[i] + b[i] * k[j]
}}
for(i in 2:N){
```

```
    a[i] ~ dnorm(0,invsigma2. a)
    b[i] ~ dnorm(0.010989,invsigma2. b)
}
for(j in 2:T) {
    k[j] <- mu + k[j-1] + w[j-1]
    r[j] <- invsigma2. k
    w[j] ~ dnorm(0,r[j])
}
```

M[i, j] 与 k[j] 就是典型的状态空间模型中的观察方程和状态方程。而
M[i, j], u[i, j], a[i], b[i] 也是典型的分层结构。a[i], b[i] 估计
不同年龄的平均效应和随着时间别群组的敏感性效应,而 k[j] 就估计不
同日历年份之间的随机效用。

第二节　贝叶斯模型选择

死亡率的建模是寿险精算领域最核心的任务之一,它关系到精算定价
和精算风险管理的准确性,是后续精算研究的基础和保障。因此模型和模
型变量的选择就显得尤其重要,这需要我们对若干个死亡率预测模型进行
比较,选择出最能准确刻画死亡率动态变动趋势的最佳模型。经典的变量
选择标准主要有 AIC 信息准则和贝叶斯信息准则 BIC,贝叶斯模型与变量
选择技术是基于 MCMC 算法的现代统计方法,相比传统方法,新方法能
够整合样本信息和先验信息,具有更大的灵活性,其基本原理是对全模型
进行变量选择,并挑选出具有最大后验模型概率的最佳模型。

一、后验模型概率与贝叶斯因子

在贝叶斯分析中,我们通过后验模型概率 $f(m_k|y)$ 及其相应的比值
PO_{12} 来对两个备选模型 m_1 与 m_2 (或者相关假设 H_1 和 H_2) 进行比较。

$$PO_{12} = \frac{f(m_1|y)}{f(m_2|y)} = \frac{f(y|m_1)}{f(y|m_2)} \times \frac{f(m_1)}{f(m_2)} = B_{12} \times \frac{f(m_1)}{f(m_2)}$$

式中 PO_{12} 为模型 m_1 与 m_2 的后验模型概率之比,B_{12} 为模型 m_1 与 m_2 的贝
叶斯因子,定义为边际似然 $f(y|m_1)$ 与 $f(y|m_2)$ 的比值。因此我们可以
总结为:

模型后验概率之比 = 贝叶斯因子 × 模型先验概率之比

模型先验概率之比就是模型先验概率 $f(m_1)$ 和 $f(m_2)$ 的比值，$m \in \{m_1, m_2\}$ 的边际似然 $f(y \mid m)$ 由下式给出：

$$f(y \mid m) = \int f(y \mid \theta_m, m) f(\theta_m \mid m) \mathrm{d}\theta_m$$

式中 $f(y \mid \theta_m, m)$ 是具有参数 θ_m 的模型 m 的似然函数，$f(\theta_m \mid m)$ 是模型 m 下参数 θ_m 的先验分布。因此贝叶斯因子是所比较模型的先验预测密度之比。卡斯和拉夫特里（Kass and Raftery, 1995）将 $f(y \mid m)$ 称为 m 模型下数据的预测概率，即在假设 m 模型是产生观测数据的真正随机机制的情况下，在无任何数据可用之前获得实际观测数据的概率。

贝叶斯因子在贝叶斯理论中具有突出的重要性，因为当没有关于模型结构的信息时，先验模型概率被认为是一种默认选择。因此，模型比较和模型评估通常仅基于贝叶斯因子。如果我们将模型比较看作一个假设检验问题，其旨在根据备择假设 H_1（对应于模型 m_1）评估零假设 H_0（对应于模型 m_0），那么后验模型概率之比 PO_{10} 和对应的贝叶斯因子 B_{10} 都用来评估反对零假设的证据，即类似于经典的显著性检验。另外，PO_{01} 和 B_{01} 评估了支持零假设的证据，这在经典显著性检验中是不可行的。也就是说利用后验模型概率之比和贝叶斯因子，我们可以：

（1）评估支持 H_0 的证据；

（2）比较两个及两个以上的非嵌套模型；

（3）在考虑模型不确定性的情况下得出推论；

（4）确定哪一组解释变量能给出更好的预测结果。

关于对贝叶斯因子的解释由卡斯和拉夫特里（Kass and Raftery, 1995）提供，见表 1-1。

表 1-1　　　　　　　　　贝叶斯因子区间及判断标准

$\log B_{10}$	B_{10}	拒绝 H_0 的证据
0~1	1~3	支持 H_0
1~3	3~20	支持 H_1
3~5	20~150	强烈支持 H_1
>5	>150	绝对支持 H_1

先验预测密度和贝叶斯因子所涉及的积分仅在某些有限的例子中是可处理的，因此，经常使用渐近近似或蒙特卡罗方法。此外，这些密度对先验分布 $f(\theta_{m_k} \mid m_k)$ 的离散性很敏感。因此，当我们对因模型而异的参数

设定较大的离散先验时，无论我们观察到哪些数据，都支持更简约的模型。由于同样的原因，如果使用了不适当的先验分布，会导致计算贝叶斯因子所涉及的积分不可处理。这些问题是被广泛称为 Jeffrey 悖论（Lindley，1957；Bartlett，1957）。一般来说，难以在 WinBUGS 中计算后验模型概率之比和贝叶斯因子，除非采用一些文献中所说的非常复杂的方法。

学术史上，先验预测密度和贝叶斯因子计算上的困难引致了贝叶斯推断中使用贝叶斯因子的广泛讨论，产生了贝叶斯因子的多种版本以及用于模型比较和检验的不同替代方法。

二、边际似然的计算

我们知道贝叶斯因子可以表示为两个模型的边际似然之比，因此贝叶斯因子方法在本质上与边际似然方法是等价的，但相对来说，边际似然方法具有更大的优越性。在文献中已经提出了各种替代方法，以便准确地估计或近似边际似然。在这里，我们简要介绍最重要的几种，并重点讨论可以通过 WinBUGS 实现的简单方法。相关方法的细节，请参见卡斯和拉夫特里（Kass and Raftery，1995）以及盖蒙曼和路普斯（Gamerman and Lopes，2006）。

（一）基于正态分布的近似

应用较为普遍的边际似然近似是基于正态分布的 Laplace 近似。这种近似结果为

$$f(y \mid m) \approx (2\pi)^{dm/2} \left| \sum_m \left| f(y \mid \tilde{\theta}_m, m) f(\tilde{\theta}_m \mid m) \right| \right.$$

其中 $\tilde{\theta}_m$ 是模型 m 的参数的后验众数，$\sum_m = (H_m(\tilde{\theta}_m))^{-1}$ 中的 $H_m(\tilde{\theta}_m)$ 等于在后验众数 $\tilde{\theta}_m$ 下计算的对数后验密度 $\log f(\theta \mid y, m)$ 的二阶导数矩阵的负值。

为了避免 $\sum_m$ 和 $\tilde{\theta}_m$ 的解析计算，我们可以使用拉夫特里（Raftery，1996b）和勒韦斯和拉夫特里（Lewis and Raftery，1997）提出的 Laplace - Metropolis 估计量。利用这种方法，我们分别用模拟值的后验均值和方差与协方差矩阵从 MCMC 算法的输出结果中估计 $\sum_m$ 和 $\tilde{\theta}_m$。因此，Laplace - Metropolis 估计量由下式给出：

$$f(y \mid m) \approx \tilde{f}(y \mid m) = (2\pi)^{dm/2} \left| S_m \right| f(y \mid \tilde{\theta}_m, m) f(\tilde{\theta}_m \mid m)$$

其中

$$\tilde{\theta}_m = \frac{1}{T} \sum_{t=1}^{T} \theta_m^{(t)} \text{ 和 } S_m = \frac{1}{T} \sum_{t=1}^{T} (\theta_m^{(t)} - \tilde{\theta}_m)(\theta_m^{(t)} - \tilde{\theta}_m)^T$$

值得注意的是，当后验分布是对称的时，这种近似是有效的。因此，用相应的均值代替后验众数不会影响结果。

（二）利用 WinBUGS 估计边际似然

在这一节中，我们说明了使用 WinBUGS 生成的输出计算所考虑的边际似然模型，更具体地说，在这一节中，我们阐述了 Laplace – Metropolis 估计、调和平均估计和广义调和平均估计。为了估计 Laplace – Metropolis 估计量，我们进行了以下步骤：

（1）在 WinBUGS 中生成 MCMC 示例。

（2）根据 WinBUGS 产生的 MCMC 输出结果估计。

①关注参数的后验均值表示为 $\bar{\theta}_m$

②关注参数的后验标准差表示为 $s_{\theta_m} = (s_1, \cdots, s_d)$

③关注参数之间的后验相关性表示为 R_{θ_m}

（3）计算表达式：

$$\log\hat{f}(y \mid m) = \frac{1}{2}d_m\log(2\prod) + \frac{1}{2}\log \mid R_{\theta_m} \mid + \sum_{j=1}^{d_m} \log s_j$$
$$+ \sum_{i=1}^{n} \log f(y_i \mid \bar{\theta}_m, m) + \log f(\bar{\theta}_m \mid m)$$

其中 s_j 是 θ_j 的后验标准差，参数由 MCMC 输出估计。

通过计算每次迭代中的似然，可以得到调和平均估计量。为了实现这点，我们首先使用节点 log. like[i] 计算每个观测 i 的对数似然项 l_i，然后使用 WinBUGS 语言的表达式 $\exp(-\sum_{i=1}^{n} l_i)$ 的逆似然 inv. like 为 Inv. loglike < − exp(− sum(log. ike[1：n]))。最后，通过节点 inv. like 的后验均值的倒数来估计边缘似然：$\hat{f}(y \mid m) = 1/\overline{\text{inv. like.}}$

同样，我们计算了边际似然的广义调和平均估计。我们通过表达式计算节点 w. like

$$w^{(t)} = \frac{g(\theta_m^{(t)})}{f(y \mid \theta_m^{(t)}, mf(\theta_m^{(t)} \mid m))}$$

这样我们就可以估计边际似然，即后验均值 w. like 的倒数 $\hat{f}(y \mid m) = 1/\overline{\text{w. like}}$。

第三节　基于 WinBUGS 的死亡率
预测模型基本处理方法

WinBUGS 是作为 BUGS 项目的一部分发展起来的 Windows 版的免费计

算机程序，它的完整意思是 Bayesian inference using Gibbs sampling，即通过 Gibbs 抽样的贝叶斯推断。WinBUGS 原本仅使用叫作 Gibbs sampling 的一种特殊的 MCMC 算法，但现在它已经可以使用多样化的 MCMC 抽样技术了。对于大多数使用该软件的学者来说，WinBUGS 仅仅是一个内置的 MCMC 黑箱，分析者只需通过提供数据集和使用一种简单有效的模型定义语言，来对统计模型进行描述。所有我们必须处理的模型都使用 BUGS 语言以一种简单透明的方式进行设定，以便进行最大似然估计。对于最大似然，一方面研究者必须要清晰准确地定义模型的似然函数，然后利用函数最优化软件包去找出最大似然估计。另一方面，人们现在可以使用许多可以避免这种复杂性的软件，甚至让使用者拟合那些他们并不太理解的模型。相比较而言，BUGS 语言看起来相当简练。在 BUGS 语言中，所有的随机模型都可以通过设定参数和数据之间随机或确定的量化关系来进行描述。通过把一个完整的模型分解成一些小的成分组件，可以大大增强研究者的理解。而且这样可以使得最复杂的模型结构也变得灵活透明。BUGS 模型描述是自然分层的，因此 WinBUGS 对于拟合分层模型非常理想。

一旦模型设定以后，WinBUGS 实际上就已经以一个完美的黑箱模式建立起了一个 MCMC 算法，并且按照要求的长度来运行。模型运行的主要结果是给出长长的数字流，这是我们选择估计的模型参数。如果 MCMC 算法已经充分建立，并且链路已经收敛到理想的后验分布，那么这些来自后验分布的数据就给我们呈现出了一系列随机的样本。这些数据中会有自相关性，因为它们来自一条马尔可夫链，这就意味着在链路的开始部分，我们依然能够看到任意选择的起始值的影响，所以这一部分必须被舍弃或者燃烧掉（burnin）。燃烧区间的选取是否充分可以通过可视化的均值来判断。也就是说可以通过检测每个参数抽样值的时间序列轨迹图来判断。轨迹应该围绕着常数均值随机的上下波动。当然也有一些正式的指标来判断是否已经达到了收敛。比如 Brooks - Gelman - Rubin 统计就是一个经常被用到的一个指标。它要求每个参数产生 2 ~ 3 条链路，然后以 ANOVA 形式来比较每两条链路之间和每条链路的方差，在收敛时，这个检验统计量的值应该是 1。在一条链路已经收敛到理想的目标分布之后，为了节省计算空间和减少自相关，可以采取 k 取 1 的方式，即仅保留每 k 个值里的第 k 个。这样研究者就可以得到一个来自后验分布的更小的，也是更加信息密集（更少自相关）的样本。

简而言之，WinBUGS 是一种基于规划语言的软件，用以对贝叶斯模型参数的后验分布产生随机样本。其使用非常简洁，使用者只需要设定数据，所研究模型的结构，以及模型参数的初始值。能够用 Win-BUGS 软件处理的模型范围非常广泛，这也是该软件越来越受到欢迎的主要原因。本章我们通过死亡率预测模型的贝叶斯结构来简要说明使用该软件的步骤与方法。不可否认，MCMC 或许比那些通常用作频率学派分析的统计软件要难。毫无疑问，真正懂得编写 MCMC 代码算法可能是一个巨大的优势，但对一般的研究者来说，对 MCMC 技术的一个简单的直觉理解往往就足够了。这样的理解可以通过使用 WinBUGS 的操作步骤来获得。

一、似然函数的设定

假定有 n 个观察值的因变量 Y 储存在向量 y 中，模型的随机部分可以表示成

$$Y \sim Distribution(\vartheta)$$

这里 ϑ 是假定分布的参数向量，用一个连接函数 h 将参数向量和一些解释变量 X_1，X_2，$\cdots$，X_p 连接起来：$\vartheta = h(\theta, X_1, X_2, \cdots, X_p)$，其中 θ 是用来设定连接函数和模型最终结构的参数约束集，ϑ 是实际的待估参数集，对观察值 x_{1i}，x_{2i}，$\cdots$，x_{pi} 的每一个设定都定义了一个不同参数 θ 集 $\vartheta_i = h(\theta, x_{1i}, x_{2i}, \cdots, x_{pi})$，在广义线性模型中，该函数将假定分布的参数与解释变量的线性组合连接起来，模型的似然可以表示为：

$$f(y \mid \theta) = \prod_{i=1}^{n} f(y_i \mid \vartheta_i = h(\theta, x_{1i}, x_{2i}, \cdots, x_{pi}))$$

相应的 WinBUGS 语法为：

```
for (i in 1:n){
    y[i] ~ distribution. name(parameter1[i],parameter2[i],…)
    parameter1[i] <- [function of theta and X's]
    parameter2[i] <- [function of theta and X's]
……
}
```

以本书中 Lee – Carter 死亡率预测模型为例，则上述的语法具体化为：

```
for(i in 2:N){
for (j in 2:T){
    M[i,j] ~ dnorm(u[i,j],invsigma2. E)
    u[i,j] <- a[i] + b[i] * k[j]
```

}}

这里 $M[i, j]$ 是中心死亡率的自然对数，即 $M[i, j] = \ln m_{xt} = y_{xt} = \alpha_x + \beta_x k_t + \varepsilon_{xt}$ 是贝叶斯框架下 Lee – Carter 模型的观察方程，因为在本书贝叶斯统计推断的框架中，如果以 θ 表示 Lee – Carter 模型所有参数的集合，则 θ 的联合后验密度 $f(\theta \mid y)$ 是研究者有了观察数据后，对 θ 先验分布 $f(\theta)$ 的修正，可以写成 $f(\theta \mid y) \propto l(y \mid \theta) f(\theta)$，其中 $l(y \mid \theta)$ 是似然方程。显然观察方程的似然函数为：

$$l(y \mid \alpha, \beta, k_{t_{\min}}, \cdots, k_{t_{\max}}, \sigma_\varepsilon^2) = \prod_{t_{\min}}^{t_{\max}} \prod_{x_{\min}}^{x_{\max}} f(y_{xt} \mid \alpha_x, \beta_x, k_t, \sigma_\varepsilon^2)$$

$$\propto \left(\frac{1}{\sigma_\varepsilon}\right)^{LM} \exp\left\{-\frac{\sum_{t_{\min}}^{t_{\max}} \sum_{x_{\min}}^{x_{\max}} (y_{xt} - (\alpha_x + \beta_x k_t))^2}{2\sigma_\varepsilon^2}\right\}$$

据此也就不难写出上述模型的似然函数。

二、先验分布的设定

为了完成贝叶斯模型的参数设定，在完成模型似然的设定后，我们需要进一步设定模型参数的先验分布，先验分布设定的语法为：

Theta1 ~ distribution. name(……)

Theta2 ~ distribution. name(……)

如果参数 θ 是长度为 K 的单向量，并且所有的成分都服从相同类型的先验分布，我们可以用 for 循环语句来设定，其语法为：

for (j in 1:K){

    theta[j] ~ distribution. name(second level parameters)

}

在 Lee – Carter 模型中，设定上述的模型似然后，对于 i 从 2：N，和 j 从 2：T 来说，对 a，b 和 k 的先验可以用上述语法设定如下：（代码与 Lee – Carter 模型相关的结构与设定可以参见第 2 章中关于 Lee – Carter 模型的贝叶斯描述和第 2 章附录的模型代码说明）。

for (i in 2:N){

    a[i] ~ dnorm(0, invsigma2. a)

    b[i] ~ dnorm(0. 010989, invsigma2. b)

}

a[1] ~ dnorm(0, invsigma2. a)

b[1] <- 1 - sum(b[2:N])

for (j in 2:T){

    k[j] <- mu + k[j-1] + w[j-1]

    r[j] <- invsigma2. k

    w[j] ~ dnorm(0,r[j])

}

w[1] ~ dnorm(0,r[1])

r[1] <- invsigma2. k

k[1] <- (0 - 120 * mu - w[1] - sum(w[1:2]) - sum(w[1:3]) - sum(w[1:4]) - sum(w[1:5]) - sum(w[1:6]) - sum(w[1:7]) - sum(w[1:8]) - sum(w[1:9]) - sum(w[1:10]) - sum(w[1:11]) - sum(w[1:12]) - sum(w[1:13]) - sum(w[1:14]) - sum(w[1:15]))/16

mu ~ dnorm(mu0, invsigma2. mu)

invsigma2 ~ dgamma(alpha, beta)

上述先验分布的代码主要依据正态 – 逆伽马分布的设定原则，如 mu 和 r[j] 等。其中 b[1] 和 k[1] 的程序主要是根据 Lee – Carter 模型的约束条件 $\sum_x \beta_x = 1$ 和 $\sum_t k_t = 0$ 来编写的。

三、数据与初始值的设定

在 WinBUGS 软件中，数据可以有矩形格式和列表格式两种，其中矩形数据格式比较简单，通常用来设定一系列具有相同长度的变量。比如对 y，x1，x2，x3 这样的变量，我们只需要在第一行设定变量名接上方括号，然后在每行输入观察值，并且在最后一行以命令 END 结束，如：

```
y[ ]  x1[ ]  x2[ ]  x3[ ]
10    20     23     12
11    23     11     97
…     …      …      …
44    25     33     12
END
```

列表数据格式可以用来设定常数，向量，矩阵等。数据格式的语法通常用 list 开头，后节圆括号（），在括号里设定每个变量，必然对矩阵而言，其语法为：

Matrix . name = structure(

. Data = c(value1, value2, ⋯, value − k)

. Dim = c(row number, column number)

)

在第 2 章的死亡率数据中，如果我们使用的 16 年的数据，每一年包括从 1 ~ 90 岁和 90 岁以上的年龄数据，显然这是一个矩阵数据格式，其语法为：

DATA

list(N = 91, T = 16,

M = structure(

. Data = c(

−3. 41496, −3. 36415, −3. 26627, −3. 39267, −3. 61035, −3. 60203, −3. 88045,

−4. 14299, −3. 92648, −4. 31786, −4. 3503, −4. 09426, −4. 66447, −4. 28789,

⋯   ⋯   ⋯

−1. 4535, −1. 40861, −1. 42767, −1. 80128, −1. 65483, −1. 72999, −1. 77779,

−1. 50263, −1. 58208, −1. 43265, −1. 56876, −1. 43912, −1. 89536, −1. 71389),

. Dim = c(91, 16))))

初始值的设定是用来对 MCMC 抽样进行初始化，其格式和列表数据格式相似。应该给出因变量之外的所有随机代码设定初始值。一般在使用随机产生的初始值时应该保持谨慎，如果对某些参数使用不合适的值来进行初始化会导致算法的收敛大幅变慢，甚至会遇到报错的问题。在死亡率预测模型中，我们设定如下初始值：

INITS

List(alpha < − 2. 01, beta < − 0. 455508933, mu0 < − − 4. 1882313, invsigma2. k < − 0. 07, invsigma2. mu < − 0. 026482198, invsigma2. a < − 0. 25895175, invsigma2. b < − 31149. 90767, invsigma2. E < − 2. 2172998)

那么这些初始值的设定可能会影响到后验分布的一些描述性统计量，但样本 T 的大小足以消除初始值设定的影响。我们可以让算法运行大量迭代次数或者获取不同起点的样本来减轻或避免初始值的影响。也可以选择容易获得的后验众数或最大似然值作为初始值，以确保这些值接近后验分布的中心。本书模型代码中初始值都是来源于极大似然或奇异值分解得到的样本估计值（见表 1 − 2），其具体的估计方法在第 2 章中有详细的说明。

表1-2 超参数的设定方法

项目	超参数	设定方法
观察方程	$\alpha(\alpha_\varepsilon$ 和 $\alpha_k)$	2.01
	$\beta(\beta_\varepsilon$ 和 $\beta_k)$	$(\alpha-1)\hat{\sigma}_\varepsilon^2$
	σ_a^2	$\hat{a}_x$ 的样本方差
	σ_b^2	$\hat{b}_x$ 的样本方差
	σ_ε^2	残差项 $\hat{\varepsilon}_{x,t}=\ln(m_{x,t})-\hat{a}_x+\hat{b}_x\hat{k}_t$ 的样本方差
状态方程	ρ	$(\hat{k}_t-\hat{k}_{t-1})$ 的样本均值
	σ_k^2	$(\hat{k}_t-\hat{k}_{t-1})/T$ 的样本方差
	σ_ρ^2	$(\hat{k}_t-\hat{k}_{t-1})$ 的样本方差

四、模型的编译与模拟

写好模型代码，设定参数初始值并输入数据后，我们就需要编译和运行模型了。这一般需要如下 5 个步骤：

（1）检验模型语法。在 WinBUGS 工具栏 model 选项里选定 Specification 工具，该工具包括初始化 MCMC 算法所需要的所有基本操作。包括检验模型代码语法，上传数据，编译模型，设定初始值和设定我们希望产生的链路的条数。如果语法正确，WinBUGS 窗口左下角就会显示 model is syntactically correct，如果语法有问题，同样的左下角就会显示问题，同时光标也会出现在相应问题的地方。

（2）上传数据。数据上传仍然是在 Specification 工具中完成。如果数据上传成功，左下角的窗口就会显示 data loaded 提示语，如果有问题也会在相同位置给出提示。

（3）编译模型。在上传数据之后，点击 Specification 工具中的 compile 按钮就可以进行模型的编译，如果模型编译成功，左下角窗口就会显示 model compiled，相反，如果有问题也会给出提示。

（4）设定初始值。初始值如果设定成功就会得到 model is initialized 提示，否则就给出错误提示。但如果对某些随机代码没有设定初始值，就会得到 the chain contains uninitialized variables 的提示，这时我们还是能够从 gen inits 按钮对其余参数代码产生随机值，但尽量少用，因为这会导致算法收敛性的拖延等问题。

（5）运行 MCMC 算法。该步骤与上述 4 个步骤不同，是在 inference 工具中完成。对迭代 burn in 次数，记录幅度（refresh），步数（thin/lag）

等进行设定，之后我们打开 inference > samples 工具，在 node 框中输入需要监测的参数，在监测参数设定好之后，还要再回到 model > updates 工这个界面对抽样迭代的次数，步数等进行再设定，点击 update 进行监测参数的迭代抽样，产生随机值（见图 1-2）。

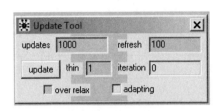 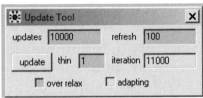

迭代 burn in 次数设置　　　　　　　　　　Gibbs 抽样迭代

图 1-2　流程图

五、基本结果分析

结果分析的主要应用 sample monitor tool 这个工具。它提供了对所储存随机值简单分析的大量结果供我们参考选择（见图 1-3）。

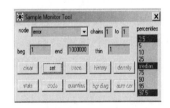 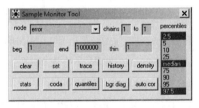

参数设定　　　　　　　　　　　　获取迭代结果

图 1-3　基本结果分析

其中迭代轨迹（trace）可产生迭代次数与参数值的记录图，是监测参数的动态轨迹图，如死亡率预测中参数的轨迹图（见图 1-4）。

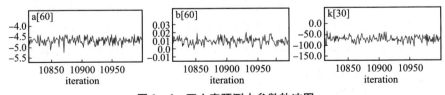

图 1-4　死亡率预测中参数轨迹图

密度 density button 可以产生监测参数的后验密度或概率函数的近似可

视核估计（见图1-5）。

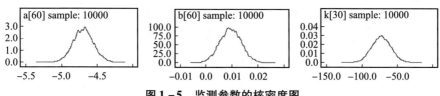

图1-5 监测参数的核密度图

迭代历史按钮（histroy button）与 trace 不同在于，它产生的是所有储存值完整轨迹图，而不是每隔一段迭代幅度所记录值的轨迹图（见图1-6）。

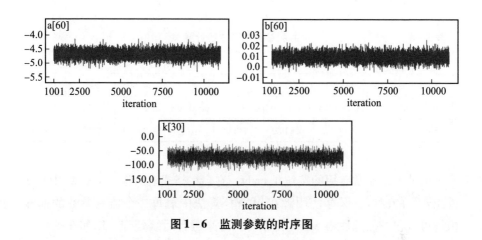

图1-6 监测参数的时序图

通过 quantiles 按钮，可以得到每一个参数经算法迭代的中位数及其 2.5%和97.5%分位数的演进趋势图（见图1-7）。

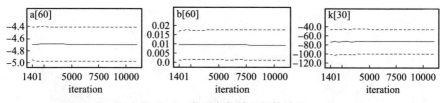

图1-7 监测参数的区间估计图

通过点击基本结果分析中的 auto cor 按钮，我们可以得到每个监测参数的自相关图（见图1-8）。

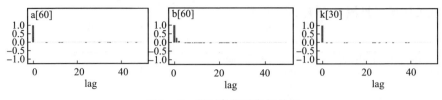

图 1-8　监测参数的自相关图

基本分析中的 stats 按钮可以通过 MCMC 运算结果给出每个监测参数后验分布的统计量，包括均值，标准差，Monte Carlo error 和所选定的分位点值，同时它也提供在燃烧阶段（burnin period）丢弃的迭代数以及最终被保留用作估计的迭代样本，如在死亡率预测中有（见表 1-3）：

表 1-3　　　　　　　　　　监测参数的基本统计量

node	mean	sd	MC error	2.50%	median	97.50%	start	sample
a[60]	-4.714	0.05703	6.38E-04	-4.827	-4.714	-4.603	2001	10000
b[60]	0.00845	0.002218	2.97E-05	0.004127	0.008461	0.01275	2001	10000
k[30]	-64.12	12.5	0.1198	-88.66	-64.11	-39.39	2001	10000

另外一个非常有用的按钮是 coda，它会在格式上产生一个和 CODA 软件相匹配的窗口，保存使用者在 MCMC 算法中对每一个监测参数的抽样值，可以很方便地使用 Splus 或者 R 软件来进行后续处理，比如在死亡率预测中，应用这些数据经变化处理，可以给出生存概率随着年龄和时间变化的三维图，也可以在后续的研究中描述出年金嵌入长寿期权的三维变化图（见图 1-9），准备金数据的三维图等，这些都是传统精算方法难以做到的，也是本项目研究的一个重要特色。

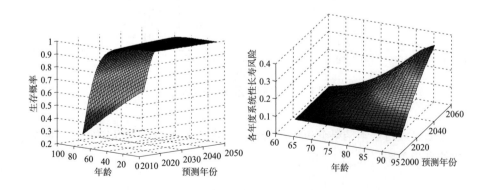

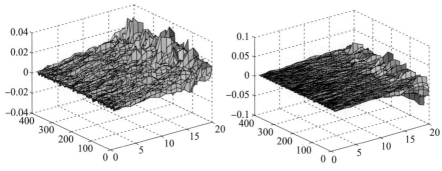

图 1 - 9　研究变量的三维趋势图

在上述的样本监测工具（Sample monitor tool）中，density 和 stats 选项是用来得到监测参数后验分布的后验估计，而其他选项主要用来监测链路的收敛性。比如 MC error 是在 stats 选择中计算的，是用来监测链路的收敛的。迭代收敛性可通过迭代轨迹（trace）、迭代历史（history）和自相关函数（auto corr）等来进行判断。当迭代轨迹，迭代历史基本趋于稳定，迭代值在一个平行区间而没有强烈的季节性变化，可认为迭代过程已收敛。自相关图也可以帮助判断收敛性，如果自相关很低，或自相关函数很快接近于 0，那么相对较低的迭代次数就能保证收敛性。此外如果 MC error 低于标准差的 2%，收敛性就是有保障的。另一个正式的收敛诊断是通过 bgr diag 选项来进行的，但它需要多条链来进行拟合。最后，我们也可以通过 R 软件中的 CODA 包进行模型诊断。

不可否认，贝叶斯方法的应用也是有挑战的。首先，与任何新的理论与方法一样，贝叶斯统计也是有一定难度的。先验的选择和估计的敏感性都需要仔细斟酌，此外 WinBUGS 软件也是一个有理解难度的黑箱，会给试图理解其运行原理的人带来困扰。一般来说，相较于其他的模型拟合方法，基于 MCMC 算法的贝叶斯分析会比较慢。就因为 WinBUGS 是一种极其灵活的 MCMC 处理软件，当处理大量数据集时就会变得太慢而让人心焦。好在本书中几十年的人口数据并不算太大，但尽管如此，对某些章节参数处理比较复杂时，运行 40 分钟甚至 1 小时也是常有的。

死亡率预测篇

第二～四章是死亡率预测研究，包括贝叶斯方法与传统方法的比较，Lee-Carter单因子模型和双因子模型的贝叶斯因子比较，和我国有限人口数据下的死亡率模型的贝叶斯选择问题。第二章基于贝叶斯MCMC方法的我国人口死亡率预测。针对我国人口死亡率统计数据质量不高的实际和传统Lee-Carter死亡率预测模型两阶段方法存在的误差累积问题，本章采用贝叶斯MCMC方法来预测我国人口死亡率。通过WinBUGS编程，文章在一体化框架下一次性给出模型的参数估计和未来死亡率的预测值。对研究结果的比较分析表明，贝叶斯方法不仅有效减少了数据质量问题的不利影响，提高了参数估计的稳健性，而且有效克服了参数估计和预测分开进行的弊端，在BIC值和残差项方差等模型选择标准上明显优于传统方法。

第三章基于双因子Lee-Carter模型的死亡率预测及年金风险评估。本章针对传统单因子Lee-Carter模型中死亡率的改善呈常数速率的明显弊端，利用贝叶斯MCMC方法和中国实际人口死亡率数据，考察对比了双因子Lee-Carter模型的预测效果。检验结果表明双因子模型的拟合优度和离差信息准则DIC明显优于单因子模型，较好地抓住了死亡率随时间演进的波动性。本章还进一步比较了基于两种模型预测结果的年金的定价、统计特征、风险度量和资本要求。结果表明双因子模型下，年金价格核密度图的尖峰厚尾现象较为突出，宜考虑TVaR风险度量来弥补SolvencyⅡ中基于VaR的资本额度计算方法的不足，以因应年金产品中死亡率超预期改善的长寿风险。

第四章死亡率模型选择与年金风险评估。鉴于我国人口普查数据稀缺，抽样调查数据质量不高给人口死亡率预测带来的不利影响，本章在贝叶斯MCMC研究框架下通过不同模型的边际似然计算贝叶斯因子和离差信息准则，进行死亡率预测的模型选择和拟合效果的评估。在此基础上并进一步比较了不同模型和数据组合下年金的定价、统计特征、风险度量和偿付能力资本要求。结果表明Lee-Carter有限数据模型和三年高质量普查数据的组合能有效降低模型离差，提高死亡率预测的精度，并且能更好地抓住年金价格分布的尖峰厚尾特征，结合TVaR风险度量能有效缓解SolvencyⅡ中基于VaR的方法缺陷，更准确地评估年金产品中的长寿风险。

第二章 基于贝叶斯 MCMC 方法的我国人口死亡率预测研究

第一节 引　言

在过去的几十年里，由于生活条件的改善和医疗技术的进步，中国人口死亡率经历了持续的下降，尤其是在老年阶段，其直接结果就是人口寿命的持续和普遍的延长。人口寿命的延长会对我国的社会养老基金和保险公司的年金业务带来直接的冲击，被称为长寿风险，这是一种系统性的风险，保险机构无法通过大量的风险聚合以大数定律来化解。近年来，人们提出风险证券化和自然对冲等应对方法，但所有这些方法的前提就是准确地度量风险，即准确预测未来死亡率改善的程度。因此人口死亡率的预测也就成为人们应对长寿风险的核心和前提。准确的预测能让人们未雨绸缪，早作准备，而预测误差过大则会让人们反应过度或准备不足，因此死亡率的预测一直是学者们关注的热点问题。

从 1725 年 De Moivre 模型诞生以来，人们对死亡率预测模型的研究已经有将近 300 年的历史。从模型的特征来看，死亡率预测模型大致可以分为静态模型、动态离散时间模型和动态连续时间模型三大类。传统上精算师们使用的 Gompertz 模型和 Makeham 模型等都是静态的死亡率预测模型，它们往往采用一些简化的假设和人为的限定来使模型的预测结果趋于合理，完全忽略了死亡率变化的不确定性，这就使得采用传统的死亡率模型去预测人口的寿命就具有很大的局限性。近 20 年来，死亡率预测技术获得了长足的发展，新的动态死亡率模型不断被提出，总的来说，动态死亡率模型可以分为离散时间模型和连续时间模型。大多数离散时间死亡率模型都建立在李和卡特（Lee and Carter，1992）原创性工作的基础之上。之后，针对该模型统计处理上的不足，学者们从不同的视角进行了改进和拓展，如极大似然估计方法（Brouhns et al.，2002）和队列效用模型（Renshaw and Harbman，2006）等。之后，鉴于传统频率派 Box - Jenkins 二阶段方法在参数拟合和预测上的不连贯，学者们又尝试用贝叶斯方法在统一的框架下一次性完成参数的拟合和预测，相关文献有查恩斯等（Cairns et al.，2011）、穆勒和米特（Müller and Mitra，2013）和李（Li，2014）等。

国内学者的研究主要集中在 Lee - Carte 及其拓展模型在中国的应用上。如李志生，刘恒甲（2010）和祝伟，陈秉正（2012）等分别应用 Lee - Carter 模型及其改进的模型对中国城市人口死亡率进行了预测，并探讨了预测结果的应用问题。此外，祝伟，陈秉正（2009）、韩猛，王晓军（2010）和王晓军，任文东（2012）分别考虑了中国人口死亡率数据缺失和样本量不足情况下 Lee - Carter 模型的改进与预测，并进一步探讨了死亡率的改善对基本养老保险的影响。

国内外学者的上述研究成果具有相当的深度和广度，然而从研究背景和方法来看，主要有以下两点不足。

（1）未考虑中国有限的人口死亡率统计数据。传统的 Lee - Carter 模型及其系列拓展模型主要诞生于具有大样本和长时期人口死亡率统计数据的欧美国家，其在中国的适用性值得进一步的研究。与国外动辄几十年甚至几百年的人口死亡率统计数据相比，我国人口死亡率统计数据及其有限，主要表现在样本量不足、多个年度数据缺失以及风险暴露数严重不足等方面。此外，数据质量也不高，我国在之前进行的 6 次人口普查中，其中前三次没有给出分年龄死亡率数据。1986 年、1995 年和 2005 年进行了三次 1% 人口抽样调查，1990 年后每年进行 1‰人口变动抽样调查。在 1994～2009 年这短短 16 年的连续样本中，来自普查数据的只有 2000 年，1% 人口抽样调查的只有 1995 年和 2005 年两年，其余年份数据均来自 1‰人口变动抽样调查，样本量较小，存在明显的风险暴露不足问题，这些必然会影响到死亡率预测的准确性和可信度。

（2）传统方法先进行参数估计再根据时间序列方法进行预测的二阶段方法，有割裂估计过程和预测过程的弊端，在进行未来参数预测时往往会直接忽略参数估计的误差，从而导致预测过程的不确定性增加。

针对我国人口死亡率统计数据的不足和传统 Lee - Carter 模型参数估计方法的缺陷，本文拟采用贝叶斯方法来进行死亡率的建模和预测。与祝伟，陈秉正（2009）、韩猛，王晓军（2010）和王晓军，任文东（2012）不同的是，贝叶斯方法不仅充分利用了模型信息和样本信息，而且也融合了模型总体分布中多个未知参数的信息，可以更全面地考虑和解决传统统计方法的样本不足和样本质量问题；此外贝叶斯方法可以在一体化框架中以系统性的方式一次性完成所有监测参数的处理，有效避免了各项任务中参数拟合和预测相互割裂的弊端，减少了参数风险的产生和累积，与金博轶（2012）的区别在于，本书依然采用经典的 Lee – Carter 模型，参数估计利用贝叶斯 Markov Chain Monte Carlo 方法，即贝叶斯 MCMC 方法，并利用 WinBUGS 软件来进行建模。使用 WinBUGS 可以很方便地对许多常用模型和分布进行 Gibbs 抽样，编程者不需要推导参数的后验密度或似然函数的精确表达式，只要设置好变量的先验分布并对所研究的模型进行一般的描述，就能顺利完成对模型的贝叶斯分析，极大地方便了贝叶斯方法的使用。

第二节　死亡率预测模型的贝叶斯改进

一、Lee – Carter 模型

Lee – Carter 模型用三个参数序列：a_x，b_x 和 k_t 来描述 x 岁的人在 t 时观察的中心死亡率 $m_{x,t}$ 的自然对数，公式为：

$$\ln(m_{x,t}) = a_x + b_x k_t + \varepsilon_{x,t} \tag{2.1}$$

这里 k_t 也是一个随时间而变化的参数，表示对所有年龄段都相同的时间效应，年龄相关的参数 b_x 给出了各个不同年龄对参数 k_t 的敏感性，参数 a_x 给出了对每个年龄 x 来说独立于参数 k_t 的年龄效应，可以看作各年龄别对数死亡率的平均水平。$\varepsilon_{x,t}$ 是残差项，并且有 $\varepsilon_{x,t} \sim N(0, \sigma_\varepsilon^2)$。因为模型的可识别性问题，Lee – Carter 模型的两个约束条件依然需要，即：

$$\sum_x b_x = 1, \ \sum_t k_t = 0 \tag{2.2}$$

简单来说，传统的 Lee – Carter 模型中的死亡率预测是分两个阶段来进行的。第一阶段我们用历史数据来估计参数 a_x，b_x 和 k_t，第二阶段对参数 k_t 的拟合值建模，并用趋势外推的方法得到 k_t 的预测值和对数死亡率的预测值。

假定死亡率的观察数据分别收集于 t，$t+1$，$\cdots$，T 时刻，则参数 a_x 可以通过对 $\ln(m_{x,t})$ 在时间上的平均来得到，即：

$$\hat{a}_x = \sum_t^T \ln(m_{x,t})/(T - t + 1) \tag{2.3}$$

参数 b_x 和 k_t 的传统估计方法主要有奇异值分解（SVD）、加权最小二乘法（WLS）和极大似然法（MLE）等方法。第二阶段是按照时间序列方法来对 $\hat{k}_t$ 进行建模拟合，在多数研究中对 $\hat{k}_t$ 序列建模是采用 ARIMA（p，d，q）过程来进行拟合的，并且最佳的拟合形式是（p，q，q）=（0，1，0），这是带漂移项的随机漫步过程（Lee and Carter，1992，Lee and Miller，2001 和 Hanewald，2011），即：

$$k_t = \rho + k_{t-1} + e_t \tag{2.4}$$

这里，ρ 是漂移项，e_t 是均值为 0，方差为 σ_k^2 的独立同分布的误差项。

这样以时间序列的方法对时间效应 $\hat{k}_t$ 进行建模拟合并以趋势外推得出预测年份 $\hat{k}_t$ 的值。再以此为基础预测未来的死亡率 $m_{x,t}$，即有：

$$\ln(\hat{m}_{x,t}) = \hat{a}_x + \hat{b}_x \hat{k}_t \tag{2.5}$$

对 Lee - Carter 模型处理中参数估计与预测分开所带来的误差累积和传导问题，学者们也曾考虑应用 bootstrap 方法来整合估计和预测的误差，但实际效果并不理想，相关文献可以参见布尤恩斯（Brouhns，2002）与库古尔和汉斯盖瓦（Kogure and Hasegawa，2007）。在一体化分析框架的探寻中，贝叶斯方法逐渐引起了诸多学者的注意，科赞多等（Czado et al.，2005）、佩德罗萨（Pedroza，2006）和库古尔等（Kogure et al.，2009）等文献都纷纷尝试用贝叶斯方法来统筹 Lee - Carter 模型的参数估计与预测，寻求以系统性的方式来处理误差的累积和传导问题，得到对区间效应更加一致性的估计。

二、贝叶斯模型参数先验分布的确定

k_t 序列的随机漫步模型 $k_t = \rho + k_{t-1} + e_t$ 中，在采用连续年份观察数据的情况下，模型中参数的极大似然估计为：

$$\hat{\rho} = \frac{\hat{k}_T - \hat{k}_t}{T - t} \tag{2.6}$$

$$\hat{\sigma}_k^2 = \frac{1}{T - t} \sum_t^T (\hat{k}_{s+1} - \hat{k}_s - \hat{\rho})^2 \tag{2.7}$$

$$Var(\hat{\rho}) = \frac{\hat{\sigma}_k^2}{T - t} \tag{2.8}$$

这里漂移项 ρ 本身是一个随机过程，当实际中数据量足够大时，$Var(\hat{\rho})$ 会很小，可以忽略 ρ 的随机波动。但当我国样本量不足的情况下，以 SVD 和 WLS 等方法忽略 ρ 的波动性会导致对死亡率变化的估计不足，故有学者指出应将 ρ 的随机性包含在随机游走过程中，通过"双随机过程"来描

述时间效应 K 的变化趋势，并改善了原有的预测效果（参见韩猛，王晓军（2010））。本书采用的贝叶斯统计推断技术在拟合未来生存概率分布时，使用贝叶斯 MCMC 算法形成一个来自预测分布的随机样本，这种随机性就从方法论上将参数的不确定性问题纳入考虑范畴，也就是说在贝叶斯方法中，参数不再被假定为确定性的未知数。

在李和卡特（Lee and Carter，1992）中，死亡率的预测分为观察方程（1）和状态方程（4），按照科赞多等（Czado et al.，2005）和库古尔等（Kogure et al.，2009）的经验，模型未知参数的先验分布采用经典的正态 – Gamma 分布族，观察方程和状态方程中的残差项及其超参数的分布分别设为：

$$\varepsilon_{xt} \sim N(0,\ \sigma_\varepsilon^2),\ e_t \sim N(0,\ \sigma_k^2) \qquad (2.9)$$

$$\sigma_\varepsilon^{-2} \sim Gamma(\alpha_\varepsilon,\ \beta_\varepsilon),\ \sigma_k^{-2} \sim Gamma(\alpha_k,\ \beta_k) \qquad (2.10)$$

$$\rho \sim N(\rho_0,\ \sigma_\rho^2) \qquad (2.11)$$

对 Lee – Carter 模型中的年龄效应 a_x 和敏感性参数 b_x，分别设定其先验分布如下：

$$a_x \sim N(0,\ \sigma_a^2) \qquad (2.12)$$

$$b_x \sim N(1/n_a,\ \sigma_b^2) \qquad (2.13)$$

σ_a^2 和 σ_b^2 分别是先验分布的方差，而 n_a 是年龄组的数目。且 b_x 要满足 $\sum_x b_x = 0$ 的约束。

本书综合科赞多等（Czado et al.，2005）、库古尔等（Kogure et al.，2009）和李（Li，2014），对先验分布中的参数，即超参数设定如表 2 – 1 所示：

表 2 – 1　　　　　　　　　　贝叶斯模型的超参数设定

项目	超参数	设定方法
观察方程	$\alpha(\alpha_\varepsilon$ 和 $\alpha_k)$	2.01
	$\beta(\beta_\varepsilon$ 和 $\beta_k)$	$(\alpha-1)\hat{\sigma}_\varepsilon^2$
	σ_a^2	$\hat{a}_x$ 的样本方差
	σ_b^2	$\hat{b}_x$ 的样本方差
	σ_ε^2	残差项 $\hat{\varepsilon}_{x,t} = \ln(m_{x,t}) - \hat{a}_x + \hat{b}_x \hat{k}_t$ 的样本方差
状态方程	ρ	$(\hat{k}_t - \hat{k}_{t-1})$ 的样本均值
	σ_k^2	$(\hat{k}_t - \hat{k}_{t-1})/T$ 的样本方差
	σ_ρ^2	$(\hat{k}_t - \hat{k}_{t-1})$ 的样本方差

这里 σ_a^2 和 σ_b^2 分别被设定为 $\hat{a}_x$ 和 $\hat{b}_x$ 的样本方差，而 $\hat{a}_x$ 及 $\hat{b}_x$ 的样本值由经典的奇异值分解（SVD）获得，α_ε 和 α_k 都设为 2.01。

第三节　中国人口死亡率的建模与预测

一、数据的选取与处理

选择 1995 ~ 2016 年的全国人口死亡率历史数据，原始数据均来自 1996 ~ 2017 年的《中国人口统计年鉴》和《中国人口与就业统计年鉴》。考虑到大部分年份最高年龄都为 90 岁，对最高年龄为 100 + 的 5 年数据进行算术合并，其中 1996 年数据只统计到 85 +，利用插值法进行拓展。本书采用 0 ~ 90 + 共 91 个数据组。

二、基于 WinBUGS 的参数估计与结果分析

本书使用 WinBUGS 软件编程，进行贝叶斯 Markov Chain Monte Carlo 运算，贝叶斯 MCMC 方法是最近几年发展起来的一种简单而行之有效的贝叶斯计算方法。该方法的核心思想就是通过建立一个平稳分布的马尔可夫链，对其进行抽样，然后基于这些样本做各种统计推断。它提供了从待估参数的后验分布抽样的方法，从而使我们获得对待估参数或其函值及其分布的估计，可以很容易地得到参数后验分布的均数、标准差、95% 置信区间和中位数等信息。本书进行了 15000 次的抽样，舍弃前 5000 次结果，以后 10000 次样本计算参数估计值。给出 a_x（91 个）、b_x（91 个）、k_t（42 个）和未来死亡率 m_{xt}（$91 \times 20 = 1820$ 个）共 2044 个监测参数的估计值，每个参数给出了均值、方差、MC 误差、2.5% 分位点、中值和 97.5% 分位点等相应的计算结果。表 2 - 2 给出了其中四个参数的计算结果示例，

表 2 - 2　　　　　　　　　WinBUGS 估计结果示例

node	mean	sd	MC error	2.50%	median	97.50%	start	sample
a[60]	- 4. 694	0. 143	0. 00127	- 4. 976	- 4. 693	- 4. 408	1001	10000
b[60]	0. 0095	0. 0041	4. 77E - 05	0. 0014	0. 00945	0. 0176	1001	10000
k[30]	- 72. 53	13. 89	0. 1375	- 99. 4	- 72. 53	- 45. 3	1001	10000
m[65, 6]	0. 0081	0. 0026	2. 97E - 05	0. 0039	0. 00774	0. 0141	1001	10000

其中 a 和 b 分别为 60 岁年龄的 a_x 和 60 岁的 b_x，k[30] 表示在 22 年观察数据基础上得到的预测第 8 年的年龄效应值，即 2024 年的年龄效应值，m[65，6] 表示第 65 年龄组和预测第 6 年，即 2022 年（2016 + 6）的死亡率预测值。

（1）参数收敛性分析。我们知道模型的收敛性是其预测结果可靠的前提，因此首先关心的就是模型参数的收敛性问题，一般地，参数估计的 MC 误差小于其标准差的 3% 就表示已经收敛（见 Ioannis Ntzoufras，2009），再结合参数的时间序列和自相关图就能做出确切的判断。对表 2 - 2 示例中的四个参数，MC 误差项都接近其标准差的 1%，且其时间序列和自相关图如图 2 - 1 所示：

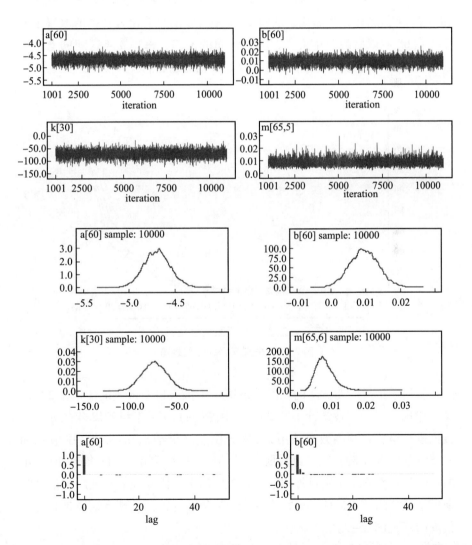

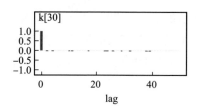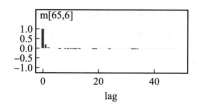

图 2-1　示例参数的时序图、核密度图和自相关图

　　对其余 450 个参数，经计算得到其 MC 误差项和标准差之比都小于 2%，其时间序列和自相关图也显示明显收敛，因此模型参数的收敛性效果是相当令人满意的。

　　（2）预测结果的合理性。图 2-2 给出了 2014 年、2019 年、2024 年和 2029 年预测死亡率曲线，从图 2-2 中可以明显看出死亡率的改善主要发生在 65 岁以后的老年阶段，随着时间的推移，每隔 5 年区间的老年死亡率下降较为明显，死亡率曲线呈现矩形化的趋势。

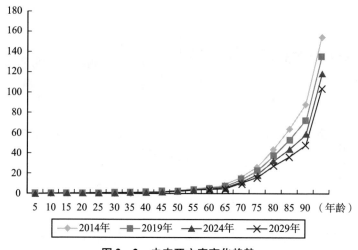

图 2-2　未来死亡率变化趋势

　　我们还把贝叶斯方法的预测结果用《中国人口与就业统计年鉴 2012》及《中国人口与就业统计年鉴 2013》中提供的 2011 年和 2012 年的死亡率数据进行检验，预测数据采用 2.5% 分位点（最小）、median（中值）和 97.5% 分位点（最大）三组数据，从对比图可以看出，2011 年和 2012 年的实际死亡率除了个别点外都落在预测区间中，因此我们有理由相信贝叶斯模型预测的结果抓住了死亡率变化中趋势性的特征，预测结果是具有可信度的（见图 2-3）。

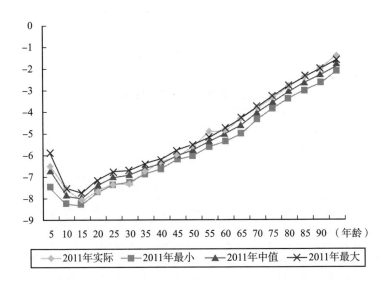

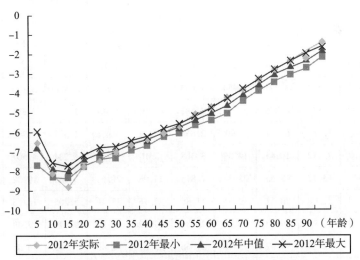

图 2 – 3   2011 年、2012 年预测值与实际值的比较

基于本书的数据和贝叶斯 MCMC 方法的估计结果，表 2 – 3 给出了 2010 年、2019 年和 2029 年每隔 10 年的死亡率预测值，其中每年给出从 0～4 岁到 90 岁以上共 19 个年龄组的死亡率预测值（包括 2.5% 分位点，中值和 97.5% 分位点）。表 2 – 3 数据显示，每隔 10 年死亡率下降趋势明显。

同样，WinBUGS 软件也给出了 e0［1］～e0［20］，即 2006～2025 年共 20 年的未来预测寿命的估计值及其估计区间，从表 2 – 4 中可以看出，20 年间平均寿命从 73.06 岁增加到 75.95 岁，增加了近 3 岁，与已有的研究结果相比，这是比较稳健的预测值，其中 e0［9］，即 2014 年的平均寿命 74.36 也是最接近实际统计值的预测结果（见图 2-4）。

表 2-3 未来死亡率预测值及其置信区间

年龄组	2010 年			2019 年			2029 年		
	2.5%	median	97.5%	2.5%	Median	97.5%	2.5%	Median	97.5%
0~4 岁	0.634	1.367	2.875	0.1209	0.5386	2.463	0.01325	0.1942	3.062
5~9 岁	0.2768	0.3933	0.5293	0.142	0.2767	0.494	0.05775	0.1871	0.5338
10~14 岁	0.2543	0.3459	0.4384	0.1469	0.2631	0.415	0.07092	0.1954	0.4375
15~19 岁	0.4792	0.6367	0.7817	0.2946	0.5095	0.747	0.1607	0.3999	0.7771
20~24 岁	0.677	0.9173	1.163	0.388	0.6948	1.107	0.1874	0.5107	1.174
25~29 岁	0.7497	0.9933	1.236	0.4486	0.7756	1.182	0.2248	0.5882	1.234
30~34 岁	1.065	1.379	1.655	0.6931	1.134	1.587	0.397	0.915	1.638
35~39 岁	1.344	1.695	2.007	0.9088	1.435	1.945	0.5537	1.197	1.995
40~44 岁	2.128	2.594	2.977	1.648	2.38	3.002	1.199	2.177	3.059
45~49 岁	2.532	3.271	3.954	1.653	2.662	3.807	0.9449	2.126	3.931
50~54 岁	3.815	4.856	5.753	2.587	4.091	5.567	1.573	3.391	5.713
55~59 岁	5.081	6.931	8.90	2.859	5.171	8.438	1.327	3.735	8.938
60~64 岁	7.172	10.41	14.39	3.368	7.01	13.49	1.284	4.507	14.68
65~69 岁	13.72	18.65	23.84	7.815	13.98	22.61	3.663	10.22	23.91
70~74 岁	22.08	30.51	39.85	11.86	22.16	37.46	5.205	15.65	40.35
75~79 岁	36.95	49.87	63.66	20.86	37.52	60.30	9.948	27.49	63.59
80~84 岁	52.24	74.07	98.46	27.66	52.81	92.40	12.01	36.35	98.99
85~90 岁	73.02	103.7	140.9	36.41	71.7	130.1	14.6	47.91	142
90 岁以上	129.8	171.3	212.7	78.83	134.6	201.9	42	103.6	211.5

表 2-4 2006~2025 年的预期寿命估计值

年份	e0［1］	e0［2］	e0［3］	e0［4］	e0［5］	e0［6］	e0［7］	e0［8］	e0［9］	e0［10］
寿命	73.06	73.23	73.4	73.56	73.73	73.89	74.05	74.21	74.36	74.51

年份	e0［11］	e0［12］	e0［13］	e0［14］	e0［15］	e0［16］	e0［17］	e0［18］	e0［19］	e0［20］
寿命	74.66	74.81	74.96	75.11	75.25	75.4	75.54	75.68	75.81	75.95

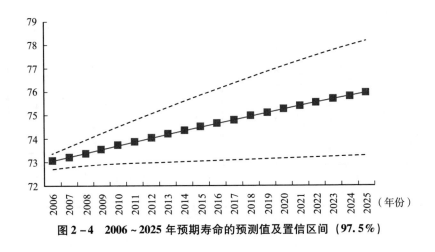

图 2 – 4　2006 ~ 2025 年预期寿命的预测值及置信区间（97.5%）

第四节　贝叶斯方法与传统方法的比较

一、贝叶斯方法与 WLS 方法的比较

本书把贝叶斯方法参数估计的结果和传统 Lee – Carter 模型参数估计方法中常用的加权最小二乘法（WLS）的结果进行比较。首先我们考察在观察的 16 年数据中，以 WLS 方法和贝叶斯方法所得到的残差的时序图的差异，因为模型的残差应该服从均值为 0 的正态分布，时序图应该表现出相应的特征。

从图 2 – 5 我们可以明显看出，贝叶斯方法的残差序列是一个平稳序列，该序列始终围绕在其均值 0 附近做随机波动，没有随观察年份表现出趋势性的变化，这说明死亡率的拟合效果在年份上升是趋于一致的，符合模型残差服从正态分布的设定。而加权最小二乘法所得的残差序列则随着出生年的变化而表现出较明显的趋势性特征。从残差序列图可以看出贝叶斯方法明显优于加权最小二乘方法。

图 2 – 6 是贝叶斯方法和 WLS 方法的时间效应参数比较。首先，贝叶斯方法得到的时间效应小于加权最小二乘法，也就是说相对于贝叶斯方法，加权最小二乘法高估了时间效应，这也意味着加权最小二乘方法对死亡率随着时间的改善估计不足；其次，贝叶斯方法得到的时间效应更为平滑稳健，这是因为贝叶斯方法把时间效应参数 k_t 的漂移项当作随机变量来处理，从而有利于消除观察数据不足对漂移项波动性的影响，提高 k_t 估计的精度和稳健性。而根据李和卡特（Lee and Carter，1992）等，k_t 对死亡

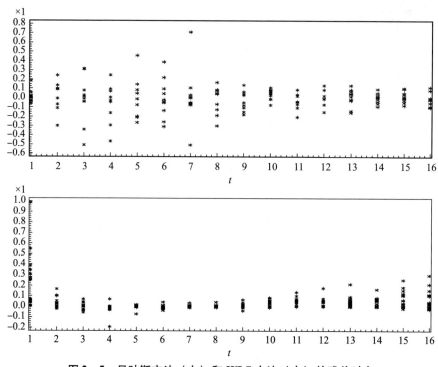

图 2-5 贝叶斯方法（左）和 WLS 方法（右）的残差时序

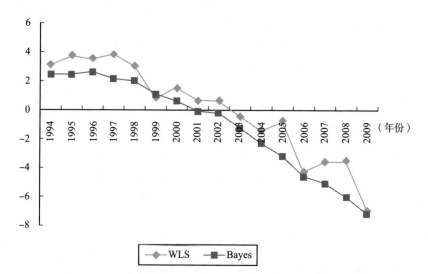

图 2-6 贝叶斯方法和 WLS 方法时间效应参数估计值比较

率变化的解释达到 90% 以上，所以也就提高了模型估计的精度和可靠性。更重要的是贝叶斯方法将时间效应参数 k_t 的拟合过程和预测过程放在一个统一的框架下，一次性估计出数据观察年和将来预测年份的 k_t 值，而加权最小二乘方法等传统的参数估计方法，是要在这个 k_t 拟合值的基础上利用

趋势外推的方法得到 k_t 的将来预测值，即对

$$\hat{k}_{T+l} = \hat{k}_T + l\hat{\rho} + \sum_{i=1}^{l} e_{T+i} \qquad (2.14)$$

利用观察期 $\hat{k}_t$ 的加权最小二乘估计值和式（2.8）、式（2.9），我们不难得到

$$\hat{\rho} = \frac{\hat{k}_T - \hat{k}_t}{T - t} = \frac{-6.9521 - 3.1363}{2009 - 1994} = -0.6726 \qquad (2.15)$$

$$\hat{\sigma}_k^2 = \frac{1}{T - t} \sum_{t}^{T} (\hat{k}_{s+1} - \hat{k}_s - \hat{\rho})^2 = 1.8643 \qquad (2.16)$$

因此，k_t 的预测模型为：

$$\hat{k}_{T+l} = \hat{k}_T + l\hat{\rho} + \sum_{i=1}^{l} e_{T+i} = -6.9521 - l \times 0.6726 + \sum_{i=1}^{l} e_{T+i} \qquad (2.17)$$

其中 $\sum_{i=1}^{l} e_{T+i} \sim N(0, l \times 1.8643)$

图 2-7 绘出了以贝叶斯方法和 WLS 方法得到的时间效应参数 k_t 从 2010～2029 年的 20 年预测值，并分别给出了它们 95% 的置信区间。可以看出，贝叶斯方法的预测精度明显高于加权最小二乘方法。（中间有正方形标识的实线是贝叶斯方法的估计均值，内侧的两条实线是其 95% 的预测区间，三角形标识的线条是最小二乘估计的均值，最外侧的两条虚线是其 95% 的预测区间。）

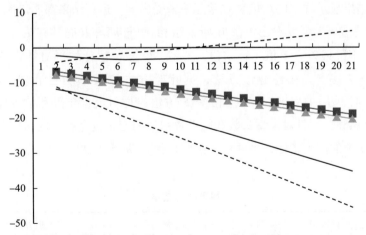

图 2-7　贝叶斯方法和 WLS 方法下 k_t 的估计值和估计区间

二、模型的选择标准

本书利用查恩斯等（Cairns, et al., 2009）中的贝叶斯信息准则、模

型残差的正态性检验和模型参数估计的稳健性检验来对 WLS 和贝叶斯方法进行检验。其中贝叶斯信息准则（*BIC*）方法对模型 r 的 *BIC* 定义为：

$$BIC_r = l(\hat{\phi}_r) - 0.5v_r \log N \tag{2.18}$$

$\hat{\phi}_r$ 是模型 r 的参数向量的最大似然估计，$l(\hat{\phi}_r)$ 是其最大对数似然估计值，N 是观察的样本数，v_r 是模型 r 的待估参数的个数，BIC 的值越大，说明模型的拟合效果越好。

另一个模型的选择标准是考察其残差项，这里模型的残差项定义为：

$$Z(t,\ x) = \frac{D(t,\ x) - E(t,\ x)\hat{m}(t,\ x,\ \hat{\phi})}{\sqrt{E(t,\ x)\hat{m}(t,\ x,\ \hat{\phi})}} \tag{2.19}$$

在死亡率建模中我们都假定死亡人数是独立泊松随机变量，所以如果假设成立，上式的残差将会近似地独立同分布，即应该有 $Z(t,\ x) \sim N(0,\ 1)$。该残差项的方差 $Var[Z(t,\ x)]$ 如果远大于 1，则表明模型具有过离散现象，而具有较低 $Var[Z(t,\ x)]$ 值的模型拟合效果较好。

为了检验模型参数估计的稳健性，本书分别调整数据年限（1994～2012 年，其中 2010 年除外）和估计年龄段（60～90＋）重新对 WLS 和贝叶斯方法下的模型参数进行求解，结果显示两种方法下的参数估计均稳健。此外，我们还调整了贝叶斯 MCMC 方法先验参数初值的设定，将 σ_a^2 和 σ_b^2 分别设定为极大似然法的估计值，并将 α_ε 和 α_k 的值由 2.01 改为 2.1，结果显示样本的均值和方差几乎未受影响，运行结果都能快速收敛。

从表 2－5 可以看出，贝叶斯方法相比于 WLS 方法具有更大的 BIC 值和更小的残差方差值 $Var[Z(t,\ x)]$，参数 k_t 估计的平滑性也明显好于 WLS 方法。而在稳健性方法，贝叶斯方法和 WLS 方法表现均较好，但贝叶斯方法的估计结果不仅和 WLS 方法一样对数据年限和估计年龄段的变化稳健，而且对模型参数和超参数初值的变化也是稳健的，因此综合表 2－5 中的四个指标，贝叶斯方法明显优于 WLS 方法。

表 2－5 模型检验结果

参数	WLS 方法	贝叶斯方法
BIC 值	－3778.37	－3623.67
$Var[Z(t,\ x)]$	2.3	1.7
稳健性	较好	较好
k_t 的平滑性	较差	较好

第五节　结　　论

本书利用贝叶斯 MCMC 方法和 Lee – Carter 模型进行死亡率预测。与加权最小二乘方法（WLS）估计结果的对比可以看出，贝叶斯方法的估计结果不仅具有较好的稳健性，而且具有更好的平滑性，更大的 BIC 值和更小的残差方差 $Var[Z(t, x)]$。因此我们可以认为，针对我国人口死亡率统计数据缺失、样本量少和风险暴露数严重不足等缺陷，贝叶斯预测方法较之传统方法具有明显的优越性。

从分析结果可以看出贝叶斯 MCMC 方法相对于传统方法具有如下优点：

（1）贝叶斯 MCMC 方法充分融合了模型信息、样本信息和模型总体分布中多个未知参数的信息，可以更全面地考虑和解决传统统计方法遇到的样本不足和样本质量问题；

（2）贝叶斯 MCMC 方法避免了传统方法先进行参数拟合再以趋势外推得到预测值的两阶段方法，减少了由此带来的误差的产生和累积，能够进一步提高预测的准确性；

（3）贝叶斯 MCMC 方法可以在一体化框架下同时给出所有参数的区间估计，信息量更丰富，估计更合理。

这些优点使得贝叶斯 MCMC 方法在进行死亡率预测时具有独特的优势，特别是在我国死亡率样本的质和量都不尽如人意的情况下。此外贝叶斯方法可以从相近样本借用先验信息的功能对我国数据特别贫乏地区的死亡率预测来说无疑也是一个崭新的视角，值得进一步深入研究。

第三章　基于双因子 Lee – Carter 模型的死亡率预测及年金风险评估

第一节　引　言

在过去的几十年中，我国各年龄段人口的死亡率都经历了持续性的下降，特别是在成年和老年阶段。这种死亡率的改善从个人和整个社会层面来看都是积极的变化和了不起的成就，然而当实际的死亡率改善程度超过人们的预期时，公共养老金和商业年金业务的未来负债也必将超过发行时的预期，从而对其偿付能力构成严峻的挑战；此外，死亡率超预期的改善也会对一系列创新性保险衍生产品的合理定价和健康发展产生至关重要的影响，如寿险保单贴现和住房反向抵押贷款等。因此，人口死亡率的建模和精确预测一直是多年来理论和实务界致力解决的热门课题。

传统上精算师们使用的是 Gompertz 模型和 Makeham 模型等静态的死亡率预测模型，其最大缺陷是完全忽略了影响死亡率变化的时间因素。之后随着动态死亡率预测模型的出现，李和卡特（Lee and Carter, 1992）在总结前人研究的基础上进行了开创性的工作，将对数中心死亡率表示成如下的方程：

$$\ln(m_{xt}) = \alpha_x + \beta_x k_t + \varepsilon_{xt} \tag{3.1}$$

此方程被简称为 Lee – Carter 模型，模型中的 m_{xt} 表示 x 岁的被观察人群在 t 年的粗死亡率，而各年龄别人口粗死亡率时间序列的对数被描述成如下三项之和，即 α_x，$\beta_x k_t$ 和 ε_{xt}，其中 α_x 是独立于时间 t 的年龄别参数，乘积项 $\beta_x k_t$ 中，k_t 是反映一般死亡率水平的时变参数，而另一个年龄别参数 β_x 则用来度量 k_t 随时间变化时，各年龄别死亡率的相对变化率。其中 ε_{xt} 是独立误差项，具有同方差性。同时为了模型的可识别性，李和卡特（Lee and Carter, 1992）加入了如下的限制：

$$\sum_i \beta_i = 1 \ , \ \sum_j k_j = 0 \qquad (3.2)$$

传统上 Lee – Carter 模型是以奇异值分解（SVD）的方法来估计模型参数的。首先通过对数死亡率对时间的平均来获得 α_x 的估计值，即：$\hat{\alpha}_x = (1/T) \sum_{t=1}^{T} \ln(m_{xt})$，这里 T 是时间序列死亡数据的期数，然后再对均值修正死亡率 $\ln(m_{xt}) - \hat{\alpha}_x$ 使用 SVD 方法，即有 $In(m_{xt}) - \hat{\alpha}_x = UDV'$，其中 U 和 V 是正交矩阵。β_x 被设定为 U 的第 1 列，而 k_t 被设定为 V 的第 1 列和主要奇异值 D_1 的乘积，以此为基础，再应用时间序列模型来对 k_t 进行估计和预测，常用方程为 $k_t = \rho + k_{t-1} + \omega_t$，即带漂移项的随机漫步过程。之后，针对该模型统计处理上的不足，学者们从不同的视角进行了改进和拓展，相关文献有布尤恩斯等（Brouhns et al.，2002）、任绍和哈博曼（Renshaw and Harbman，2005）、查恩斯等（Cairns et al.，2009）、王晓军，任文东（2012）、Li（2014）和曾燕等（2016）。显然 Lee – Carter 模型及其拓展型相对于以往的静态死亡率预测模型是一个巨大的进步，它能够有效刻画死亡率随时间变化的趋势。然而遗憾的是这种趋势在 Lee – Carter 模型中是由单独的时间因子 k_t 来驱动的，这也就意味着在不同年龄，对数中心死亡率的降速都是由 $\beta_x(k_t - k_{t-1})$ 来决定的，而 k_t 通常是由带漂移项的随机漫步模型来描述，这也就相当于在时间轴上，$In(m_{xt})$ 的降速将保持相同的速率，这显然与常识和事实不符。我们知道，在一个典型的人口中，各年龄别死亡率会有随时间波动的明显趋势。比如 20 世纪初期，因医疗技术的进步大大减少了婴幼儿和育龄妇女的死亡率，所以这一时期青年儿童的死亡率改善会表现出不同于其他时期的特征；而 20 世纪后期，营养、生活水平和卫生事业的进步，老年阶段死亡率的改善相较于以往也有明显的差异，这样单时间因子 k_t 就无法描述这种不同的死亡率动态学，自然也就无法对死亡率的改善程度进行准确的度量。若以此为理论基础，则必然会给长寿风险（死亡率改善超过预期带来的财务风险）的管理和相关衍生债券风险对冲的有效性埋下隐患。

在修正 Lee – Carter 传统方法的不足时，学者们注意到 Lee – Carter 原方法只是利用了对数中心死亡率矩阵奇异值分解的第 1 项，实际上也就是是应用了对数中心死亡率矩阵的第一主成分。而事实上，奇异值分解所得的前 L 项主成分都可以被纳入模型，以解释 $\ln(m_{xt})$ 随时间的变动性，即

$$\ln(m_{xt}) = \alpha_x + \beta_{x1}k_{t1} + \beta_{x2}k_{t2} + \cdots + \beta_{xl}k_{tl} + \varepsilon_{xt} \qquad (3.3)$$

而 Lee – Carter 模型是式（3.3）方程设定中 $L = 1$ 时的特例。显然，合理的模型应包括多个时间因子 k_{tl}，使其能抓住不同年龄死亡率在时间变

化上的不完全相关性，更加准确地捕捉到实际死亡率变化的动态学，从而为死亡率风险的管理及其衍生债券的风险对冲提供针对性的模式。正是基于对多变量 Lee - Carter 模型合理性的认识，诸多学者开始尝试对传统的单因子 Lee - Carter 模型进行拓展，如任绍和哈博曼（Renshaw A. E. Haberman S.，2005，2006，2010）考察了单因子模型应用于英格兰和威尔士人口数据的不足，并分别用平行的广义线性建模和两变量时间序列方法来预测英格兰和威尔士的人口死亡率；而多里拉，拉扎和米切尔·迪纽特（Dorina Lazar and Michel M. Denuit，2009）则用多因子分析和向量误差修正模型两种多变量时间序列技术来为平稳时间序列建模，这是基于数据降维技术的趋势外推方法。此外，吉罗西（Girosi，2006）等学者的研究经验表明，由于 k 本身较小，因此并非时间因子越多越好，通常 $L = 2$ 时就能取得较好的效果。

然而上述文献中的时间序列方法也有自身的一些缺陷。首先，给定统计模型中风险的随机特性会导致过程风险。比如，时间序列方法先拟合参数再利用趋势外推进行预测的二阶段方法，将不可避免地把拟合阶段的误差代入到预测阶段，从而影响预测的稳健性和可靠性；其次，在参数估计方面，时间序列方法往往假定参数是一个确定的未知值，从而完全忽略了参数的不确定性问题。这种参数的不确定性将对真实的损失分布产生相当大的影响，使其难以精确捕捉到风险的大小。近年来，应用贝叶斯方法来提高参数不确定条件下模型衍生品定价能力的研究逐渐获得学者们的关注，较新的文献有吴恒煜等（2017）。本书中我们也将采用贝叶斯统计推断技术来处理死亡率历史数据，即使用贝叶斯 MCMC（Markov Chain Monte Carlo）算法生成来自预测分布的随机样本，这种随机性将从方法论上把参数的不确定性问题纳入考虑范畴；同时，贝叶斯 MCMC 方法还可以在一体化的框架中一次性地完成参数的估计和预测，能有效避免两阶段方法的误差累积等过程风险。

在比较两种死亡率预测模型的优劣之后，本章更主要的关注点在于：死亡率演进趋势的准确刻画将如何影响社保和商业年金实务中的风险度量和风险资本要求。因此在本章第二节完成贝叶斯框架下参数估计、预测结果分析和模型比较后，将在第三节详尽论述两种模型预测结果对生存年金长寿风险度量和偿付能力资本额度要求的影响差异，剖析 Solvency Ⅱ（欧盟偿付能力Ⅱ）中基于 VaR 的风险评估指标可能存在的问题，并提出新的解决方案。

第二节　双因子 Lee – Carter 模型的贝叶斯分析

一、双因子 Lee – Carter 模型的贝叶斯建模

双因子 Lee – Carter 模型的贝叶斯分析可以总结为如下的方程：

$$y_t = \alpha + \beta_1 k_1 + \beta_2 k_2 + \varepsilon_t, \quad \varepsilon_t \sim N_M(0, \ \sigma_\varepsilon^2 I_M) \tag{3.4}$$

$$k_{1t} = \rho_1 + k_{1t-1} + \omega_{1t}, \quad \omega_{1t} \sim N(0, \ \sigma_{\omega 1}^2) \tag{3.5}$$

$$k_{2t} = \phi \rho_2 + k_{2t-1} + \omega_{2t}, \quad \omega_{2t} \sim N(0, \ \sigma_{\omega 2}^2) \tag{3.6}$$

式（3.4）是 Lee – Carter 模型的观察方程。$y_t = (y_{x_{\min}t}, \ \cdots, \ y_{x_{\max}t})^T$ 是一个由观察年份 t 时各年龄粗死亡率对数组成的向量，而 $x_{\min}$，$x_{\min} + 1$，$\cdots$，$x_{\max}$ 表示观察群组中各年龄值。相应地，$\alpha = (\alpha_{x_{\min}}, \ \cdots, \ \alpha_{x_{\max}})^T$，$\beta_i = (\beta_{ix_{\min}}, \ \cdots, \ \beta_{ix_{\max}})^T$，$k_i = (k_{it_{\min}}, \ \cdots, \ k_{it_{\max}})$，$i = 1$，2。如果我们令 $M = x_{\max} - x_{\min} + 1$，$N = t_{\max} - t_{\min} + 1$，则 ε_t 是服从 M 维正态分布的误差向量，均值为 0，方差为 $\sigma_\varepsilon^2 I_M$，I_M 是 $M \times M$ 的单位矩阵。方程（3.5）和方程（3.6）是状态方程，其中 k_{1t} 和单因子模型一样反映的是死亡率变化的时间趋势，常被设定为带漂移项的随机漫步过程；而 k_{2t} 则是用来测度围绕这种趋势的周期性波动，捕捉时间因素对所有年龄死亡率及死亡率波动性产生的系统性影响，以修正单因子模型中死亡率在时间轴上保持相同变化速率的弊端，通常被设定为 AR（1）过程。

在本书贝叶斯统计推断的框架中，如果以 θ 表示双因子 Lee – Carter 模型所有参数的集合，y 为对数化的粗死亡率观察数据，则 θ 的联合后验密度 $f(\theta \mid y)$ 是研究者有了观察数据 y 后，对 θ 先验分布 $f(\theta)$ 的修正，可以写成 $f(\theta \mid y) \propto l(y \mid \theta) f(\theta)$，其中 $l(y \mid \theta)$ 是观察方程 1 的似然函数，可以表示为：

$$
\begin{aligned}
l(y \mid \theta) &= l(y \mid \alpha, \ \beta_1, \ \beta_2, \ k_{t_{\min}}, \ \cdots, \ k_{t_{\max}}, \ \sigma_\varepsilon^2) \\
&= \prod_{t_{\min}}^{t_{\max}} \prod_{x_{\min}}^{x_{\max}} f(y_{xt} \mid \alpha_x, \ \beta_{1x}, \ \beta_{2x}, \ k_{1t}, \ k_{2t}, \ \sigma_\varepsilon^2) \\
&\propto \left(\frac{1}{\sigma_\varepsilon}\right)^{LM} \exp\left\{-\frac{\displaystyle\sum_{t_{\min}}^{t_{\max}} \sum_{x_{\min}}^{x_{\max}} (y_{xt} - (\alpha_x + \beta_{1x}k_{1t} + \beta_{2x}k_{2t}))^2}{2\sigma_\varepsilon^2}\right\}
\end{aligned}
$$

$$\tag{3.7}$$

本书首先对各参数的先验分布 $f(\theta)$ 进行如下设定。其中 α 服从 M 维正态分布，即有：

$$\alpha \sim Normal_M(0_M, \sigma_\alpha^2 I_M)$$

β_1 和 β_2 分布服从均值为 $(1/M)1_M$ 的 M 维正态分布，其中 1_M 是所有元素都为 1 的 M 维向量，即：

$$\beta_i \sim Normal_M((1/M)1_M, \sigma_{\beta_l}^2 I_M), \ i = 1, 2.$$

相似地，ρ_1 和 ρ_2 的先验分布设定为：

$$\rho_i \sim Normal(\rho_{i0}, \sigma_\rho^2), \ i = 1, 2.$$

由式（3.6）模型平稳的充要条件可知 $|\phi| < 1$，因此 ϕ 服从截尾正态分布，即有：

$$\phi \sim Truncated\ Normal_{(-1,1)}(0, \sigma_\phi^2)$$

在 WinBUGS 软件中，我们可以用 step(x) 函数完成对截尾分布的程序语句的逻辑描述。按照参数及其超参数服从正态—逆伽马分布的通常原则，对 σ_ε^2、$\sigma_{\omega1}^2$ 和 $\sigma_{\omega2}^2$ 可作如下设定：

$$\sigma_\varepsilon^{-2} \sim Gamma(\alpha_\varepsilon, \beta_\varepsilon)$$

$$\sigma_{\omega i}^{-2} \sim Gamma(a_{\omega i}, b_{\omega i}), \ i = 1, 2$$

对于模型参数先验分布中的参数，即超参数，本书参照小暮等（Kogure et al., 2009）和李（Li, 2014）等对超参数设定如表 3-1 所示：

表 3-1   贝叶斯模型超参数设定

项目	超参数	设定方法
观察方程	α_ε	2.01
	β_ε	$(\alpha_\varepsilon - 1)\hat\sigma_\varepsilon^2$
	σ_a^2	$\hat\alpha_x$ 的样本方差
	σ_β^2	$\hat\beta_{ix}$ 的样本方差
状态方程	ρ	$(\hat k_t - \hat k_{t-1})$ 的样本均值
	$a_{\omega i}$	2.01
	$b_{\omega i}$	$(a_\varepsilon - 1) \times (\hat k_t - \hat k_{t-1})$ 的样本方差
	$\sigma_{\rho i}^2$	$(\hat k_t - \hat k_{t-1})/N$ 的样本方差

表 3-1 中 $\hat\alpha_x$，$\hat\beta_{ix}$ 分别是参数 α_x，β_{ix} 的极大似然估计，而 $\hat k_{it}$ 是参数 k_{it} 的极大似然估计值。

接下来，再利用贝叶斯 MCMC 方法从联合后验分布 $f(\theta|y)$ 中对参数

进行抽样，以完成参数估计，即有：

$$\theta^{(1)},\ \theta^{(2)},\ \cdots,\ \theta^{(j)} \sim f(\theta \mid y)$$

具体地说，在初始化参数值后，利用贝叶斯方法中的 Metropolis – Hasting 抽样，分别对双因子模型中的 α_x，β_{1x}，β_{2x}，k_{1t}，k_{2t}，ρ_1，ρ_2，ϕ 等参数从其条件概率分布中进行抽样，以上步骤不断重复，直至设定的次数。各参数具体的条件分布表达式的推导较为复杂，限于篇幅本书从略，感兴趣的读者可以参考科赞多和迪纽特（Czado and Denuit，2005）在 Lee – Carter 单因子模型中的相似推导。值得一提的是，在本书使用的 WinBUGS 软件中，编程者不需要推导参数的后验密度或似然函数的精确表达式，只要设置好变量的先验分布并对所研究的模型进行一般的描述，就能顺利完成对模型的贝叶斯分析，这种易操作性无疑极大地方便了贝叶斯方法的使用。

二、模型的贝叶斯估计及结果分析

本书选取 1994～2009 年全国男性人口死亡率历史数据，所选原始数据均来自 1995～2010 年的《中国人口统计年鉴》及《中国人口与就业统计年鉴》。鉴于大部分年份给出的最高年龄数据是 90＋，本书将以此为基准，对最高年龄 85＋的 1996 年数据，按照科尔勒和郭（Coale and Guo，1989）的方法进行拓展，而对最高年龄为 100＋的三年数据进行简单的算术平均合并。即样本中年龄从 1～90＋共 91 组，而时间从 1994～2009 年共 16 年。

为了进行比较，本书使用 WinBUGS 软件对单因子 Lee – Carter 模型和双因子 Lee – Carter 模型进行编程，并分别进行了 11000 次的抽样，舍弃前 1000 次，用后 10000 次样本计算参数估计值。给出模型所有监测参数的估计值，每个参数给出了均值、方差、MC 误差、2.5% 分位点、中值和 97.5% 分位点等相应的计算结果。表 3 – 2 分别给出了两个模型的计算结果示例，其中 α，β 分别给出 60 岁时的年龄效应值，而 k 及 k_1，k_2 则分别给出第 8 年即 2001 年的时间效应值，而 m[66，11] 则表示 66 岁的人在 2020 年（2009＋11＝2020）的死亡概率。

对表 3 – 2 和表 3 – 3 中的数据，按照罗尼斯·纳佐弗拉斯（Ioannis Ntzoufras，2009）的标准，参数估计的 MC 误差均小于其标准差的 3%，这表示预测参数均已收敛，预测结果是可靠的。从表 3 – 2 和表 3 – 3 可以看出，两个模型中 α_{60} 的预测值基本无差异，而单因子模型中唯一的时间因子 k_t 则在双因子模型中细分成 k_1，k_2，对 66 岁个体当年死亡率的预测值，单因子模型略低。图 3 – 1 和图 3 – 2 分别给出了单因子模型和双因子模型中 α，β，k 和 k_1，k_2 时间序列图以及它们的核密度图，从时序图中可以看出所有参数的轨迹都是平稳的，这说明贝叶斯 MCMC 抽样产生的马尔可夫链是收敛的，预测结果也是稳健可靠的。图 3 - 3 给出了单因子模型中 k_t 的过去值，将来预测值及其 95% 的置信区间；与 k_t 类似，图 3 - 4 中的 k_{1t} 的过去值和预测值也显示了逐渐下降的趋势，而 k_{2t} 则描述了单因子模型无法刻画的波动趋势；图 3 - 5 给出了两种模型下生存概率的期望值及其 95% 的置信区间。双因子模型的生存概率略低于单因子模型，且其95% 置信区间略宽于单因子模型，显示出更高的波动性。

表 3 - 2　　　　　　　　单因子模型贝叶斯估计结果示例

参数	均值	标准差	MC 误差	2.50%	中值	97.5%	起始	样本
α_{60}	-4.367	0.06704	6.383E-4	-4.498	-4.367	-4.235	1001	10000
β_{60}	0.0122	0.00394	5.399E 5	0.0044	0.0122	0.0197	1001	10000
K_8	4.511	2.076	0.0239	0.3576	4.53	8.631	1001	10000
ρ	-2.874	1.882	0.0189	-6.572	-2.874	0.8009	1001	10000
m[66, 11]	0.01419	0.0041	5.317E-5	0.0065	0.01407	0.0222	1001	10000

表 3 - 3　　　　　　　　双因子模型贝叶斯估计结果示例

参数	均值	标准差	MC 误差	2.50%	中值	97.50%	起始	样本
α_{60}	-4.366	0.06745	6.741E-4	-4.495	-4.366	-4.234	1001	10000
$\beta_{1,60}$	0.0122	0.0057	9.674E-5	0.0011	0.0122	0.0232	1001	10000
$\beta_{2,60}$	0.0112	0.0071	1.099E-4	-0.0030	0.0112	0.0253	1001	10000
$k_{1,8}$	3.752	2.03	0.0613	-0.3164	3.783	7.688	1001	10000
$k_{2,8}$	0.6661	0.3578	0.0112	-0.0384	0.6584	1.38	1001	10000
ρ_1	-0.7878	1.713	0.1553	-3.949	-0.8813	2.956	1001	10000
ρ_2	-0.5393	1.43	0.1304	-4.167	-0.2994	2.354	1001	10000
ϕ	-0.0139	5.663	0.5265	-13.16	0.6912	11.12	1001	10000
m[66, 11]	0.01472	0.0053	1.97E-4	0.0066	0.0143	0.0262	1001	10000

　　为了检验估计结果对数据选择的稳健性，我们从两个方面对表 3 - 1 中参数设定的敏感性进行评估：（1）调整人口死亡率数据年限和估计的年龄段；（2）调整贝叶斯 MCMC 方法先验参数初值的设定，将 σ_{α}^2 和 σ_{β}^2 由极大似然法的估计值改设为最小二乘法的估计值，并将 α_{ε} 和 a_{ω_i} 的值由 2.01 改为 2.1，结果显示样本的均值和方差几乎未受影响，运行结果都能快速收敛。

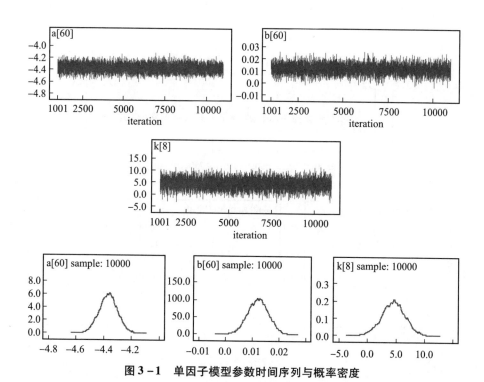

图 3 - 1 单因子模型参数时间序列与概率密度

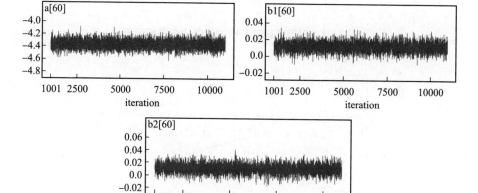

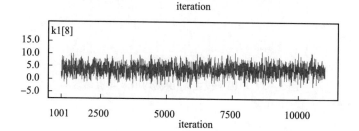

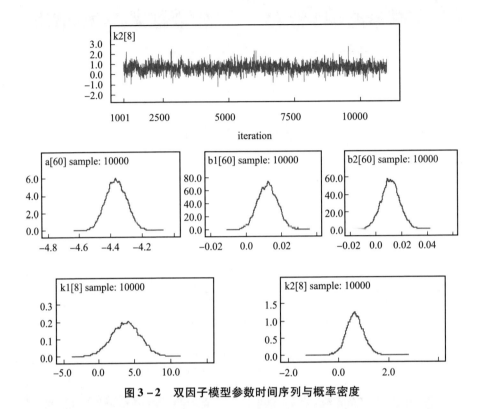

图 3 - 2　双因子模型参数时间序列与概率密度

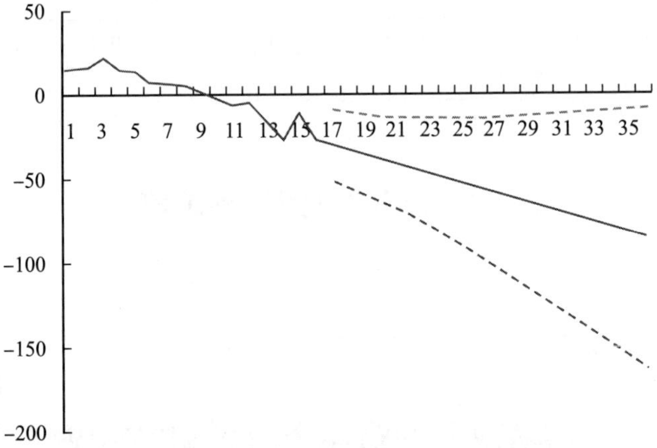

图 3 - 3　单因子模型 k_t 预测均值及其置信区间

注：横坐标为数据对应年数。

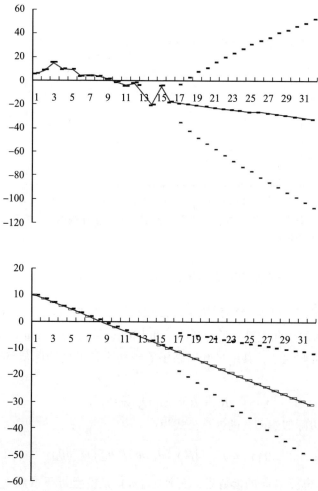

图 3 – 4　双因子模型 k_{1t}（左）和 k_{2t}（右）的预测均值及置信区间

注：横坐标为数据对应年数。

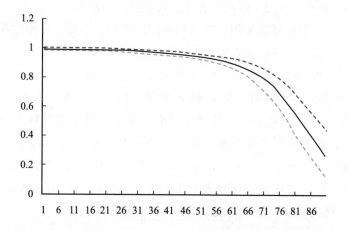

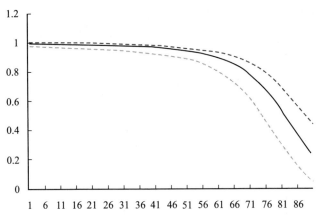

图 3 - 5　单因子模型（左）和双因子模型（右）生存概率期望值及置信区间

注：横坐标为年龄。

三、单因子模型与双因子模型比较

在本书的贝叶斯分析框架中，比较单因子模型（m_1）和双因子模型（m_2）优劣的指标主要有贝叶斯因子和 DIC（deviance information criterion）离差信息准则两个，其中贝叶斯因子等于两个模型的边际似然函数之比，即有：

$$B_{12} = f(y \mid m_1)/f(y \mid m_2) \qquad (3.8)$$

其中模型边际似然函数的计算公式为：

$$f(y \mid m) = \int f(y \mid \theta_m, m) f(\theta_m \mid m) d\theta_m \qquad (3.9)$$

上式中 θ_m 为模型 m 的参数集，而 $f(\theta_m \mid m)$ 是模型 m 下参数 θ_m 的先验分布。通过贝叶斯因子值所属区间的对照表，很容易判断出两个模型的优劣，然而遗憾的是贝叶斯因子计算中的积分非常难以处理，被学术界称为 Jeffreys Paradox，这大大限制了贝叶斯因子方法的使用。

另一个模型比较的常用标准是离差信息准则，这是一种测度模型设定适当性的指标，其表达形式如下：

$$DIC(m) = 2\overline{D(\theta_m, m)} - D(\bar{\theta}_m, m) = D(\bar{\theta}_m, m) + 2p_m \qquad (3.10)$$

式中 m 代表不同的模型，而 θ_m 代表模型 m 的所有参数，而 $\bar{\theta}_m$ 是模型参数的后验均值，$D(\theta_m, m)$ 是离差测度，等于该模型下对数似然函数的 -2 倍，也就是说有等式 $D(\theta_m, m) = -2\log f(y \mid \theta_m, m)$，$\overline{D(\theta_m, m)}$ 是其后验均值，$p_m = \overline{D(\theta_m, m)} - D(\bar{\theta}_m, m)$ 表示模型 m 中有效参数的数量。DIC 的值越小，意味着该模型拟合得越好。这里我们将 WinBUGS 软件给出的两个模型的 DIC 整理列表如表 3 - 4 所示：

表 3 - 4 单因子模型和双因子模型的 DIC 值比较

模型		Dbar	Dhat	pD	DIC
单因子模型 （R2B = 0.9511）	M₁	516.238	344.191	172.047	688.285
	total	516.238	344.191	172.047	688.285
双因子模型 （R2B = 0.9809）	M₂	506.286	514.682	- 8.396	497.891
	total	506.286	514.682	- 8.396	497.891

Dbar = post. mean of $-2\log L$；Dhat = $-2\log L$ at post. mean of stochastic nodes。

表 3 - 4 括号中的 R2B 项代表贝叶斯框架下的 R^2，即模型的拟合优度。显然双因子模型的拟合优度 0.9809 明显高于单因子模型的拟合优度 0.9511，同时双因子模型的 DIC 值为 497.891，又明显低于单因子模型的 DIC 值 688.285，因此我们可以得出结论，双因子模型中的 k_{2t} 时间参数更好地描述了死亡率随时间变动的波动特性，有助于我们客观地度量风险，把握变动趋势，并设计更加针对性的风险管理和风险对冲方式。

值得一提的是，双因子模型的拟合优越性也伴随着计算复杂度的大幅提高。由表 3 - 2 和表 3 - 3 可知，单因子模型需监测估计 5 大类 1609（91 × 2 + 31 × 2 + 91 × 15 = 1609）个参数，而双因子模型则需估计 9 大类 1793（91 × 3 + 31 × 5 + 91 × 15 = 1793）个参数，每个参数需给出均值方差等多个数字特征，不仅参数个数增加，参数结构也更为复杂。与单因子模型相比，双因子模型中的 α，β 参数都是服从 M 维的正态分布（本书中 $M = 91$），计算难度大为提高。以本书数据为例，双因子模型在个人计算机上的运行时间从单因子模型的 1 小时增加到 6 小时左右。

第三节　年金的风险度量与偿付能力资本评估

我们知道社保账户的发放额度，商业年金的定价，寿险保单的贴现和住房反向抵押贷款的现金流模式等大量基础保险产品和创新性保险衍生产品的风险特征都取决于死亡率的准确预测。为了考察不同死亡率变动趋势对这一系列产品的影响，本书以 2009 年对 60 岁退休者发行的 15 年期期末付年金为例（鉴于我国目前退休年龄为 60 岁，平均寿命约 75 岁），进行详尽的分析探讨。为了简化起见，设每期给付为 1 元，而贴现利率均设定为 2%。

如果我们用生存概率 $_tp_x$ 表示生存指数，并产生 N 条等概率的（本书中 $N = 10000$，即生成 10000 种将来情形）MCMC 抽样路径，有：$\{p_x^{(j)} =$

$(_1p_x^{(j)}, _2p_x^{(j)}, \cdots, _Tp_x^{(j)}), j = 1, 2, \cdots, N\}$。若用 π 表示 MCMC 抽样的 N 条路径的经验分布，则有 $\pi_j = 1/N, j = 1, 2, \cdots, N$。为方便起见，我们进一步地认为此概率分布也是风险中性的分布，则有：

$$a_{60:\overline{15|}}^{(j)} = \sum_{t=1}^{31} 1.02^{-t} \times {}_tp_{60}^{(j)} \qquad (3.11)$$

$$a_{60:\overline{15}} = E^Q[a_{60:\overline{15|}}^{(j)}] = \sum_{j=1}^{N} a_{60:\overline{15|}}^{(j)} \times \pi_j \qquad (3.12)$$

其中 $E^Q[a_{60:\overline{15|}}^{(j)}]$ 表示风险中性概率测度下 $a_{60:\overline{15|}}^{(j)}$ 的期望值。

图 3-6 是按照两种模型结果计算所得的年金的核密度图，图 3-7 是两种模型计算结果所得的年金价格直方图；表 3-5 中 $a_{60:\overline{15|}}(1)$ 和 $a_{60:\overline{15|}}$ (2) 分别表示单因子和双因子模型下的年金价值，该表给出了年金在两种模型下的均值、方差、VaR 和 TVaR 等数字特征值，均是从 10000 次蒙特卡洛模拟的数据样本计算得到的，具体计算可参考毕格罗兹和坦桑纳卡斯（Bignozzi and Tsanakas，2016）。从核密度图、直方图及其偏度和峰度等统计特征可以看出，$a_{60:\overline{15|}}(1)$ 明显更接近正态分布，而 $a_{60:\overline{15|}}(2)$ 尖峰厚尾的情况更加突出，这就说明 $a_{60:\overline{15|}}(2)$ 出现极端值的概率更大，又因为两个模型中利率均设定为固定值，因此这种差异是由双因子模型的生存概率

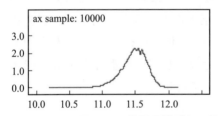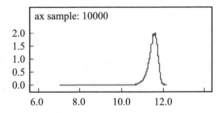

图 3-6　单因子模型和双因子模型下生存年金的核密度图

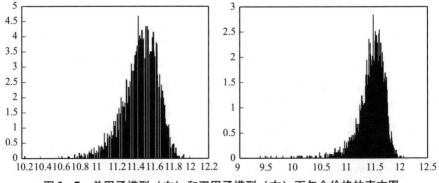

图 3-7　单因子模型（左）和双因子模型（右）下年金价格的直方图

表 3 – 5　　　　　　单因子模型和双因子模型下年金相关统计特征比较

年金	均值	标准差	偏度	峰度	VaR（95%）	TVaR（95%）
$a_{60:\overline{15}|}(1)$	11.47	0.0372	− 0.655	1.176	11.75	11.80
$a_{60:\overline{15}|}(2)$	11.45	0.0657	− 1.724	8.399	11.51	11.83

预测值造成的，因为双因子模型中描述死亡率随时间波动的 k_{2t} 因子较好地刻画了死亡率演变的动态学，预测值在低段和高段波动的概率要明显高于单因子以常数速率变动的情形。

　　显然，这种差异对风险度量和偿付能力额度资本都会有明显的影响。表 3 – 5 中分别给出了年金发行者未来损失（负债）L 的 VaR 值和 TVaR 值（尾风险价值或条件尾部期望 CTE），即：

$$VaR_\alpha(L) = \inf\{Q \in R \mid P(L \leqslant Q) \geqslant \alpha\} = F_L^{-1}(\alpha) \qquad (3.13)$$

$$TVaR_\alpha(L) = \frac{1}{1-\alpha}\int_\alpha^1 VaR_u(L)\,du = E(L \mid L > F_L^{-1}(\alpha)) \qquad (3.14)$$

$F_L(x)$ 为损失随机变量 L 的分布函数。可见 VaR 告诉我们未来损失大于 Q 的概率仅为 $1-\alpha$，但它没考虑当这最差的 $1-\alpha$ 的事件发生时的损失是多少；而 TVaR 则度量了损失超过该分位点时的期望值。实际上，这种超预期变化可能带来的损失才更值得人们关注，也是人们依预期作决策和判断时所造成风险的来源。而本书中死亡率超预期的改善正是长寿风险产生的本质，无疑更适合 TVaR 风险度量。显然，分位点以上损失分布情况对 VaR 的度量并无影响，也就是说 VaR 对具有极值尾部的损失分布并不敏感，而当损失分布呈现出尖峰厚尾特征时，TVaR 风险测度值应该得到足够的重视。

　　在表 3 – 6 中，我们进一步分析了两种模型下年金发行者的偿付能力资本要求。按照欧盟 Solvency Ⅱ 的原则，偿付能力资本要求 SCR 等于 VaR 值减轻其年金均值，即 $SCR = VaR - mean$，显然这是没有考虑死亡率超预期改善时的资本要求。这里我们定义 SCR^+ 为考虑死亡率超预期改善（即长寿风险）时年金发行者的偿付能力资本要求，即有 $SCR^+ = VaR \times \alpha + TVaR \times (1-\alpha) - mean$，$\alpha$ 是 VaR 计算的分位点。同时定义 $\Delta SCR\% = (SCR^+ - SCR)/SCR$ 以度量考虑长寿风险后年金资本要求增加的百分数。从表 3 – 6 中可以看出单因子模型下 $\Delta SCR\%$ 仅为微不足道的 0.9%，几乎可以忽略长寿风险对资本要求的压力。显然，这大大低估了长寿风险的影响，与实际情形不符。现实中长寿风险的财务压力要大得多，各保险公司已停售了大部分传统终生年金以规避长寿风险带来的偿付能力问题。相比较而言，双因子模型下的 $\Delta SCR\%$ 等于 26.7% 更符合实际。造成以上差异的根本原因在于双因子模型更好地描述了死亡率随时间变动的波动特征，从而准确刻画了年金处于高低段的极值。而 SCR^+ 因考虑了死亡率超预期改善所需的偿付能力资本要求，显然优越于 Solvency II 中 SCR 的计量方法，是长寿风险背景下度量年金偿付能力资本要求的更准确指标。

表 3 - 6 　　　单因子模型和双因子模型下年金偿付能力资本要求比较

年金	均值	VaR（95%）	TVaR（95%）	SCR	SCR⁺	ΔSCR%
$a_{60:\overline{15}}(1)$	11.47	11.75	11.80	0.28	0.2825	0.9%
$a_{60:\overline{15}}(2)$	11.45	11.51	11.83	0.06	0.076	26.7%

第四节　结　　论

对于单因子 Lee - Carter 模型中死亡率的改善会呈常数速率的明显弊端，本书利用贝叶斯 MCMC 方法和中国实际人口死亡率数据，分析了双因子 Lee - Carter 模型的改进效果，并以此为基础，对两种模型下年金的风险度量和偿付能力进行再评估，得到如下两点结论：

（1）双因子 Lee - Carter 模型既能通过 k_{1t} 反映死亡率变化的时间趋势，也能通过 k_{2t} 来测度围绕这种趋势的周期性波动，有效捕捉了时间因素对所有年龄死亡率及死亡率波动性产生的系统性影响，从而以更加精确的死亡率动态学描述修正了单因子模型的不足。其模型的拟合优度和离差信息准则 DIC 都明显优于单因子 Lee - Carter 模型。

（2）传统上 Solvency II 中基于 VaR 的资本额度要求因忽略了死亡率的超预期改善，难以准确刻画未来的实际损失，往往会低估年金产品的长寿风险，应综合考虑 TVaR 风险度量，以 SCR⁺ 代替传统的 SCR 计量原则。而双因子模型因较好地抓住了死亡率随时间演进的波动性，相较于单因子模型，其年金价格预测结果处于高低段值的概率更大，年金价格核密度图的尖峰厚尾明显，与 SCR⁺ 计量原则的使用背景完全相符，两者结合使用将能很好地度量年金产品的长寿风险，有利于年金产品的风险防范及其业务的健康发展。

第四章 死亡率模型选择与年金风险评估

第一节 引　言

随着保险市场的成熟和保险产品复杂性的提高，保险机构越来越依赖模型来评估他们所面临的风险，因此模型设定的可靠性将直接关系到风险评估是否准确。正如吉容和博坦德（Jeroen and Bertrand，2010）所指出的那样，不同的模型设定可能会造成结果的较大差异，而且这种差异将随着市场不确定性的增加而增加，会严重削弱风险评估的可靠性。因此，发现与选择拟合度较好的高质量模型就显得尤为重要。

学术界使用频率最高的死亡率预测模型是文献李和卡特（Lee and Carter，1992）所提出的经典模型，该模型包含如下结构：

$$\ln m_{x,t} = \alpha_x + \beta_x k_t + \varepsilon_{x,t} \tag{4.1}$$

即年龄为 x 岁的人在 t 年的中心死亡率 $m_{x,t}$ 服从对数双线性模型，α_x 描述了总体死亡率随 x 变化的趋势，是各年龄对数死亡率的平均数，k_t 是一个随时间 t 变化的参数，表示一般死亡率水平随时间 t 的变动程度，β_x 表示年龄对死亡率指数 k_t 变化的敏感性，$\varepsilon_{x,t}$ 是残差项，服从均值为零、方差为 σ^2 的正态分布。

因为式（4.1）是关于 β_x 和 k_t 的双线性模型，为了模型的可识别性，Lee – Carter 模型通常有如下两个约束条件，即：

$$\sum_x \beta_x = 1, \ \sum_t k_t = 0 \tag{4.2}$$

传统 Lee – Carter 模型的死率预测是分两个阶段来进行的。第一阶段是用历史数据来估计参数 α_x，β_x 和 k_t，第二阶段对参数 k_t 的拟合值建模，并用时间序列的方法得到 k_t 的预测值和对数死亡率的预测值。从众多学者的研究经验来看，用带漂移项的随机漫步过程来对 k_t 进行建模是可行的，即：$k_t = \mu + k_{t-1} + e_t$，其中 μ 和 e_t 分别是漂移项和残差项。

之后，针对该模型统计处理上的不足，学者们从不同的角度进行了改进和拓展，如李和米勒（Lee and Miller，2001）、布尤恩斯等（Brouhus N. et al.，2002）、任绍和哈博曼（Renshaw and Haberman，2006）、查恩斯等（Cairns et al.，2011）、穆勒和米特（Müller and Mitra，2013）和李（Li，2014）等。国内学者李志生，刘恒甲（2010）、祝伟，陈秉正（2012）、王晓军，任文东（2012）和吴晓坤，王晓军（2014）等分别应用 Lee – Carter 模型及其改进的模型对中国城市人口死亡率进行了预测，并探讨了预测结果的应用问题。死亡率预测模型的国内外最新文献有王晓军，路倩（2019）和桑多利洛（Santolino M.，2020），两篇文献的作者分别探讨了 Lee – Carter 模型的预测效果和 Lee – Carter 分位数模型在西班牙人口死亡率预测中的应用。这些拓展模型的共同技术特征是时间项参数 k_t 的建模都要依赖时间序列方法。在 LC 模型的框架下，响应函数在参数上是非线性的。在这里，我们使用这个 LC 框架来计算条件分位数。LC 分位数模型可以定义为分位数非线性回归，条件是年龄和日历年。介绍了两种基于内点法的系数估计策略。我们证明了 LC 分位数模型提供了传统 LC 条件均值所提供的附加信息。应用于西班牙死亡率数据。

正如皮塔科（Pitacco，2009）的研究表明，由于 Lee – Carter 模型中的时间项变量需要采用时间序列方法，因此需要足够的历史统计数据，才能准确预测死亡率。这一先决条件在欧美发达国家无疑是满足的，他们动辄 50 年甚至 100 年的人口统计数据为死亡率预测的稳健性提供了良好的保障；但是在包括中国的广大发展中国家，人口死亡率历史数据都相对缺失，年份偏少。如我国的人口统计数据近年才刚刚达到连续 20 年，因此我国的学者长期以来只能以不足 20 年的少量年份数据来进行死亡率预测的研究，如表 4 – 1 所示：

表 4 – 1   国内外文献所用数据年份对比

国外文献与所用数据年份		国内文献与所用数据年份	
布尤恩斯等（Brouhns et al.，2002）	50 年	王晓军等（2010）	12 年
李和卡特（Lee and Carter，1992）	55 年	李志生等（2010）	16 年
布拉沃和夫雷塔斯（Bravo and Freitas，2018）	63 年	胡仕强（2015）	16 年
查恩斯等（Cairns et al.，2008）	100 年	金博秩（2012）	17 年

表 4 - 1 中我国学者所用的研究数据最多只有 17 年，而国外竟达到 100 年之多，对于时间序列预测来说，这种数据不足带来的预测稳健性差异是不言而喻的。而且对于时间点间隔不等的非连续数据，也无法采用 Lee - Carter 经典方法对时间因子做出预测。也就是说经典的 Lee - Carter 模型及其拓展型在我国少量历史数据下的预测稳健性问题是存疑的，这也正是李等（Li et al.，2004）和皮塔科（Pitacco，2009）等众多文献建议经典 Lee - Carter 模型在发展中国家要谨慎使用的原因。

鉴于死亡率数据量的限制，李等（Li et al.，2004）提出了有限数据下 Lee - Carter 拓展模型的建模和预测的方法。该模型考虑到人口死亡率数据的有限性，对传统 Lee - Carter 模型中时间项参数 k_t 的建模进行了调整和改进，假定死亡率的观察数据分别收集于 t_0，t_1，$t_2\cdots$，t_n 时刻，则对 $1 \leqslant h \leqslant n$，有：

$$k_{t_h} - k_{t_{h-1}} = \mu\ (t_h - t_{h-1})\ + e_{t_{h-1}+1} + e_{t_{h-1}+2} + \cdots + e_{t_h} \qquad (4.3)$$

这里 μ 和 e_t 依然是漂移项和独立同分布的误差项，并且有 $e_t \sim N(0, \sigma_k^2)$。作者指出这种改进方法不再需要至少 20 年以上的统计数据来保证将来死亡率的稳定预测，可以利用最少 3 年的数据来进行预测，这对死亡率历史数据有限的发展中国家特别适用，当然，时间跨度越长、数据量越大，预测的效果一般会越好（Li et al.，2004）。

高质量普查数据的不足让我们只能长期使用 1% 和 1‰ 的人口抽样调查数据。此类数据覆盖率过低，样本量较小，以此推断总体的可靠性也必然受到影响，即使模型设定比较准确，失真的数据也会导致基于模型的边际似然函数变小，从而影响拟合和预测的效果。而死亡率预测上存在的问题必将进一步传导到年金等保险产品的定价及其风险与偿付能力评估，影响保险人的准确决策和保险市场的健康发展。

鉴于以上分析，本章将对传统 Lee - Carter 模型（M_1）和有限数据 Lee - Carter 模型（M_2）在我国的适用性进行甄别，并就连续年份人口调查数据（D_1）、有限年度六年混合数据（D_2，3 年普查 3 年 1% 抽样）和 3 年人口普查数据（D_3）的拟合效果进行考察，以 WinBUGS 软件和贝叶斯 MCMC 方法为技术手段，探讨如下三个问题：

（1）哪个模型更适合我国的有限人口数据；

（2）有限数据模型和哪个数据组合更有效；

（3）不同组合将如何影响年金的风险评估和偿付能力资本。

为此本章将构造 $M_1 - D_1$ 和 $M_2 - D_1$ 组合，利用后验概率密度和贝叶斯因子方法进行评估，选择适合我国有限数据的死亡率预测模型；其次，

我们再构造 $M_2 - D_1$、$M_2 - D_2$ 和 $M_2 - D_3$ 三种模型数据组合，利用 DIC 贝叶斯信息准则来评估不同数据质量下的拟合效果；最后，本章还将比较不同模型数据组合下的年金价格、VaR、TVaR 和 SCR，分析其对年金偿付能力的影响。

第二节　基于贝叶斯 MCMC 方法的死亡率预测

一、模型设定

为了便于使用贝叶斯方法来分析 Lee – Carter 经典模型和有限数据模型，我们将其写成状态空间模型，即基于对数中心死亡率的观察方程和基于时间参数的状态方程：

$$y_t = \alpha + \beta k_t + \varepsilon_t, \quad \varepsilon_t \sim N(0, \sigma_\varepsilon^2) \tag{4.4}$$

$$k_t = \mu + k_{t-1} + e_t, \quad e_t \sim N(0, \sigma_k^2) \tag{4.5}$$

$$k_{t_h} - k_{t_{h-1}} = \mu(t_h - t_{h-1}) + e_{t_{h-1}+1} + e_{t_{h-1}+2} + \cdots + e_{t_h}, \quad e_t \sim N(0, \sigma_k^2) \tag{4.6}$$

式（4.4）是 Lee – Carter 模型的观察方程。$y_t = (y_{x_{\min}t}, \cdots, y_{x_{\max}t})^T$ 是一个由观察年份 t 时各年龄粗死亡率对数组成的向量，而 $x_{\min}$，$x_{\min}+1$，$\cdots$，$x_{\max}$ 表示观察群组中各年龄值。相应地，$\alpha = (\alpha_{x_{\min}}, \cdots, \alpha_{x_{\max}})^T$，$\beta_i = (\beta_{ix_{\min}}, \cdots, \beta_{ix_{\max}})^T$。式（4.5）和式（4.6）分别是经典模型和有限模型的状态方程。

在本书贝叶斯统计推断的框架中，如果以 θ 表示 Lee – Carter 模型所有参数的集合，则 θ 的联合后验密度 $f(\theta \mid y)$ 是研究者有了观察数据后，对 θ 先验分布 $f(\theta)$ 的修正，可以写成 $f(\theta \mid y) \propto l(y \mid \theta) f(\theta)$，其中 $l(y \mid \theta)$ 是似然方程。显然观察式（4.4）的似然函数为：

$$l(y \mid \alpha, \beta, k_{t_{\min}}, \cdots, k_{t_{\max}}, \sigma_\varepsilon^2) = \prod_{t_{\min}}^{t_{\max}} \prod_{x_{\min}}^{x_{\max}} f(y_{xt} \mid \alpha_x, \beta_x, k_t, \sigma_\varepsilon^2)$$

$$\propto \left(\frac{1}{\sigma_\varepsilon}\right)^{LM} \exp\left\{ -\frac{\sum_{t_{\min}}^{t_{\max}} \sum_{x_{\min}}^{x_{\max}} (y_{xt} - (\alpha_x + \beta_x k_t))^2}{2\sigma_\varepsilon^2} \right\} \tag{4.7}$$

本书参照科赞多等（Czado et al., 2004）、库古尔等（Kogure et al.,

2009）、杰克·李（Jackie Li，2014）和胡仕强（2015）的经验，对观察方程 $\ln m_{x,t} = \alpha_x + \beta_x k_t + \varepsilon_{x,t}$ 的相关参数的先验分布设定如下：

$$\alpha_x \sim N(0,\ \sigma_\alpha^2) \tag{4.8}$$

$$\beta_x \sim N(1/n_\alpha,\ \sigma_\beta^2) \tag{4.9}$$

σ_α^2 和 σ_β^2 分别是先验分布的方差，而 n_α 是年龄组的数目。且 β_x 要满足 $\sum\limits_x \beta_x = 0$ 的约束。对 ε_{xt} 项，有：

$$\varepsilon_{x,t_n} \sim N(0,\ \sigma_\varepsilon^2),\ \sigma_\varepsilon^{-2} \sim Gamma(\alpha_\varepsilon,\ \beta_\varepsilon) \tag{4.10}$$

对状态方程 $k_t = \mu + k_{t-1} + e_t$ 和 $k_{t_h} - k_{t_{h-1}} = \mu(t_h - t_{h-1}) + e_{t_{h-1}+1} + e_{t_{h-1}+2} + \cdots + e_{t_h}$，相关参数的先验分布设定如下：

$$\mu \sim N(\mu_0,\ \sigma_\mu^2) \tag{4.11}$$

$$e_t \sim N(0,\ \sigma_k^2) \tag{4.12}$$

$$\sigma_k^{-2} \sim Gamma(\alpha_k,\ \beta_k) \tag{4.13}$$

对于上述先验分布中的参数，即超参数设定如下：$\alpha(\alpha_\varepsilon$ 和 $\alpha_k)$ 设定为 2.01，$\beta(\beta_\varepsilon$ 和 $\beta_k)$ 设为 $(\alpha-1)\hat{\sigma}_\varepsilon^2$，$\sigma_\alpha^2$ 和 σ_β^2 分别设为 $\hat{\alpha}_x$ 和 $\hat{\beta}_x$ 的样本方差，而 $\hat{\alpha}_x$ 和 $\hat{\beta}_x$ 的样本值由经典的奇异值分解（SVD）获得。σ_ε^2 为残差项 $\hat{\varepsilon}_{x,t} = \ln(m_{x,t}) - \hat{\alpha}_x - \hat{\beta}_x \hat{k}_t$ 的样本方差，μ 为 $(\hat{k}_t - \hat{k}_{t-1})$ 的样本均值，σ_k^2 和 σ_μ^2 分别为 $(\hat{k}_t - \hat{k}_{t-1})/T$ 和 $(\hat{k}_t - \hat{k}_{t-1})$ 的样本方差。

再利用贝叶斯 MCMC 方法从联合后验分布 $f(\theta \mid y)$ 中对参数进行抽样，以完成参数估计，即有 $\theta^{(1)}$，$\theta^{(2)}$，$\cdots$，$\theta^{(j)} \sim f(\theta \mid y)$，具体步骤为：

（1）初始化所有参数值；

（2）对参数 α_x，从其条件后验概率分布 $f(\alpha_x \mid y,\ \alpha_{-x},\ \beta_x,\ k_t,\ \mu,\ \sigma_\varepsilon^2,\ \sigma_k^2)$ 中进行抽样，对 β_x，σ_ε^2，μ，σ_k^2，k_t 也依次从其条件后验概率分布中进行抽样；

（3）重复上述步骤（2）直到抽样规模达到 10000 次为止。

二、死亡率预测

（一）数据的选取与处理

1. 连续年度数据（D_1）

选择 1995 ~ 2016 年的全国人口死亡率历史数据，原始数据均来自 1996 ~ 2017 年的《中国人口统计年鉴》和《中国人口与就业统计年鉴》。考虑到大部分年份最高年龄都为 90 岁，对最高年龄为 100 + 的 5 年数据进行算术合并，其中 1996 年数据只统计到 85 +，利用插值法进行拓展。本书采用 0 ~ 90 + 共 91 个数据组。

2. 六年混合数据（D_2）

排除掉小样本的1‰人口抽样调查数据，借鉴王晓军、任文东（2012）我们选取质量较好的 3 年普查和 3 年 1% 抽样数据：1990 年、1995 年、2000 年、2005 年、2010 年和 2015 年共 6 年的死亡率数据并进行处理，采用 91 个数据组。

3. 三年普查数据（D_3）

考虑到 1995 年、2005 年、2015 年的数据只是 1% 的人口抽样调查，虽然比小样本数据质量要高，但风险暴露程度依旧不足，我们只选取 1990 年、2000 年与 2010 年的普查数据。

（二）参数估计与预测结果

本书利用 WinBUGS 软件编程，进行贝叶斯 MCMC 模拟，分别对四组模型数据组合进行抽样，并对抽样结果进行参数估计，根据估计结果预测至 2035 年的人口死亡率。给出模型所有检测参数的均值、标准差、MC 误差、2.5% 分位点、中值和 97.5% 分位点，结果如表 4 - 2（a）~ 表 4 - 2（d）所示，a[60]、b[60] 为 60 岁的年龄效应值，k[26]、k[11]、k[13] 为 2020 年的时间效应值，m[60，4]、m[60，5]、m[60，10] 为所预测的 60 岁的人在 2020 年的死亡率：

表 4 - 2（a）　　　　　$M_1 \sim D_1$ 贝叶斯估计结果示例

node	mean	sd	MC error	2.50%	median	97.50%	start	sample
a[60]	- 4.714	0.05703	6.38E - 04	- 4.827	- 4.714	- 4.603	2001	10000
b[60]	0.00845	0.002218	2.97E - 05	0.004127	0.008461	0.01275	2001	10000
k[26]	- 64.12	12.5	0.1198	- 88.66	- 64.11	- 39.39	2001	10000
m[60，4]	0.005749	0.001532	1.522E - 05	0.003309	0.005557	0.009275	2001	10000

表 4 - 2（b）　　　　　$M_2 \sim D_1$ 贝叶斯估计结果示例

node	mean	sd	MC error	2.50%	median	97.50%	start	sample
a[60]	- 4.613	0.2988	0.002958	- 5.208	- 4.609	- 4.029	2001	10000
b[60]	0.01043	0.007306	7.279E - 5	- 0.00378	0.01034	0.02465	2001	10000
k[26]	- 83.95	13.35	0.1559	- 110.3	- 83.96	- 58.06	2001	10000
m[60，4]	0.005043	0.004256	4.088E - 5	8.47E - 4	0.003912	0.01597	2001	10000

表 4 – 2（c）　　　　　　　$M_2 \sim D_2$ 贝叶斯估计结果示例

node	mean	sd	MC error	2.50%	median	97.50%	start	sample
a[60]	– 4.524	0.2907	0.002672	– 5.093	– 4.521	– 3.964	2001	10000
b[60]	0.01079	0.003648	3.90E – 05	0.00356	0.01082	0.01789	2001	10000
k[11]	– 58.2	7.519	0.07708	– 72.91	– 58.14	– 43.43	2001	10000
m[60, 5]	0.006188	0.00232	2.18E – 05	0.002822	0.005802	0.01168	2001	10000

表 4 – 2（d）　　　　　　　$M_2 \sim D_3$ 贝叶斯估计结果示例

node	mean	sd	MC error	2.50%	median	97.50%	start	sample
a[60]	– 4.495	0.2275	0.002215	– 4.938	– 4.493	– 4.06	2001	10000
b[60]	0.01054	0.004293	4.25E – 05	0.002048	0.01057	0.01895	2001	10000
k[13]	– 55.01	22.57	0.2291	– 99.25	– 55.26	– 10.53	2001	10000
m[60, 10]	0.006783	0.002721	2.85E – 05	0.002547	0.006435	0.01299	2001	10000

　　按照纳佐弗拉斯（Ntzoufras，2009）标准，四组结果所给出监测参数的估计值，所有参数估计的 MC 误差均小于标准差的 3%，再结合参数的时序图和核密度图［见图 4 – 1（a）～图 4 – 1（d）］，判断其为标准的白噪声序列且无自相关，由此判断模型的参数收敛。并且我们调整先验参数初始值 α 的设定时，模型也都可以迅速收敛，证明其稳定性较强。

　　我们将四个组合下的 2017 年预测死亡率与 2017 年实际死亡率相对比，如图 4 – 2 所示，预测数据采用最小值（2.5% 分为点）、中值（median）、最大值（97.5%）点。可以发现实际死亡率除个别点外均落在预测区间内，四个模型的有效性得以验证，也确保预测结果的可信程度。其中直观来看组合 1 和组合 2 相差不明显，具体差异将在后文贝叶斯因子中进行甄别；组合 3 和组合 4 明显要好于组合 1 和组合 2，第四部分中将应用离差信息准则进行具体判别。

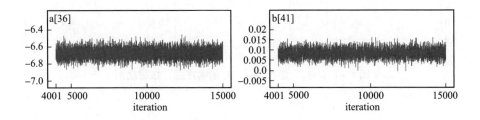

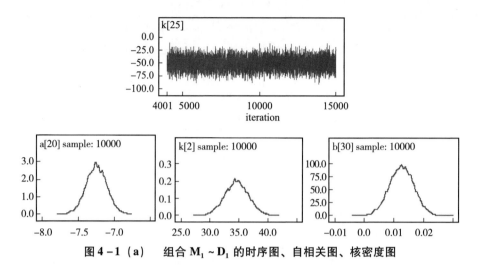

图 4-1 （a） 组合 $M_1 \sim D_1$ 的时序图、自相关图、核密度图

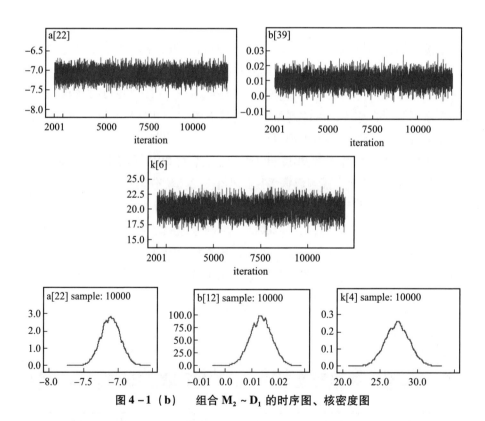

图 4-1 （b） 组合 $M_2 \sim D_1$ 的时序图、核密度图

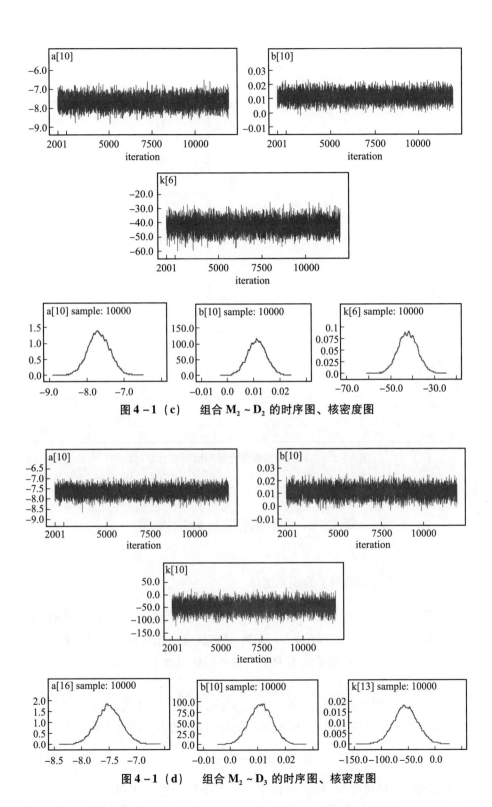

图 4 - 1 （c）　　组合 $M_2 \sim D_2$ 的时序图、核密度图

图 4 - 1 （d）　　组合 $M_2 \sim D_3$ 的时序图、核密度图

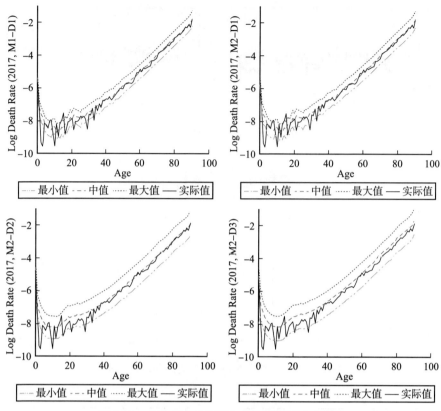

图4-2　几种组合实际死亡率与预测死亡率对比

第三节　模型比较与数据选择

一、基于贝叶斯因子的模型选择

在贝叶斯框架下比较两个模型时，常使用贝叶斯因子（Bayes Factor）作为评判准则。设有两个模型 M_1 和 M_2 其被接受的先验概率分别为 $P(M_1)$ 和 $P(M_2)$，当获取了实验数据 D 后，两者的后验概率之比为：

$$\frac{P(M_1 \mid D)}{P(M_2 \mid D)} = \frac{P(D \mid M_1)}{P(D \mid M_2)} \times \frac{P(M_1)}{P(M_2)} = B_{12} \times \frac{P(M_1)}{P(M_2)} \qquad (4.14)$$

其中 B_{12} 被定义为模型 M_1 对模型 M_2 的边际似然之比，即贝叶斯因子：

$$B_{12} = \frac{P(D \mid M_1)}{P(D \mid M_2)} \qquad (4.15)$$

显然模型 M_1 对模型 M_2 的后验概率之比等于贝叶斯因子乘以其先验概率

之比。

卡斯和拉夫特里（Kass and Raftery，1995）认为，假设模型是产生观察数据的真正随机机制，则模型的边际似然就表示在此模型下得到真实观察数据的概率。因此贝叶斯因子可以被看作是经典显著性检验的贝叶斯版本。对于原假设 H_1（对应于模型 M_1）和备择假设 H_2（对应于模型 M_2），贝叶斯因子 B_{12} 可用来作为拒绝备择假设的评估证据，如果需要拒绝模型 M_1 的评估证据则要计算 B_{21}。贝叶斯因子可由以下基于两倍自然对数的准则来解释（见表 4-3）：

表 4-3   贝叶斯因子经验准则

$\log(B_{12})$	B_{12}	Evidence against H_2
<0	<1	Negligible（supports H_2）
0~2	1~3	Barely worth mentioning
2~6	3~20	Positive（supports H_1）
6~10	20~150	Strong
>10	>150	Decisive

为了方便比较传统模型 M_1 与有限死亡率模型 M_2，我们分别利用 M_1 和 M_2 与连续年份数据 D_1 构建组合，通过计算贝叶斯因子来比较模型的优劣。从式（4.15）可知，贝叶斯因子的关键就是计算模型的边际似然函数，即

$$P(D \mid M) = \int P(D \mid \theta_M, M) P(\theta_M \mid M) d\theta_M \qquad (4.16)$$

这里 $P(D \mid \theta_M, M)$ 是具有参数 θ_M 的模型 M 的似然函数。文献中式（4.6）的计算主要有分析近似、数值积分和 Monte Carlo 模拟等方法，见卡斯和拉夫特里（Kass and Raftery，1995）和郝志峰、王宁宁（2004）。本书中我们通过 WinBUGS 软件，利用路径抽样和蒙特卡洛模拟的方法计算模型概率。计算得到的双倍对数贝叶斯因子为：$2\log B_{21} = 5.37 > 2$。根据表 4-5，$2 < 2\log B_{21} < 6$ 更加支持模型 2。也就是说在我国有限年份死亡率数据下，有限数据 Lee-Carter 模型相较于经典 Lee-Carter 模型更适合用来进行死亡率预测。这对我国有限数据下死亡率预测的模型选择无疑具有重要的现实指导意义。

二、基于 DIC 的模型数据组合拟合优度比较

因为在 D_1 数据下贝叶斯因子支持有限数据模型，因此本书探讨的模

型数据最优组合问题实质上就转换成 M_2 模型下 D_1、D_2、D_3 三类数据拟合效果优劣的比较了。贝叶斯框架下我们可以用离差信息准则来作为度量指标。DIC（deviance information criterion）离差信息准则在贝叶斯框架下考虑了模型的复杂性以及模型对数据集的描述程度，是衡量统计模型拟合优良性的一种重要标准，DIC 定义为：

$$DIC(m) = 2\overline{D(\theta_m, m)} - D(\overline{\theta}_m, m) = D(\overline{\theta}_m, m) + 2p_m \quad (4.17)$$

式中 m 为不同的模型组合，θ_m 为模型 m 的所有参数，$\overline{\theta}_m$ 为模型参数的后验均值，$D(\theta_m, m)$ 为离差的测度，其表达式为 $D(\theta_m, m) = -2\log f(y \mid \theta_m, m)$，$D(\overline{\theta}_m)$ 是后验参数 $\overline{\theta}_m$ 的离差，$\overline{D(\theta_m, m)}$ 是离差统计量 $D(\theta_m, m)$ 的后验均值，p_m 为模型 m 中有效参数的数量。显然数据质量将影响到模型的边际似然函数，从而影响到离差的计算，模型的 DIC 值越小说明拟合效果越好，设定的越准确。我们将 WinBUGS 软件给出的三种组合的 DIC 值与可决系数（R^2）整理如表 4-4 所示：

表 4-4　　　　　　　　　三种组合下的 DIC 比

项目	Dbar	Dhat	pD	DIC	R^2
$M_2 \sim D_1$	804.598	686.398	118.200	922.798	0.9285
$M_2 \sim D_2$	799.745	698.308	101.437	901.182	0.9569
$M_2 \sim D_3$	131.753	25.588	106.166	237.919	0.9886

我们将表 4-4 中模型 M_2 和 D_1，D_2，D_3 数据的组合分别称为组合 1，2，3。可见表 4-4 中组合 3 的 DIC 值 237.919，明显低于组合 1 和组合 2 的 DIC 值。这一点从式（4.8）中也可直观地判断：三种组合的 p_m 是一致的，这样由于 D_1 和 D_2 数据中包含"失真"的 1% 和 1‰ 的抽样数据，假设模型是产生观察数据的真正随机机制，在有限数据模型下得到真实观察数据的概率显然满足：$f(D_1 \mid \theta_M, M) < f(D_2 \mid \theta_M, M) < f(D_3 \mid \theta_M, M)$，按照离差测度的定义从而 $-2\log f(D_1 \mid \theta_M, M) > -2\log f(D_2 \mid \theta_M, M) > -2\log f(D_3 \mid \theta_M, M)$，可见数据的"失真"导致离差测度的增加，影响到模型的拟合效果。同时组合 3 的可决系数为 0.9886，比其他两个更趋近于 1，也佐证了第三种模型与数据组合能更好拟合和预测未来的动态死亡率。

图 4-3 给出了三种组合下 2019 年对数死亡率。组合 1 中由于 1‰ 抽查年份死亡率数据样本覆盖率过低，风险暴露程度不足，数据在 0~40 岁波动较大；我们也可以看到组合 1 和组合 2 对未来高年龄段死亡率的预测都略低于组合 3，鉴于组合 3 更好的拟合效果，我们可以认为组合 1 和组

合 2 低估了未来高年龄段的死亡率，也就是高估了长寿风险。

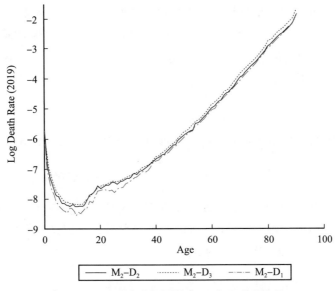

图 4 - 3　三种组合预测的 2019 年死亡率比较

第四节　年金产品的风险度量与偿付能力评估

一、年金产品定价

死亡率预测的准确性将进一步影响到年金的定价，风险评估和偿付能力资本要求（参见金博轶，2012 和胡仕强、陈荣达，2018 等）。为了量化不同模型数据组合对这些核心要素的影响，我们以 2019 年 40 岁延期 20 年的终身年金 $_{20}|\ddot{a}_{40}$ 为例进行考察。为简化计算，不考虑投资风险，并假设年金每期期初支付 1 元，贴现利率统一设定为 2%。

与普通金融资产不同，死亡率不是交易性资产，必须使用不完备市场的资产定价方法。学术界常用的不完备市场下保险产品的定价方法是王（Wang，2000）提出的王变换方法，该方法通过 $F^*(x) = \Phi[\Phi^{-1}(F(x)) + \lambda]$ 对资产分布 $F(x)$ 进行风险中性变换，其中 λ 是风险的市场价格。变换后的分布具有不改变原正态分布和对数正太分布形式的良好特征。马汀和拉斯（Martin and Lars，2013）基于王变换方法提出了一种风险中性模拟的定价方法。作者认为死亡率预测的不确定性主要来源于 k_t 及其随机过

程中的 e_t，因为 $e_t \sim N(0, \sigma_e^2)$，所以我们只要从正态分布 $e_t \sim N(-\lambda\sigma, \sigma_e^2)$ 中进行抽样就可以实现 k_t 和生存概率的风险中性化。与一些封闭式定价方案不同，风险中性模拟不需要对潜在风险因素的动态进行限制性假设，框架也更为灵活。为方便起见，我们取 $\lambda = 0.1$，并产生 10000 条等概率的 MCMC 抽样路径，即：$_tp_x^{(j)}$，$j = 1, 2, \cdots 10000$，则基于第 j 条抽样路径的年金价格为：

$$_{20|}\ddot{a}_{40}^{(j)} = \sum_{t=21}^{\infty} 1.02^{-t} \times {}_tp_{40}^{(j)} \tag{4.18}$$

因为抽样路径是等概率的，因此这 10000 种情景下的年金风险中性价格为：

$$_{20|}\ddot{a}_{40} = E^Q\left[_{20|}\ddot{a}_{40}^{(j)} \right] = \sum_{j=1}^{10000} {}_{20|}\ddot{a}_{40}^{(j)} \times (1/10000) \tag{4.19}$$

除了年金均值外，我们还从 10000 次的蒙特卡罗模拟样本数据中计算得到三种组合的标准差、峰度、偏度等统计特征，并以此数据作出年金价格直方图如表 4 - 5、图 4 - 4 所示：

表 4 - 5　　　　　　　三种组合下年金价格和统计特征比较

项目	均值	标准差	中值	峰度	偏度	各组合/组合3
$M_2 \sim D_1$	11.27	0.1302	11.27	0.039	-0.0683	1.041
$M_2 \sim D_2$	11.17	0.2758	11.18	0.0534	-0.0826	1.031
$M_2 \sim D_3$	10.83	0.668	10.87	0.161	-0.342	1
2013 年生命表	9.85	—	—	—	—	0.9095

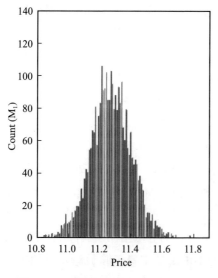

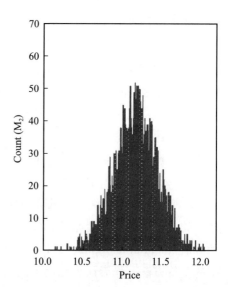

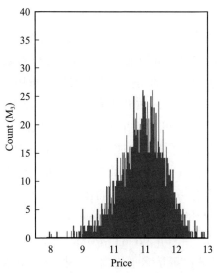

图 4 - 4　三种组合下所得年金价格直方图

通过对统计特征和直方图的分析，我们可以得出两点重要结论：首先，相比组合 1 和组合 2，组合 3 尖峰后尾的情况更为突出，出现尾部极端值的概率更大，这种差异在年金的风险度量 VaR 和偿付能力额度资本中会有更加明确的经济意义；其次，由于组合 1 和组合 2 所用的死亡率预测结果对长寿风险的高估，导致年金定价偏高。表 4 - 6 中，三种组合下的年金均值为 11.27、11.17 和 10.83，以预测效果最好的第三种组合为标准，其他死亡率预测数据将导致年金价格偏高 3% ~ 4%，对于年金这种价格敏感型金融产品来说，这种幅度的高估显然不利于年金的市场需求，而基于精准死亡率预测的年金产品无疑将会具有竞争优势。另外，如果我们不考虑长寿风险，忽略高龄段人口死亡率的变动情况，单利用保险业经验生命表（2010 ~ 2013 年）中的生存概率来计算，则 $_{20}|\ddot{a}_{40}$ 价格为 9.85，如果以 10.83 为基准将意味着近 10% 的低估，将会造成保险公司的偿付危机，也会严重抑制年金的供给和健康发展。

二、风险度量与偿付能力的资本评估

对于年金发行者来说，未来负债 L 的风险度量指标主要有风险价值 VaR 和尾风险价值 TVaR（条件尾部期望 CTE）两种，其计算公式如下（在 α 分位点下）：

$$VaR_{\alpha}(L) = inf\{Q \in R \mid P(L \leq Q) \geq \alpha\} = F_{L}^{-1}(\alpha) \tag{4.20}$$

$$TVaR_{\alpha}(L) = \frac{1}{1-\alpha}\int_{\alpha}^{1} VaR_{\mu}(L)d\mu = E(L \mid L > F_{L}^{-1}(\alpha)) \tag{4.21}$$

可见 VaR 方法表示未来一定概率下损失的最大值，但 VaR 方法无法判断尾部极端风险（即未来损失大于 Q）发生时的损失情况，对于尖峰厚尾分布来说其度量结果的参考价值将减弱；TVaR 能够有效克服这一缺点，它是尾部极端风险发生时损失的均值，可以有效度量尾部极端风险发生时的损失情况，而死亡率超预期的改善正是长寿风险产生的本质，因此 TVaR 风险度量将使得保险公司可以提取充足的长寿风险准备金，避免重大损失。对于偿付能力资本要求，按照 Solvency II 的要求，其计算公式为：$SCR = VaR - mean$，显然这只能表示在未来损失小于 Q（概率为 α）时的偿付能力资本，它没有考虑在 $1 - \alpha$ 的概率事件发生时的额外资本要求，因此对应于 TVaR，偿付能力资本应该修正为：

$$SCR^+ = VaR \times \alpha + TVaR \times (1 - \alpha) - mean \qquad (4.22)$$

表 4-6 基于 95% 的置信水平给出了三种组合下年金风险度量及其偿付能力的评估结果。可以看出在前两种模型数据组合下，如果不考虑尾部极端风险损失，按照 Solvency II 的要求，保险公司为该年金持有的偿付能力资本 SCR 分别为 0.21 和 0.4595，与第三种组合下 SCR 的值 1.03 差异较大，这一方面是因为前两种组合高估了长寿风险导致年金价格定价过高，另一方面是因为前两种组合年金价格的近似正态分布低估了 VaR 值，因此其偿付能力资本 SCR 大幅低于组合 3。这也就意味着前两种组合在死亡率预测上的弊端进一步传导到了偿付能力资本，其准备金提取将不足以覆盖真实的负债，会导致巨大的经营风险。

如果考虑尾部极端风险，三种组合的 TVaR 值相对于 VaR 值都有增加，但组合 3 的尖峰厚尾特征决定了它的增加值会更大，$\Delta VaR(= TVaR - VaR)$ 分别为 0.064、0.105 和 0.230，与此相对应，修正偿付能力资本相对 Solvency II 偿付能力资本的变化幅度 $\Delta SCR\%$，组合 1 和组合 2 均小于 1.5%，对长寿风险带来的偿付能力变化并不敏感，而组合 3（最佳死亡率预测组合）则大于 5%，其影响幅度是不容忽视的。

表 4-6 三种组合下年金风险度量及偿付能力比较

年金	均值	VaR	TVaR	ΔVaR	SCR	SCR^+	$\Delta SCR\%$
组合 1	11.27	11.48	11.54	0.064	0.21	0.213	1.43%
组合 2	11.17	11.63	11.74	0.105	0.46	0.466	1.30%
组合 3	10.83	11.86	12.09	0.230	1.03	1.082	5.05%

第五节 结 论

针对我国人口死亡率历史统计数据不足和数据质量不高的现状，本书利用 WinBUGS 软件和贝叶斯 MCMC 方法探讨了有限数据 Lee – Carter 死亡率模型相对经典 Lee – Carter 死亡率模型，以及人口普查数据相对于 1% 和 1‰ 人口抽样数据的优越性，并以欧盟 Solvency Ⅱ 框架为理论基础，进一步考察了由死亡率预测带来的年金风险度量和偿付能力评估上的差异，及其对年金发行人整体经营的不利影响。研究结论可总结如下：

（1）对我国相对不足的历史统计数据来说，贝叶斯因子显示有限数据模型的设定更合理，这对我国和广大人口统计数据同样不足的发展中国家来说具有非常重要的实际意义；

（2）基于贝叶斯框架的离差信息准则 DIC 指标表明，1% 和 1‰ 人口抽样调查的"失真"数据会影响到模型的拟合效果，因此提高人口统计数据质量是提高死亡率预测精度的根本保证；

（3）模型设定和数据质量问题会带来年金产品风险度量的偏差和偿付能力评估的扭曲，影响到年金的资产负债管理和年金市场的健康发展，因此需要引起实务界的高度重视，也需要学者们进一步深入研究。

产品定价篇

第五~七章是基于贝叶斯 MCMC 方法的寿险产品及其新型衍生品的定价。包括第五章长寿连接型债券的定价，第六章随机利率与死亡率情形下长寿衍生品定价，以及第七章美式长寿期权的定价。本章利用最大熵与后验预测分布的风险中性方法，以及创新性地应用基于王变换原理的风险中性化再抽样算法和风险中性化模拟方法，把复杂寿险产品的定价纳入贝叶斯 MCMC 算法框架体系。

第五章我国有限人口数据下长寿衍生产品定价的贝叶斯 MCMC 方法。鉴于我国人口死亡率数据匮乏对长寿风险定价的不利影响，本章采用贝叶斯 MCMC 方法来进行长寿衍生产品的定价。来自实际人口数据的研究结果表明，贝叶斯方法更好地考虑了样本不足和样本质量问题，在死亡率建模的模型 BIC 值，残差方差值和预测稳健性上全面优越于传统方法，能有效提高死亡率预测的精度；同时，最大熵原理和后验预测分布的风险中性化方法，嵌入贝叶斯 MCMC 算法的一体化研究框架，能大幅减少定价过程中数据和参数风险的产生，累积和传导，提高长寿衍生产品定价结果的有效性和可靠性。其方法的优越性对保障我国有限人口数据下长寿衍生产品的成功开发具有积极的理论意义和现实价值。

第六章随机利率与死亡率情形下长寿衍生品定价的贝叶斯 MCMC 算法。为了准确捕捉长寿衍生产品价格的真正动态变动特征，本章利用贝叶斯 MCMC 算法对 Lee – Carter 死亡率预测模型和 CIR 利率预测模型同时进行建模预测，通过对利率和死亡率进行风险中性化再抽样和模拟计算，文章发现相对于固定利率，CIR 利率模型较好地模拟了长寿衍生产品的利率风险，资产价格的统计特征和风险指标也有较大的差异，研究结果对实务中长寿衍生产品的开发具有较高的参考价值。

第七章基于贝叶斯 MCMC 算法的美式长寿期权定价研究。本章利用贝叶斯 MCMC 算法对寿险保单中嵌入的美式长寿期权进行定价。将基于王变换再抽样的风险中性化模拟纳入 Lee – Carter 死亡率预测模型的贝叶斯算法框架中，借助 LSM 最小二乘方法计算嵌入式美式长寿看涨和看跌期权的定价。研究表明早期执行会大幅增加美式长寿看跌期权的价值，这对嵌入退保权的寿险产品的设计定价和风险管理具有重要的实际意义。

第五章　我国有限人口数据下长寿衍生产品定价的贝叶斯方法

第一节　引　言

在过去的几十年里，大多数国家的老年人口死亡率都经历了超过人们预期的持续性的改善。由精算数学知识我们知道，这种人口统计特征的变动趋势意味着人们寿命的实际增长超出了预先的估计，会给年金业务带来偿付能力不足的风险，即长寿风险。这是一种系统性的风险，保险机构无法通过大量的风险聚合以大数定律来化解。为了应对长寿风险，近年来，欧美发达国家开发了一种重要的金融创新工具——长寿衍生产品，其核心思想是让产品未来的现金流和将来实际实现的死亡率挂钩，从而让资本市场在长寿风险的转移和分散中起积极作用。显然，这种创新思路能否成功的前提是长寿风险的准确度量和定价。如果我们用 $S_x(t)$ 来表示在 0 时刻一群年龄为 x 的群体在时刻 t 的生存率，那么基于 $S_x(t)$ 的长寿衍生产品就是一类支付为函数 $C(S_x(t))$ 的金融产品，其在将来时刻 t 时的定价就是风险中性概率下，支付函数 $C(S_x(t))$ 的期望现值。也就是说长寿衍生产品的定价需要完成这样两个任务：生存率 $S_x(t)$ 的统计建模和其风险中性化。

生存率 $S_x(t)$ 统计建模的实质就是死亡率预测。从现有文献来看，死亡率预测主要采用离散时间模型，并且大多数是建立在李和卡特（Lee and Carter，1992）原创性工作的基础之上，该方法将预测建立在一个长期平稳的趋势之上，从而大大提高了预测的准确性。此后，学者们根据该模型统计处理上的不足，分别从不同的视角进行了改进和拓展，如针对 Lee – Carter 模型中误差项与出生年龄的相关性，布尤恩斯等（Brouhns et al.，2002）提出 Poisson log-biliner（PB）模型；任绍和哈博曼（Renshaw and Harbman，2006）则认为死亡率还应该与出生年相关，即具有队列效应，并提出队列效应（R-H）模型，这一模型又经克里（Currie，2006）得到进一步的发展，以解决原R-H模型解的不稳定性问题；韩猛，王晓军（2010）则提出了考虑时间项随机性的双随机模型，这一思想在王晓军，任文东（2012）中又得到进一步阐释；而库古尔等（Kogure et al.，2009）、穆勒和米特（Müller and Mitra，2013）、李（Li，2014）和里斯克等（Risk et al.，2016）则使用非参数方法来应对参数拟合与预测的不连贯问题。国内学者的研究主要集中于Lee-Carte模型在中国的应用上，如李志生，刘恒甲（2010）、祝伟，陈秉正（2012）、黄匡时（2015）和曾燕等（2016）。

国内外学者的上述研究成果主要有以下两点不足：（1）上述文献中死亡率模型对时间序列技术的倚重也必然意味着对人口统计数据要求的严苛，而我国有限的连续年份数据和极少的普查数据能否保证预测的有效性和可靠性，仍缺少严格的实证比较和全面评估。与国外动辄几十年甚至几百年的人口死亡率统计数据相比，我国人口死亡率统计数据极其有限，仅有3年的人口普查数据和3年的1%人口抽样调查数据，其他都是1‰人口变动抽样调查。样本量较小，存在明显的风险暴露不足问题，直接借鉴国外方法将无法保证我国人口死亡率预测的准确性和可信度；（2）从研究方法看，传统方法先进行参数估计再根据时间序列方法进行预测的二阶段方法，有割裂估计过程和预测过程的弊端，在进行未来参数预测时往往会直接忽略参数估计的误差，从而导致预测过程的不确定性增加。

针对现有文献的不足和缺陷，本书拟作如下两点改进：首先，采用有限数据Lee-Carter拓展模型，以减少对长期历史统计数据的依赖。与传统Lee-Carter模型不同，本书将采用李等（Li et al.，2004）的有限数据Lee-Carter拓展模型。该模型只要最少三年的数据就能给出参数的点估计和区间估计，其预测的有效性在王晓军，任文东（2012）中也得到验证，但其模型估计方法仍然是传统的时间序列方法；其次，采用贝叶斯方法来进行模型估计，以减少传统方法预测过程中的不确定性问题。作为对王晓军，任文东（2012）和李等（Li et al.，2004）的进一步改进，本书将采用贝叶斯方法对李等（Li et al.，2004）中的有限数据Lee-Carter拓展模型进行参数估计与预测。与传统时间序列方法相比，贝叶斯方法不仅充分利用了模型信息和样本信息，而且也融合了模型总体分布中多个未知参数的信息，可以更全面地考虑和解决传统统计方法的样本不足和样本质量问题；此外贝叶斯MCMC算法将预测、定价和风险评估等各项精算任务融合简化成各收敛参数的抽样与数值模拟，可以一次性完成所有监测参数的处理，能够有效避免各项任务中参数拟合和预测相互割裂的弊端，减少参数风险的影响。

在获得可靠的死亡率预测数据之后，长寿衍生产品定价的另一个核心步骤就是生存概率的风险中性化问题。精算学领域常用的风险中性测度有王变换和 Esscher 变换等方法。王变换方法是王（Wang，2000）中作者提出并应用的一种用畸变算子（distortion operator）来对所定价风险的概率分布进行变换的方法，该方法认为衍生产品价格就是王变换所得分布下的折现期望值，相关文献有林（Lin，2005）和陈（Chen，2009）等。然而使用王变换时，往往要使用者作出一些主观性的假设，且难以考虑到参数风险的影响。另一种近年来常用的风险中性测度方法是 Esscher 变换。对资产价格过程 $X(t)$ 的 Esscher 变换会产生一个等价的概率测度，通过确定 Esscher 参数 h 可以使得每个资产的折现价格在这个新的概率测度下是一个鞅，而衍生证券就可以用这个等价鞅测度下折现支付的期望来进行定价。然而 Esscher 变换方法的不足之处是它往往只依赖于单一参数，从而只能包含一个风险中性约束。

本书中我们将在贝叶斯框架下采用最大熵方法来得到风险中性的测度变换。相对于王变换和 Esscher 变换方法，最大熵方法的一个显著优点是它并不严格要求使用一种证券的价格去预测另一种证券的价格，这在仅有几种交易产品的长寿衍生产品市场就显得尤为重要。更重要的是，最大熵方法的风险中性变换可以很方便地融合到贝叶斯框架中，通过死亡率预测分布的再抽样来完成，也就是说可以通过一体化的方式在产品定价步骤中直接考虑死亡率预测及预测误差问题，避免了先死亡率预测再进行产品定价可能造成的误差累积和传导问题。

第二节 死亡率建模与预测

一、Lee – Carter 模型参数估计的传统方法与贝叶斯改进

Lee – Carter 模型用三个参数序列：a_x，b_x 和 k_t 来描述 x 岁的人在 t 时观察的中心死亡率 $m_{x,t}$ 的自然对数，公式为：

$$\ln m_{x,t} = a_x + b_x k_t + \varepsilon_{x,t} \tag{5.1}$$

这里 k_t 是一个随时间而变化的参数，表示对所有年龄段都相同的时间效应，另一个年龄相关的参数 b_x 给出了各个不同年龄对参数 k_t 的敏感性，参数 a_x 给出了对每个年龄 x 来说独立于参数 k_t 的年龄效应，可以看作各

年龄别对数死亡率的平均水平。$\varepsilon_{x,t}$ 是残差项，并且有 $\varepsilon_{x,t} \sim N(0, \sigma_\varepsilon^2)$。

因为式（5.1）是关于 b_x 和 k_t 的双线性模型，为了模型的可识别性，Lee – Carter 模型通常有如下两个约束条件，即：

$$\sum_{x=0}^{\omega} b_x = 1, \quad \sum_{t=0}^{T} k_t = 0 \qquad (5.2)$$

式（5.2）中 ω 为生命表中最大存活年龄，而 T 是时间序列死亡数据的期数。简单来说，传统的 Lee – Carter 模型中的死亡率预测是分两个阶段来进行的。第一阶段我们用历史数据来估计参数 a_x，b_x 和 k_t，第二阶段用传统的时间序列方法对参数 k_t 的拟合值建模，利用趋势外推得到 k_t 的预测值并进而得到对数死亡率的预测值。

参数 a_x 可以通过对 $\ln(m_{x,t})$ 在时间上的平均来得到，即：

$$\hat{a}_x = \sum_{t=0}^{T} \ln(m_{x,t}) \div (T - t + 1) \qquad (5.3)$$

参数 b_x 和 k_t 的传统估计方法主要有奇异值分解（SVD）、加权最小二乘法（WLS）和极大似然法（MLE）等方法。然而，正如前言中所指出的，上述死亡率模型对时间序列技术的倚重也必然意味着对人口统计数据要求的严苛，需要依赖长期高质量的历史统计数据。而我国有限的连续年份数据和极少的普查数据将难以保证预测的有效性和可靠性。其次，从研究方法来看，传统时间序列方法不仅忽略了参数和模型的不确定性风险，同时也割裂了模型的参数估计和预测过程，在参数值的预测阶段，直接忽略参数估计的误差，这将导致对预测误差的低估，从而影响到预测的精度。

二、有限数据下的改进模型

考虑到人口死亡率数据的有限性，学者们对传统 Lee – Carter 模型中时间项参数 k_t 的建模进行了调整和改进，国内外代表性的文献主要有王晓军，任文东（2012）和李等（Li et al.，2004）。假定死亡率的观察数据分别收集于 t_0，t_1，$t_2 \cdots$，t_n 时刻，则文献［12］对 k_t 的建模方程调整后，对 $1 \leqslant h \leqslant n$，有：

$$k_{t_h} - k_{t_{h-1}} = \mu(t_h - t_{h-1}) + e_{t_{h-1}+1} + e_{t_{h-1}+2} + \cdots + e_{t_h} \qquad (5.4)$$

这里 μ 是漂移项，e_t 是独立同分布的误差项，并且有 $e_t \sim N(0, \sigma_k^2)$，

有限数据 Lee – Carter 模型仅仅需要最少 3 年的数据就可以给出参数的点估计和区间估计，很大程度上摆脱了传统时间序列方法对死亡率数据的严苛要求，对人口历史数据有限的广大发展中国家来说具有非常重要的意义。但有限数据模型依然没有改变参数估计和参数预测分阶段进行的问题，误差

的累积和传统问题还是存在，也必将继续影响预测结果的准确性。

三、贝叶斯模型参数先验分布的确定

由于传统方法的参数估计和预测的不连贯问题会导致对实际预测误差的低估，科赞所等（Czado et al.，2005）、佩德罗萨（Pedroza，2006）、查恩斯等（Cairns et al.，2009，2011）、库古尔等（Kogure et al.，2009）、穆勒（Müller et al.，2013）和李（Li，2014）等转而采用贝叶斯方法，将传统 Lee – Carter 模型参数估计与预测相互独立的两个阶段放在一个统一的框架下，以系统性的方式来进行处理。

以贝叶斯方法对文献［12］中有限数据下 Lee – Carter 拓展模型进行重构，可以将原模型归纳为观察方程（1）和状态方程（4）。综合文献库古尔等（Kogure et al.，2009）、李（Li，2014）和科赞多等（Czado et al.，2005）的经验，观察方程 $\ln m_{x,t} = a_x + b_x k_t + \varepsilon_{x,t}$ 的相关参数的先验分布设定如下：

$$a_x \sim N(0,\ \sigma_a^2) \tag{5.5}$$

$$b_x \sim N(1/n_a,\ \sigma_b^2) \tag{5.6}$$

σ_a^2 和 σ_b^2 分别是先验分布的方差，而 n_a 是年龄组的数目。且 b_x 要满足 $\sum_{x=0}^{\omega} b_x = 0$ 的约束。对 ε_{x,t_n} 项，有：

$$\varepsilon_{x,t_n} \sim N(0,\ \sigma_\varepsilon^2),\ \sigma_\varepsilon^{-2} \sim Gamma(\alpha_\varepsilon,\ \beta_\varepsilon) \tag{5.7}$$

对状态方程 $k_{t_h} - k_{t_{h-1}} = \mu(t_h - t_{h-1}) + e_{t_{h-1}+1} + e_{t_{h-1}+2} + \cdots + e_{t_h}$，相关参数的先验分布设定如下：

$$\mu \sim N(\mu_0,\ \sigma_\mu^2) \tag{5.8}$$

$$e_t \sim N(0,\ \sigma_k^2) \tag{5.9}$$

$$\sigma_k^{-2} \sim Gamma(\alpha_k,\ \beta_k) \tag{5.10}$$

对于上述先验分布中的参数，即超参数设定如下：$\alpha(\alpha_\varepsilon$ 和 $\alpha_k)$ 设定为 2.01，$\beta(\beta_\varepsilon$ 和 $\beta_k)$ 设为 $(\alpha-1)\hat{\sigma}_\varepsilon^2$，$\sigma_a^2$ 和 σ_b^2 分别设为 $\hat{a}_x$ 和 $\hat{b}_x$ 的样本方差，而 $\hat{a}_x$ 及 $\hat{b}_x$ 的样本值由经典的奇异值分解（SVD）获得。σ_ε^2 为残差项 $\hat{\varepsilon}_{x,t} = \ln(m_{x,t}) - \hat{a}_x + \hat{b}_x \hat{k}_t$ 的样本方差，μ 为 $(\hat{k}_t - \hat{k}_{t-1})$ 的样本均值，σ_k^2 和 σ_μ^2 分别为 $(\hat{k}_t - \hat{k}_{t-1})/T$ 和 $(\hat{k}_t - \hat{k}_{t-1})$ 的样本方差。

在本书的贝叶斯方法中，我们通过 WinBUGS 软件来进行大规模的 MCMC 模拟运算，从而完成对模型的贝叶斯分析。MCMC 方法是最近发展起来的一种简单而行之有效的贝叶斯计算方法。其主要功能是抽样和估

值。首先通过建立一个平稳分布的马尔可夫链，用 Metropolis – Hassting 抽样或 Gibbs 抽样方法对其进行抽样，然后用蒙特卡罗方法基于这些样本做各种统计推断。编程者不需要推导参数的先验密度或似然函数的精确表达式，只要设置好变量的先验分布并对所研究的模型进行一般的描述，这极大地方便了贝叶斯方法的使用。

第三节　长寿衍生产品定价

一、风险的证券化设计

假设在 0 时，一家养老基金向一群年龄为 x 岁的群体发行 L_x 单位年金，在 $t=1$，2，$\cdots$，T 时，该年金的支付和 t 时的长寿指数 I_t 挂钩，即支付 I_t 货币单位，I_t 是 t 时的实际生存概率，而养老基金在 0 时预测的生存概率可表示成 $_tp_x^{proj}$，即 x 岁的人生存到 $x+t$ 岁的概率预测值，这样养老基金面临的长寿风险就是 $L_x(I_t - {}_tp_x^{proj})$。为了对冲长寿风险，养老基金将与 SPV 进行一笔本金为 L_x，期限为 T 的互换，养老基金将向 SPV 支付固定利率 $\bar{k}$，而作为回报，他将从 SPV 获得浮动利率支付 $I_t - {}_tp_x^{proj}$。对 SPV 而言，面对养老基金转移过来的长寿风险，将进一步通过资本市场来进行对冲。具体而言，SPV 将发行 N_x 单位生存债券，每个债券到期支付面值一货币单位，并在 $t=1$，2，$\cdots$，T 时刻支付与生存指数 I_t 挂钩的浮动利率息票 K_t，获得的收入是生存债券的定价 V。我们可以通过图 5 – 1 直观地看出长寿风险产生及其通过资本市场分散的路径。

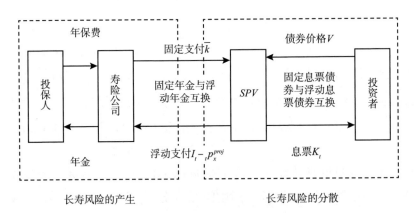

图 5 – 1　长寿风险的产生与分散

对寿险公司和 SPV 之间的互换合约而言，因双方未来现金流的期望现值相等，所以有：

$$\sum_{t=1}^{T} d(t)\bar{k} = \sum_{t=1}^{T} d(t)E^{Q}\left[I_t - {}_tp_x^{proj}\right] \tag{5.11}$$

这里 $d(t)$ 是 t 时的折现因子，等于 t 时支付一单元的无违约零息债券的当前价格，而 $E^{Q}\left[I_t - {}_tp_x^{proj}\right]$ 表示在风险调整的测度 Q 下的期望值。对上式作简单变形，容易得到：

$$\bar{k} = \sum_{t=1}^{T} \frac{d(t)E^{Q}\left[(I_t) - {}_tp_x^{proj}\right]}{\sum_{t=1}^{T} d(t)} \tag{5.12}$$

为了表述的方便，我们不妨假设 SPV 利用从发行生存债券所得的收益购买 N_x 单位个固定收益债券，该债券到期 T 时支付一单位元，在 $t = 1，2，\cdots，T$ 时，获得固定利率票息支付 k，这样 SPV 的现金流可以总结如表 5 - 1 所示：

表 5 - 1　　　　　　　　　　*SPV* 的现金流量表

时间	现金流出		现金流入		净现金流
	互换	生存债券	互换	固定债券	
1	$L_x(I_t - {}_tp_x^{proj})$	N_xK_t	$L_x\bar{k}$	N_xk	$L_x({}_tp_x^{proj} - I_t + \bar{k}) + N_x(k - K_t)$
2	$L_x(I_t - {}_tp_x^{proj})$	N_xK_t	$L_x\bar{k}$	N_xk	$L_x({}_tp_x^{proj} - I_t + \bar{k}) + N_x(k - K_t)$
…	…	…	…	…	…
$T-1$	$L_x(I_t - {}_tp_x^{proj})$	N_xK_t	$L_x\bar{k}$	N_xk	$L_x({}_tp_x^{proj} - I_t + \bar{k}) + N_x(k - K_t)$
T	$L_x(I_t - {}_tp_x^{proj})$	$N_x(1+K_t)$	$L_x\bar{k}$	$N_x(1+k)$	$L_x({}_tp_x^{proj} - I_t + \bar{k}) + N_x(k - K_t)$

显然，对于 SPV 而言，其净现金流必然不小于 0，令其等于 0，则有下式成立：

$$-L_x(I_t - {}_tp_x^{proj}) + L_x\bar{k} - N_xK_t + N_xk = 0 \tag{5.13}$$

上式第一项和第二项是互换合同中的支出和收入，第三项是发行长寿债券的息票支付，最后一项是购买固定收益债券获得的固定票息收入，将上式调整后不难得到长寿债券的票息 K_t 的表达式

$$K_t = k(1 + {}_tp_x^{proj} - I_t + \bar{k}) \tag{5.14}$$

二、风险中性概率测度

假设市场上有 m 个初级债券，有 n 个自然状态，如果 $m = n$ 则市场是

完备的，此时的等价鞅测度是唯一的；但是在长寿衍生产品市场上，当交易证券很少，以至于有 $m < n$ 时，市场就是不完备的，在不完备市场上有无限多个等价鞅测度。鉴于王变换方法和 Esscher 变换方法的一些故有缺陷，本书采用用最大熵方法来选择一个等价鞅测度，以得到风险中性分布。如果用

$$D(Q, P) = E^p \left[\frac{dQ}{dP} \ln \frac{dQ}{dP} \right] \tag{5.15}$$

表示 Kullback-Leibler 信息准则，我们可以运用最大熵方法，来选出最小化的 Q_0，使得：

$$Q_0 = \underset{Q_0 \in \Phi}{\mathrm{argmin}} D(Q, P) \tag{5.16}$$

其中，Φ 是所有等价鞅测度的集合，则 Q_0 被称为最大熵测度。从统计学上来看，Kullback-Leibler 信息准则 $D(Q, P)$ 代表从测度 P 转换到测度 Q 所得到的信息。

如果我们用生存概率 $_t p_x$ 表示生存指数，并产生 $N = 10000$ 条等概率的 MCMC 抽样路径，有：$\{ p_x^{(j)} = (_1 p_x^{(j)}, \ _2 p_x^{(j)}, \ \cdots, \ _T p_x^{(j)}), \ j = 1, 2, \cdots, N \}$。若用 π 表示这 N 条路径的经验分布，则有 $\pi_j = 1/N, \ j = 1, 2, \cdots, N$。进一步地我们需将此概率分布转化成风险中性的分布。若用 π_j^* 表示等价鞅测度 Q 下的测度，则由资产定价基本定理可知在该测度下，$V(\omega_j)$ 的期望必然等于长寿债券在 0 时刻的市场价格，其中 ω_j 表示债券第 j 种状态，即有如下条件：

$$\sum_{j=1}^{N} V(\omega_j) \pi_j^* = V_0 \quad \pi_j^* > 0, \ j = 1, 2, \cdots, N; \ \text{且} \ \sum_{j=1}^{N} \pi_j^* = 1 \tag{5.17}$$

由最大熵原理，该风险中性分布应该最小化 Kullback－Leibler 信息差，即

$$\sum_{j=1}^{N} \pi_j^* \ln \left(\frac{\pi_j^*}{\pi_j} \right) \tag{5.18}$$

由拉格朗日乘子方法，上述的约束最小化问题就等价于最小化如下的拉格朗日函数：

$$L = \sum_{j}^{N} \pi_j^* \ln \left(\frac{\pi_j^*}{\pi_j} \right) - \lambda_0 \left(\sum_{j}^{N} \pi_j^* - 1 \right) - \lambda_1 \sum_{j}^{N} \left[V(\omega_j) \pi_j^* - V_0 \right] \tag{5.19}$$

容易解得：

$$\hat{\pi}_j^* = \frac{\exp(\lambda_1 V(\omega_1))}{\sum_{j=1}^{N} \exp(\lambda_1 V(\omega_1))} \tag{5.20}$$

再把式（5.20）代入式（5.17）可以解得拉格朗日乘子 λ_1。

由于中国尚未发行长寿衍生产品，为了得到风险中性的等价鞅测度，我们可以考虑一种简单的终生生存年金，年金持有人将在每年末领取一元支付，直到死亡，则该年金在持有者 x 岁签订合同时的价值为 $a_x = \sum_{t=1}^{T} d(t)\,_t p_x$。如果该年金的市场价格是 a_x^M，则抽样序列 $\{p_x^{(j)}\}$ 的风险中性分布意味着 $a_x^M = \sum_{j=1}^{N} a_x^{(j)} \times \pi_j^*$，则按照上述相同方法，可以得到

$$\hat{\pi}_j^* = \frac{\exp(\lambda a_x^{(j)})}{\sum_{j=1}^{N} \exp(\lambda a_x^{(j)})} \tag{5.21}$$

这样式（5.21）就可以改写成：

$$\bar{k} = \sum_{t=1}^{T} \frac{d(t)\left(\sum_{j=1}^{N} {}_t p_x^{(j)} \hat{\pi}_j^* - {}_t p_x^{proj} \right)}{\sum_{t=1}^{T} d(t)} \tag{5.22}$$

独立于先前的抽样，再次抽样产生如下路径 $\{p_x^{(j)} = ({}_1 p_x^{(j)}, {}_2 p_x^{(j)}, \cdots, {}_T p_x^{(j)}), j = 1, 2, \cdots, N\}$，则长寿债券在第 j 种状况下的定价为：

$$V(\omega_j) = \sum_{t=1}^{T} K_t^{(j)} d(t) + d(T) \tag{5.23}$$

这里长寿债券的票息为 $K_t^{(j)} = (1 + {}_t p_x^{proj} - {}_t p_x^{(j)} + \bar{k})$

则在 0 时刻，该生存债券的价格为：

$$V_0 = E^Q[V(\omega_j)] = \sum_{j=1}^{N} V(\omega_j) \pi_j^* \tag{5.24}$$

其中 $E^Q[V(\omega_j)]$ 表示风险中性概率下债券 $V(\omega_j)$ 的期望值。

第四节　基于中国数据的应用

一、数据的选取与处理

考虑到中国大多数年份的死亡率统计数据来自1‰人口变动抽样调查，风险暴露严重不足，数据质量不高，因此本书选用人口普查数据（普查年份为1990年和2000年）和1%人口抽样调查数据（调查年份为1986年、1995年和2005年）共5年的数据。数据分别来自1988年、1992年、1997

年、2002 年和 2006 年的《中国人口统计年鉴》。

这 5 年的统计数据给出的最高年龄组不同，1990 年数据的最高年龄是 90 岁以上，其他年份的最高年龄是 100 岁以上。但除了 2000 年普查数据外，1986 年、1995 年和 2005 年这 3 年 90 岁以上人口统计的风险暴露数极低，普遍在 1000 人以下，甚至有 1/3 以上的年龄段，抽样人数不足 100 人，最低的只有 14 人，这样的死亡率统计数据势必会严重影响整体数据的质量和预测效果，因此本书将除 1990 年外其他 4 年的最高年龄组都折算成 90 + 。

二、WinBUGS 参数估计与结果分析

本书使用 WinBUGS 软件编程，进行了 15000 次的抽样，舍弃前 5000 次，以后 10000 次样本计算参数估计值。共给出 a_x（91 个）、b_x（91 个）、k_t（25 个）、未来 20 年的预测死亡率 m_{xt}（$91 \times 20 = 1820$ 个）和未来预期寿命 e_0（20 个）共 2047 个监测参数的估计，每个参数给出了均值、方差、MC 误差、2.5% 分位点、中值和 97.5% 分位点等相应的计算结果。表 5-2 给出了其中 4 个参数的计算结果示例，其中 a[65] 和 b[65] 分别表示 65 岁的 a_x 和 b_x 值，k[1] 和 k[7] 分别表示 1987 年和 2012 年的 k 值。

表 5-2   贝叶斯 MCMC 预测值示例

node	mean	sd	MC error	2.5%	median	97.5%	start	sample
a[65]	− 3.749	0.04594	4.73E − 04	− 3.838	− 3.749	− 3.659	5001	10000
b[65]	0.01494	0.004123	5.66E − 05	0.00696	0.01492	0.02314	5001	10000
K_{1987}	5.179	0.7922	0.009343	3.647	5.181	6.731	5001	10000
K_{2012}	− 19.12	1.341	0.01544	− 21.71	− 19.14	− 16.47	5001	10000

本书中示例参数的时序图是当 Gibbs 抽样产生的马尔可夫链收敛后，以第 5001～15000 次共 10000 次的抽样值所画出的参数值的轨迹，可见每个示例参数的 10000 次抽样值都是围绕着其均值随机波动，没有周期性和趋势性变化；此外 4 个示例参数的自相关图显示其自相关性很低，收敛性在很少几步迭代后就能达到，因此，示例参数都具有很好的收敛性。对其余 2042 个参数，经计算得到其 MC 误差项和标准差之比都小于 2%，其时间序列和自相关图也显示明显收敛，因此模型参数的收敛性效果是相当令人满意的（见图 5-2）。

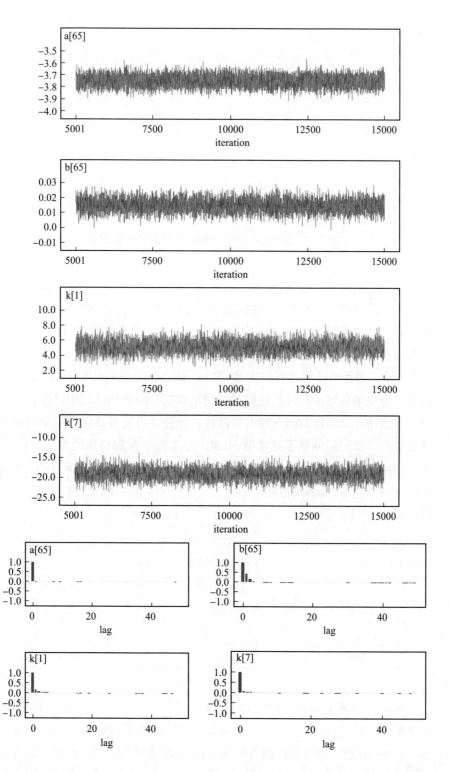

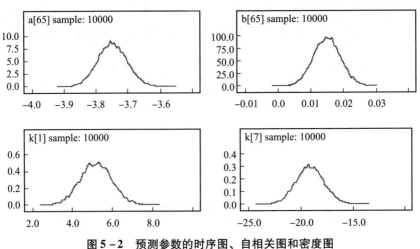

图 5 - 2　预测参数的时序图、自相关图和密度图

本书利用凯恩斯等（Cairns et al.，2009）中的贝叶斯信息准则、模型残差的正态性检验和模型参数估计的稳健性检验来对传统的加权最小二乘法（WLS）和贝叶斯方法进行检验。其中贝叶斯信息准则 BIC 的值越大，说明模型的拟合效果越好，而残差项 $Z(t, x)$ 的方差 $Var[Z(t, x)]$ 如果远大于 1，则表明模型具有过离散现象，而具有较低 $Var[Z(t, x)]$ 值的模型拟合效果较好。同时，我们通过调整数据年限和估计的年龄段，检验两种方法估计结果对数据选择的稳健性；此外，为了考察计算结果对参数的敏感性，我们还调整了贝叶斯 MCMC 方法先验参数初值的设定，将 σ_a^2 和 σ_b^2 分别设定为极大似然法的估计值，并将 α_ε 和 α_k 的值由 2.01 改为 2.1，结果显示样本的均值和方差几乎未受影响，运行结果都能快速收敛。结果见表 5 - 3：

表 5 - 3　　　　　　　　　　模型检验结果

项目	WLS 方法	贝叶斯方法
BIC 值	- 2965.42	- 2637.28
$Var[Z(t, x)]$	2.98	2.01
稳健性	较稳健	稳健

从表 5 - 3 可以看出，贝叶斯方法相比于 WLS 方法具有更大的 BIC 值和更小的残差方差值 $Var[Z(t, x)]$，参数 k_t 估计的平滑性也明显好于 WLS 方法。而在稳健性方法，贝叶斯方法和 WLS 方法表现均较好，但贝叶斯方法

的估计结果不仅和 WLS 方法一样对数据年限和估计年龄段的变化稳健，而且对模型参数和超参数初值的变化也是稳健的，因此综合表 5 - 3 中的三个指标，贝叶斯方法明显优于 WLS 方法，而这种在死亡率预测阶段的优越性必将对之后的定价过程和定价结果产生积极的影响。

三、定价示例

在上述理论准备的基础上，我们可以通过一个具体的实例来进行我国有限人口数据下长寿债券的定价，假定该债券是 2012 年发行的，群体年龄为 $x = 65$ 岁，折现利率 $r = 0.03$，面值为 100，固定息票率 $k = 0.04$；此外，式（5.14）中的 $_t p_x^{proj}$ 是基于 2012 年的观察生存概率，年金市场价格 a_x^M 由 2003 年生命表计算得到，I_t 是贝叶斯框架下基于 1986 年，1990 年，1995 年，2000 年和 2005 年共 5 年数据的预测值。

我们知道，$E^Q(I_t)$ 是最大熵方法获得的风险中性概率测度下，生存指数 I_t 的期望，$E^Q(I_t)$ 与 $_t p_x^{proj}$ 的比较可从图 5 - 3 中得到观察。

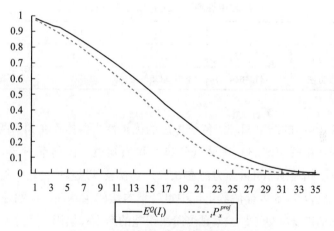

图 5 - 3　风险中性和实际预测值的比较

从式（5.12）我们知道，其右边的 $E^Q(I_t) - _t p_x^{proj}$ 表示测度 Q 下，每单位年金 t 时的长寿风险，而相对溢价 $\bar{k}$ 等于各个时间点 t 时长寿风险的加权平均值，其权重为 $d(t) / \sum_{t=1}^{T} d(t)$，其中 $d(t)$ 为 t 时的折现因子，因此在利率相等进而权重相同的情况下，指标 $\bar{k}$ 可以用来表示一国的长寿风险程度。为了与迪纽特（Denuit，2007）和库古尔（Kogure，2010）中的相似指标做比较，我们调整 $d(t) = (1 + 0.015)^{-t}$，$t \in [1, 35]$，得出表 5 - 4：

表 5 - 4 不同国家的长寿风险水平比较

文献来源	国家	人口性别	年份	$\bar{k}$
文献 [20]	比利时	男性	2007	5%
文献 [21]	日本	男性	2005	10%
本书	中国	男性	2012	5.1%

从表 5 - 4 可以看出，2012 年我国的长寿风险水平为 5.1%，接近于比利时 2007 年的长寿风险水平 5%，情况不容乐观，但与日本 2005 年的 10% 的长寿风险水平相比还有较大差距。此外，我们利用贝叶斯 MCMC 算法和非贝叶斯方法分别获得风险中性化的概率测度，并以此来分别计算生存债券的均值、标准差和峰度等数字特征，如表 5 - 5 所示：

表 5 - 5 不同风险中性测度下生存债券相关特征比较

定价方法	均值	标准差	偏度	峰度
贝叶斯方法	120.3976	0.6624	0.0587	2.8367
非贝叶斯方法	121.4884	0.5835	0.0552	2.9884

表 5 - 5 中的结果相较于传统方法的优越性主要体现在如下两点：

首先，由式（5.23）和式（5.24）我们知道，在利率一定的假设下，贝叶斯方法相较于非贝叶斯方法在 $S_x(t)$ 建模及其风险中性化中的优越性将直接转化成表 5 - 5 生存债券定价中贝叶斯方法的优越性，也就是说贝叶斯方法计算结果既减少了死亡率预测阶段误差的产生和累积，又防范了误差通过风险中性化过程向定价结果的传导，其定价结果必然会更加精确稳健。

其次，如果以 $p = (p_1, p_2, \cdots, p_n)$ 代表未来 n 年的生存概率，y 是研究中使用的数据，θ 是模型参数，$\pi(\theta)$ 是其后验分布，则贝叶斯方法下生存概率的预测分布可以表示成：

$$f(p \mid y) = \int_{\theta} f(p \mid \theta, y) \pi(\theta) d\theta \qquad (5.25)$$

这就意味着在模拟未来的生存概率 p 时，使用了由 MCMC 算法产生的参数 θ 的不同的值，从而形成一个来自预测分布的随机样本，即贝叶斯方法从方法论上考虑了参数 θ 的不确定性问题。而使用后验分布均值作为参

数 θ 点估计的非贝叶斯方法则直接使用了分布：$f(p \mid E[\theta \mid y], y)$，与式（5.25）不同的是它没有考虑参数的不确定性，存在参数误设的可能性，计算结果的方差也必然小于更加合理的贝叶斯方法。

在表 5 - 5 中我们看到，贝叶斯方法下的标准差 0.6624 要明显大于非贝叶斯方法下的标准差 0.5835，这和贝叶斯 MCMC 方法考虑模型的参数不确定性，从而具有较大标准差的理论判断是一致的，相似结论也可见洛曼等（Luoman et al.，2014）。由此我们可以看出，相较于传统方法，贝叶斯方法提供了更加精确和稳健的长寿衍生品定价结果。

第五节　结　　论

本书鉴于我国人口死亡率数据有限，质量不高的实际，采用贝叶斯 MCMC 方法来为长寿衍生产品定价，通过和传统方法的对照比较，可得出如下结论：

（1）贝叶斯方法通过 Gibbs 抽样和 MCMC 模拟技术，结合有限数据 Lee - Carter 拓展模型，可以很好解决样本不足和样本质量问题，提高预测的精度。本书模型检验的结果表明该方法在 $S_x(t)$ 建模的 BIC 值、残差方差值和结果稳健性三大指标上均全面优于传统方法。

（2）贝叶斯 MCMC 算法将预测和定价等各项精算任务融合简化成各收敛参数的抽样与数值模拟，在一体化框架中以系统性的方式一次性完成所有监测参数的处理，不仅有效避免了各项任务中参数拟合和预测相互割裂的弊端，减少了参数风险的产生和累积，也能弥补各个精算任务相互独立再机械叠加的传统缺陷，有效减少了过程风险在各任务中的逐次传导，极大弥补了传统方法的研究盲点，有助于提高长寿衍生产品定价的有效性和可靠性。

可见，针对我国有限人口死亡率数据下的长寿衍生产品定价问题，贝叶斯 MCMC 方法对弥补数据缺失，熨平数据波动，减少数据风险的传导都具有积极的意义，对保障长寿衍生产品在我国的成功开发具有重要的参考价值。此外，贝叶斯 MCMC 方法大幅降低数据和参数不利影响的特征，为我们提供了新的研究视角和方法，对弥补传统精算技术在方法论上的缺陷具有非常重要的理论意义，也必将对实务中养老金等保险产品的 VaR/TVaR 风险度量和风险资本额度计算产生积极的影响，这应该是下一步深入研究的一个重要方向。

第六章 随机利率与死亡率情形下长寿衍生品定价的贝叶斯方法

第一节 引　言

生存年金通过终身支付的现金流，为其持有者提供了对长寿风险的有效规避，因此从持有人角度来说，这是一种完美的养老金融产品。然而对年金发行人来说，当未来的实际生存概率超过合同期初的预测生存概率时，其未来的总负债也将偏离并超过期初的计算值，这是年金发行人无法通过大数定律分散，而必须独自承担的系统性长寿风险。这种系统性风险会给年金发行人带来巨大的偿付压力和财务风险，大幅推高其偿付能力资本额度，并进而抑制其年金供给意愿。

鉴于长寿风险对养老基金和经济社会的广泛影响，近年来探讨长寿风险的应对策略已成为理论与实务界的热点话题。显然，如何应对年金长寿风险的前提是如何准确地度量年金中的长寿风险。精算理论告诉我们，生存年金在有效期内各时点的长寿风险是由实际年金生存概率和期望生存概率的差额造成的，当实际生存概率小于等于期望生存概率，从而实际支付小于等于预期支付时，则不存在长寿风险，反之当实际生存概率大于期望生存概率，从而实际支付大于预期支付时就造成了长寿风险。由此可见，年金保单在各个时点蕴含的长寿风险是一个欧式长寿期权，执行价格等于期初支付，标的资产为生存指数，即预期生存概率与实际生存概率之比，而年金持有期内各个时点上的欧式长寿看跌期权的现值之和就是一个长寿下限期权，也就是整个年金中包含的长寿风险。因此年金长寿风险的度量问题实质就是长寿期权的定价问题。

传统的精算研究方法处理长寿期权等保险衍生产品定价时，都是依靠经验去选择一个特定的随机过程来表示标的资产的价格动态学，从而得到一个显性的定价模型。并采用最大似然法去估计模型中涉及的参数，这种方法的前提是假定参数是一个确定的未知值，而完全忽略了参数的不确定性问题。这是产生参数不确定性风险的方法论根源，这种参数的不确定性会对真实的损失分布产生相当大的影响，使其难以精确捕捉到保险人所面临的风险大小，也将导致参数预测、产品定价和风险资本计算的较大偏差，是保险监管必须重视的一个重要风险来源。

近年来，参数不确定性问题一直是学者们关注的话题。布来克等（Blake et al.，2006）曾比较全面地论述了精算建模中的过程风险和参数不确定性问题，作者认为参数不确定性风险也应该在保险衍生品定价过程中加以考虑，以提高风险度量的准确性。这一思想也获得了学术界的广泛认同，学者们也尝试通过不同的技术路线来规避参数不确定性的影响，概括起来主要由贝叶斯方法和 bootstrap 方法两大类。其中库古尔和库拉奇（Kogure and Kurachi，2010）、库古尔，李和卡米亚（Kogure，Li，and Kamiya，2014）和库古尔和夫塞米（Kogure and Fushimi，2017）采用贝叶斯 MCMC 算法技术来建立贝叶斯 Lee – Carter 死亡率模型；而冯和谢（Feng and Xie，2012）则发展了 CIR 利率模型的贝叶斯建模技术。与参数估计的时间序列方法不同的是，贝叶斯 MCMC 算法得到的随机样本实质上将模型中的每个参数都作为随机参数来处理，根本上解决了参数的不确定性问题；杨等（Yang et al.，2013）则探讨了半参数的 bootstrap 方法在精算建模中的应用，作者认为 bootstrap 方法能以一体化的方式考虑传统方法的参数误差，能较好地解决模型参数不确定性问题，在风险建模与产品定价中具有一定的优势。曾燕等（2016）以 bootstrap 方法和中国人口死亡率数据对 Lee – Carter 模型参数进行估计，作者比较后认为相较于传统方法，bootstrap 方法给出的死亡率预测值的置信区间具有更好的预测效果。

我们知道，长寿风险的精算现值是利率和死亡率的敏感性函数，由于利率和死亡率的随机性，长寿风险的度量不仅要考虑死亡率风险也要同时考虑利率风险，以确保我们对长寿风险的准确度量和定价。贾壬和马穆（Jaren and Mamon，2009）利用测度变换和贝叶斯规则对考虑利率和死亡率风险的寿险合同定价，作者用数值模拟分析了利率和死亡率动态学对产品价格的影响。申和修（Shen and Siu，2013）利用机制转换模型在随机利率和随机死亡率情形下定价长寿债券，并通过解微分方程给出长寿债券定价的指数仿射形式。肯姆和李（Kim and Li，2017）则利用 DCC – GARCH 模型给出反向抵押贷款的风险中性定价，作者认为利率和死亡率风险对这种新型的养老收入来源的准确定价非常重要。

长寿期权的定价是近年来寿险精算研究的热门课题。林和考克斯（Lin and Cox，2007）研究了与一个老年群体的人口长寿指数相关联的长寿看涨期权的定价；德瓦森等（Dawson et al.，2010）利用经典资产定价理论和随机死亡率模型，导出了欧式生存互换期权的 Black – Schole – Merton 型价格的闭型解。博依和斯坦特夫特（Boyer and Stentoft，2013）发展出了一种风险中性模拟技术，得到生存概率风险中性的测度变换，并以此为基础研究了欧式和美式生存期权的定价。岳等（Yueh et al.，2016）利用考克斯等（Cox et al.，2006）中的跳扩散模型，提出了一种死亡率看涨和看跌期权的定价方法。峰等（Fung et al.，2019）在双因子高斯随机死亡率模型下得到了长寿上限期权定价的闭型解。布拉沃和纽恩（Bravo and Nune，2021）利用连续时间跳扩散模型对死力强度和利率进行建模，并在此基础上发展了一种欧式长寿期权定价的 Fourier 变换方法，作者认为这种方法是大多数长寿衍生产品定价的基石。

鉴于此本书将考虑随机利率和随机死亡率情形下的年金长寿风险定价问题，利用动态的 Lee – Carter 模型来对我国的人口死亡率进行建模，以便准确刻画死亡率随年龄和日历年份的变动趋势；同时我们也用 CIR 模型（Cox，Ingersoll，and Ross，1985）来对利率的随机变化进行建模。技术方法上为了避免传统精算方法确定性参数假设的弊端，将采用贝叶斯统计推断技术来拟合未来损失或资产收益的分布。具体而言就是使用贝叶斯 Lee – Carter 模型和贝叶斯 CIR 模型得到一个来自预测分布的随机样本，这种随机性就从方法论上将参数的不确定性问题纳入考虑范畴。这些技术方法再结合最大熵风险中性转换模型和基于收敛抽样样本的数值模拟技术，为防范参数不确定性风险提供关键的技术手段，对精算风险的准确度量和定价具有非常重要的意义。

本章的结构安排如下：第二节将进行 Lee – Carter 死亡率模型和 CIR 利率模型的贝叶斯建模；第三节是年金中长寿风险度量的理论分析；第四节是基于中国数据的实证部分；最后是本书的结论部分。

第二节　死亡率与利率的贝叶斯建模

一、Lee – Carter 模型的贝叶斯方法

按照经典的 Lee – Carter 模型（Lee and Carte，1992），死亡率的变

化是年龄 x 和日历年 t 的函数。因此如果用 $\mu_x(t)$ 表示 x 岁的人在 t 时刻的死力，在整数年龄 x 和日历年 t，对于任何 $0 \leqslant \xi$，$\tau < 1$ 来说，都有 $\mu_{x+\xi}(t+\tau) = \mu_x(t)$。也就是说在一年内死力被认为是常数。这样一个 x 岁的人在接下来 t 年内的死亡概率就可以表示为 $_tq_x = 1 - \exp(-\mu_x(t))$。如果 D_{xt} 表示在 x 岁 t 年的死亡人数记录，而 E_{xt} 表示风险暴露数，则对于粗死亡率 m_{xt} 来说，则有 $m_{xt} = D_{xt}/E_{xt}$ 成立。如果对 $x = x_{\min}$，$x_{\min} + 1$，$\cdots$，$x_{\max}$，以及 $t = t_{\min}$，$t_{\min} + 1$，$\cdots$，$t_{\max}$ 来说，粗死亡率 m_{xt} 的值都是可以得到的，则可以定义如下向量：$y_t = (y_{x_{\min}t}, \cdots, y_{x_{\max}t})^T$。其中 $y_{xt} = \log m_{xt}$ 是 t 时刻 x 岁粗死亡率观察值的对数。则为了方便贝叶斯处理，Lee – Carter 模型可以表示成：

$$y_t = \alpha + \beta k_t + \epsilon_x, \ \epsilon_x \sim N_M(0, \ \sigma_\epsilon^2 I_M) \tag{6.1}$$

这是 Lee – Carter 模型的标准观察方程。ϵ_x 是 0_M 均值，$\sigma_\epsilon^2 I_M$ 方差的误差向量，$M = x_{\max} - x_{\min} + 1$。而 $\alpha = (\alpha_{x\min}, \cdots, \alpha_{x\max})^T$，$\beta = (\beta_{x\min}, \cdots, \beta_{x\max})^T$。方程参数需满足 $\sum_t k_t = 0$ 和 $\sum_x \beta_x = 1$ 这样的约束，以保证模型的可识别性。

Lee – Carter 模型中时间因子 k_t 在本质上被视为一个随机过程，需要 Box – Jenkins 技术以 ARIMA 时间序列模型来估计和预测。一般地可以认为有：

$$k_t = \mu + k_{t-1} + e_t, \ e_t \sim N(0, \ \sigma_k^2) \tag{6.2}$$

这是 Lee – Carter 模型的状态方程。用带漂移项的随机漫步过程来对 k_t 进行建模，其中 μ 和 e_t 分别是漂移项和残差项。

显然观察方程的似然函数为：

$$l(y \mid \alpha, \ \beta, \ k_{t_{\min}}, \ \cdots, \ k_{t_{\max}}, \ \sigma_\varepsilon^2) = \prod_{t_{\min}}^{t_{\max}} \prod_{x_{\min}}^{x_{\max}} f(y_{xt} \mid \alpha_x, \ \beta_x, \ k_t, \ \sigma_\varepsilon^2)$$

$$\propto \left(\frac{1}{\sigma_\varepsilon}\right)^{LM} \exp\left\{-\frac{\sum\limits_{t_{\min}}^{t_{\max}} \sum\limits_{x_{\min}}^{x_{\max}} (y_{xt} - (\alpha_x + \beta_x k_t))^2}{2\sigma_\varepsilon^2}\right\}$$

$$\tag{6.3}$$

在设定模型的似然函数后，贝叶斯建模的下一步骤就是设定对数双线性模型参数 α_x、β_x 和 k_t 的先验分布。时间指数 k_t 表示死亡率变化的时间趋势，对于超参数 σ_k^2，按照正态 – 逆伽马族原理，设定为：

$$\sigma_k^{-2} \sim Gamma(a_k, \ b_k)$$

参数 β_x 代表死亡率变化的年龄别模式，表示死力对数在 x 岁时对时

间指数 k_t 变化的敏感性。β_x 的先验分布设定为：

$$\beta_x \sim Normal_M(0,\ \sigma_\beta^2 I)$$

为了计算的便利性，按照一般惯例，超参数 σ_β^2 的先验分布被设为逆伽马分布，而 a_β 和 b_β 是一般常数：

$$\sigma_\beta^{-2} \sim Gamma(a_\beta,\ b_\beta)$$

对 α_x 稍作技术处理，以便利计算，即 $\eta = \exp\alpha$，a_x 和 b_x 是一般常数，这样 η 的先验分布为

$$\eta \sim Gamma(a_x,\ b_x)$$

对于上述先验分布中的参数，即超参数的初始值按照观察方程以奇异值分解获得的各样本值。设定参数值后，如果用 θ 表示模型的参数集，则可以利用贝叶斯 MCMC 方法从联合后验分布 $f(\theta \mid y)$ 中对参数进行抽样，以完成参数估计，即有 $\theta^{(1)}$，$\theta^{(2)}$，$\cdots$，$\theta^{(j)} \sim f(\theta \mid y)$。首先初始化所有参数值；其次从参数 α_x 的条件后验概率分布 $f(\alpha_x \mid y,\ \alpha_{-x},\ \beta_x,\ k_t,\ \mu,\ \sigma_\varepsilon^2,\ \sigma_k^2)$ 中进行抽样，对参数 β_x、σ_ε^2、σ_k^2、μ 和 k_t，也分别从其条件后验概率分布中进行抽样；最后重复上述抽样步骤，直到抽样规模达到研究设定的值为止。

各参数具体的条件分布表达式的推导较为复杂，感兴趣的读者可以参考库古尔，李和卡米亚（Kogure，Li，and Kamiya，2014）中的相似推导。实际上在 WinBUGS 软件中，编程者不需要推导参数的后验密度或似然函数的精确表达式，只要设置好变量的先验分布并对所研究的模型进行一般的描述，就能顺利完成对模型的贝叶斯分析，这种易操作性无疑极大地方便了贝叶斯方法的使用。

二、CIR 模型的贝叶斯估计

CIR 模型用于描述瞬时利率 $r(t)$ 的演化规律，由随机微分方程定义为

$$dr(t) = (\omega - \gamma r(t))dt + \sigma \sqrt{r(t)}dB(t) \tag{6.4}$$

这里 $\{B(t),\ t \geq 0\}$ 是一个标准的布朗运动，ω，γ，δ 是待估的模型参数，其中 γ 是均值回复速度，σ 是短期利率过程的瞬时波动率，ω/γ 是长期均值。

应用直接观察数据来对上式这样的连续时间模型进行估计会遇到难以获得似然表达式的困扰，所以一般采用连续时间模型的离散化形式，对模型进行 Euler – Maruyama 近似，在模型被离散化为如下形式：

$$r_{t+\Delta} = r_t + (\omega - \gamma r_t)\Delta + \sigma \sqrt{\Delta}\sqrt{r_t}\varepsilon_t \tag{6.5}$$

其中 Δ 是时间间隔，$\varepsilon_t \sim N(0, 1)$。当给定模型参数和利率初值，根据上式就可以得到 CIR 过程的样本序列。根据众多学者对参数估计的分析可知，α 的估计效果主要依赖于 T，且在 T 固定的情况下，时间间隔 Δt 对于 α 的估计效果基本无影响，又由于 $\Delta t = 0.1$ 时，μ，σ 的估计效果已经很好，因此本书不再生成扩增数据来增加数据取值的连续性，直接在模拟数据的基础上进行分析。

对 CIR 过程离散化形式进行适当变形可得到：

$$\frac{r_{t+\Delta} - r_t}{\sqrt{r_t}} = \frac{\omega\Delta}{\sqrt{r_t}} - \gamma\Delta\sqrt{r_t} + \sigma\sqrt{\Delta}\varepsilon_t \tag{6.6}$$

进一步地，令：

$$y_i = \frac{r_{t_{i+1}} - r_{t_i}}{\sqrt{r_{t_i}}}, \; x_{1i} = \frac{\Delta}{\sqrt{r_t}}, \; x_{2i} = \Delta\sqrt{r_t}, \; \gamma_1 = \omega, \; \gamma_2 = -\gamma, \; \zeta_t = \sigma\sqrt{\Delta}\varepsilon_t = \delta\varepsilon_t$$

则 CIR 模型的离散形式将变形为：$y_i = \gamma_1 x_{1i} + \gamma_2 x_{2i} + \zeta_i$，其矩阵形式为

$$Y = X\Gamma + \zeta \tag{6.7}$$

显然有：

$$Y = \begin{pmatrix} y_1 \\ y_2 \\ \vdots \\ y_{N-1} \end{pmatrix} = \begin{pmatrix} \dfrac{r_{t_2} - r_{t_1}}{\sqrt{r_{t_1}}} \\ \dfrac{r_{t_3} - r_{t_2}}{\sqrt{r_{t_2}}} \\ \vdots \\ \dfrac{r_{t_n} - r_{t_{n-1}}}{\sqrt{r_{t_{n-1}}}} \end{pmatrix}; \; \zeta = \begin{pmatrix} \sigma\sqrt{\Delta}\varepsilon_{t_1} \\ \sigma\sqrt{\Delta}\varepsilon_{t_2} \\ \vdots \\ \sigma\sqrt{\Delta}\varepsilon_{t_{n-1}} \end{pmatrix}$$

$$X = \begin{pmatrix} x_{11} & x_{21} \\ x_{12} & x_{22} \\ \vdots & \vdots \\ x_{1(n-1)} & x_{2(n-1)} \end{pmatrix} = \begin{pmatrix} \dfrac{\Delta}{\sqrt{r_{t_1}}} & \Delta\sqrt{r_{t_1}} \\ \dfrac{\Delta}{\sqrt{r_{t_2}}} & \Delta\sqrt{r_{t_2}} \\ \vdots & \vdots \\ \dfrac{\Delta}{\sqrt{r_{t_{n-1}}}} & \Delta\sqrt{r_{t_{n-1}}} \end{pmatrix}; \; \Gamma = \begin{pmatrix} \gamma_1 \\ \gamma_2 \end{pmatrix} = \begin{pmatrix} \omega \\ -\gamma \end{pmatrix}$$

在贝叶斯分析里，这种正态回归模型可以写成其矩阵形式为 $Y \mid \mu$，$\delta^2 \sim N_n(X\gamma, \delta^2 I_n)$，其中 X 是 $n \times 2$ 维的数据矩阵，$\gamma = (\gamma_1, \gamma_2)^T$ 是参数向量，I_n 是 $n \times n$ 矩阵。由于正态回归模型参数的先验服从正态 – 逆伽马分布，再结合泽尔勒（Zellner，1986）的 g – 先验和福斯卡克斯等（Fouskakis et al.，

2008），可以得到：

$$\gamma \mid \delta^2 \sim N_2(\hat{\gamma}, \delta^2(X^TX)^{-1})$$

$$\delta^2 \mid \gamma \sim IG\left(\frac{n}{2}, \frac{1}{2}(y - X\gamma)^T(y - X\gamma)\right)$$

这里 $\hat{\gamma} = (X^TX)^{-1}X^Ty$ 是极大似然估计，$\delta^2 = \sigma^2\Delta$。类似于死亡率模型的贝叶斯处理步骤，以 $\hat{\gamma}$ 的样本估计值作为初值，从式（6.7）得到 γ 的进一步迭代值，并进一步由式（6.8）得到 δ^2 的样本值，按此步骤重复抽样研究所需要的次数，从而得到 γ_1，γ_2 和 δ^2 的样本序列，并按照上文的设定解出：$\omega_i = \gamma_{1i}$，$\gamma_i = -\gamma_{2i}$，$\sigma_i = \sqrt{\delta_i^2/\Delta}$，从而得到 CIR 方程的参数序列。

三、风险中性分布

因为保险市场是个不完备的，我们无法从无套利策略得到一个唯一的保险资产价格。为了得到保险资产的理论价格我们需要从无数的风险中性测度中选择一个定价测度 Q。精算研究领域最常用的方法就是使用王（Wang，2000）文献中提出的王变换方法，该方法将资产价格的原有分布转换成一个畸变分布（distortion distribution），并在此分布下对资产的未来现金流进行贴现从而得到当前的价格。这里可以参照库古尔，李和卡米亚（Kogure. Li and Kamiya，2018）的方法用最大熵原则将生存概率和利率的贝叶斯先验分布转变成风险中性的形式。这里我们要同时对这两个参数进行风险中性化处理。假定我们产生了 N 条 MCMC 抽样路径，并将之表示为

$$\{(_1p_x^{(i)}, r_1^{(i)}), (_2p_x^{(i)}, r_2^{(i)}), \cdots, (_Tp_x^{(i)}, r_T^{(i)}), i = 1, 2, \cdots, N\}$$

假定 π 表示 N 条 MCMC 抽样路径的经验分布，其中每条路径都是同等的概率 $1/N$，那么我们可以通过下式将经验分布 π 转换成风险中性的分布 π^*：

$$\sum_{i=1}^{N} \exp\left(-\sum_{u=1}^{t} r_u^{(i)}\right)\, _tp_x^{(i)}\pi_i^* = \ddot{a}_{x:\overline{T-x}|}^{market}, \quad t = 1, \cdots, T \qquad (6.8)$$

上式中 $\ddot{a}_{x:\overline{T-x}|}^{market}$ 表示一个 x 岁的被保险人投保一个到期时间为 T，且每期支付为 1 单位元的年金的市场价格。根据最大熵原理，风险中性的分布 $\pi^* = \{\pi_i\}_{i=1}^{N}$ 应该最小化 Kullback–Leibler 信息差

$$\sum_{i=1}^{N} \pi_j^* \log\left(\frac{\pi_i^*}{\pi_i}\right), \quad \pi_j^* > 0, \quad i = 1, \cdots, N, \quad \sum_{i=1}^{N} \pi_j^* = 1 \qquad (6.9)$$

通过拉格朗日算子方法，我们很容易计算出这个约束最小化问题的解：

$$\hat{\pi}_i^* = \frac{\pi_i \exp\left\{\sum_{t=1}^{T} \exp\left(-\sum_{u=1}^{t} r_u^{(i)}\right) {}_tp_x^{(i)} \lambda_t\right\}}{\sum_{i=1}^{N} \pi_i \exp\left\{\sum_{t=1}^{T} \exp\left(-\sum_{u=1}^{t} r_u^{(i)}\right) {}_tp_x^{(i)} \lambda_t\right\}}, \quad i = 1, \cdots, N$$

(6.10)

上式中 λ_t 是拉格朗日乘子，把 $\pi_j = 1/N(j = 1, 2, \cdots, N)$ 代入上式得到：

$$\ddot{a}_{x:\overline{T-x}|}^{market} = \frac{\sum_{i=1}^{N} {}_tp_x^{(i)} \exp\left\{\sum_{t=1}^{T} \exp\left(-\sum_{u=1}^{t} r_u^{(i)}\right) {}_tp_x^{(i)} \lambda_t\right\}}{\sum_{i=1}^{N} \exp\left\{\sum_{t=1}^{T} \exp\left(-\sum_{u=1}^{t} r_u^{(i)}\right) {}_tp_x^{(i)} \lambda_t\right\}}, \quad t = 1, \cdots, T$$

(6.11)

通过对下式求关于 λ_t 的最小化我们可以解得上式中的拉格朗日乘子：

$$\sum_{i=1}^{N} \exp\left[\sum_{t=1}^{T} \lambda_t \left\{\exp\left(-\sum_{u=1}^{t} r_u^{(i)}\right) {}_tp_x^{(i)} - \ddot{a}_{x:\overline{T-x}|}^{market}\right\}\right]$$

因此在 t 时支付与生存指数挂钩的保险产品在随机利率和风险中性分布下的理论价格为：

$$P_0(x, T) = E^Q\left[\sum_{t=1}^{T} \exp\left(-\sum_{u=1}^{t} r_u\right) {}_tp_x^{(i)} \mid F_0\right]$$

$$\approx \sum_{i=1}^{N} \sum_{t=1}^{T} \exp\left(-\sum_{u=1}^{t} r_u^{(i)}\right) {}_tp_x^{(i)} \hat{\pi}_i^*$$

(6.12)

第三节　年金中长寿风险度量理论分析

我们可以从分析生存概率和年金头寸损失的角度来探讨生存年金中的长寿风险。对于在 t_0 成立的，被保险人为 x_0 岁的年金保险合同，其在时刻 $t_0 + k$ 时的损失 L_{t_0+k} 可以定义为：

$$L_{t_0+k} = l_{x_0} b_{t_0} \max\left[0, {}_kp_{x_0}^{F_k}(t_0) - {}_kp_{x_0}^{F_0}(t_0)\right]$$

(6.13)

式（6.13）中 b_{t_0} 表示 t_0 年所成立合同的支付额，这也是传统年金在整个合同期内的均衡支付。l_{x_0} 表示在 t_0 年合同成立时 x_0 岁的生存人数，也是年金的份数。因此上式中的年金头寸损失就表示在 $t_0 + k$ 时实际的年金支付超过期望支付的额度。式（6.13）中 ${}_kp_{x_0}^{F_k}(t_0)$ 表示基于 k 时信息 F_k 的实际生存概率，因此上式就意味着当 k 时实际生存概率 ${}_kp_{x_0}^{F_k}(t_0)$ 大于合同成立时预测概率 ${}_kp_{x_0}^{F_0}(t_0)$ 时年金头寸产生的损失。又由生命表可知：$l_{x_0+k} = l_{x_0} {}_kp_{x_0}^{F_k}(t_0)$。如果将 $t_0 + k$ 时的损失由当时仍然生存的人数 l_{x_0+k} 分摊，那么每份保险合同中的长寿风险可以表示为：

$$\frac{L_{t_0+k}}{l_{x_0+k}} = b_{t_0}\max(0,\ 1 - I_{t_0+k}) \tag{6.14}$$

式（6.14）中 $I_{t_0+k} = {_k}p_{x_0}^{F_0}(t_0)/{_k}p_{x_0}^{F_k}(t_0)$ 表示在给定的参照概率下 t_0 时 x_0 岁的群体生存到 x_0+k 岁的概率，与 x_0 岁的群体生存到至少 x_0+k 岁的实际观察概率之比。可见这种系统性的长寿风险与承保人数无关，年金发行人无法利用大数定律以增加承保人数的方法来消除这种系统性的风险。只要实际的生存概率大于期初的参照生存概率，这种系统性的长寿风险就会存在。由式（6.14）可见，单个保单在各个时点蕴含的长寿风险是一个欧式长寿期权，执行价格等于期初支付 b_{t_0}，标的资产为 I_{t_0+k}。而年金持有期内各个时点上的欧式长寿看跌期权现值之和就是一个长寿下限期权 γ_{FLOOR}，也就是整个年金中包含的长寿风险，即：

$$\gamma_{FLOOR} = \sum_{k=1}^{\omega-x_0} e^{-rt} \times b_{t_0} \times {_k}p_{x_0}^{F_K}\max(0,\ 1 - I_{t_0+k}) \tag{6.15}$$

这里的 r 是 CIR 利率模型中的预测利率，${_k}p_{x_0}^{F_K}$ 是由 Lee – Carter 模型预测的 k 时生存概率值。

第四节　基于中国数据的实证研究

一、死亡率与利率的贝叶斯预测结果

本书选择 1995~2016 年的全国人口死亡率历史数据，原始数据均来自 1996~2017 年的《中国人口统计年鉴》和《中国人口与就业统计年鉴》。考虑到大部分年份最高年龄都为 90 岁，对最高年龄为 100 岁以上的 5 年数据进行算术合并，其中 1996 年数据只统计到 85 岁以上，利用插值法进行拓展。本书采用 0~90 + 共 91 个数据组。

我们使用 WinBUGS 软件对死亡率预测模型进行编程，进行 11000 次的 Gibbs 抽样，并燃烧掉前 1000 次的计算值，利用后 10000 次样本计算模型参数估计值，并在图 6 – 1 中给出了参数的时序图和自相关图。从图中可以看出参数的轨迹都是平稳的，也没有自相关性，说明 MCMC 抽样产生的马尔可夫链是收敛的，预测结果是稳健可靠的。

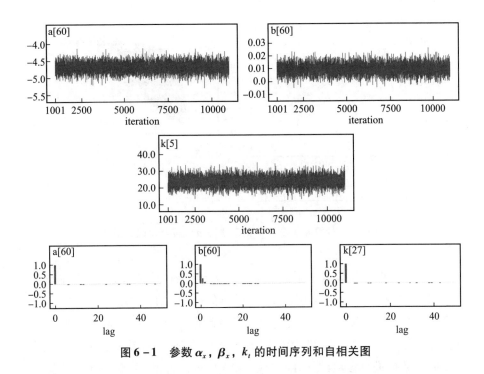

图 6-1 参数 α_x，β_x，k_t 的时间序列和自相关图

图 6-2（a）、图 6-2（b）和图 6-2（c）描述了参数 α_x，β_x，k_t 的样本均值，图 6-2（d）给出的是中心死亡率对数 $\ln(m_x)$ 的三维平面图。由图 6-2（a）可知 α_x 作为 $\ln(m_x)$ 的平均数，在新生儿阶段的短暂下降后随着年龄而增加，这一点也可以从图 6-2（b）的三维图中更直观地展现出来，同时图 6-2（b）也表明 $\ln(m_x)$ 随着时间的推进而逐渐下降，即表现出死亡率的改善。图 6-2（d）直观描述了生存概率随着年龄和时间的变化趋势三维图。其随着年龄逐渐下降，同时随着预测年份逐渐上升的逻辑和图 6-2（b）是一致的。

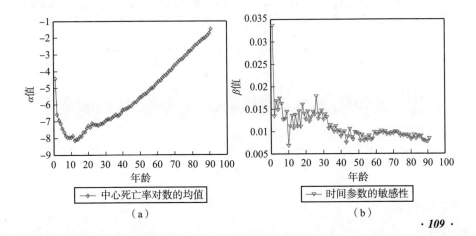

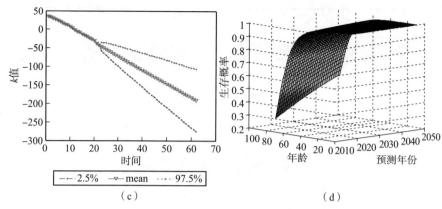

图 6 - 2　参数 α_x，β_x，k_t 的二维图及生存概率的三维图

表 6 - 1 是 CIR 方程中 γ_1，γ_2 和 δ^2 的贝叶斯估计结果。估计数据来自一年期国债利率，为了与人口死亡率数据的截止期限一致，利率数据包括从 2011 年 7 月 ~ 2017 年 12 月的月度利率数据。与 Lee - Carter 模型类似，我们先进行 11000 次贝叶斯 MCMC 抽样并舍弃前 1000 次数据，应用剩余 10000 次数据进行参数的估计。分别给出了 γ_1，γ_2 和 δ^2 的均值，标准差，MC 误差，置信区间和中值。其中 3 个参数的 MC 误差都小于标准差的 1%，这表明参数都是收敛的。同样从 γ_1，γ_2 和 δ^2 时间序列图也可以得出其收敛的结论（见图 6 - 3、图 6 - 4）。

表 6 - 1　　　　　　　　　CIR 利率模型参数估计

node	mean	sd	MC error	2.5%	median	97.5%	start	sample
γ_1	0. 03111	0. 008785	8. 378E - 5	0. 01373	0. 03106	0. 04852	1001	10000
γ_2	- 1. 19	0. 3257	0. 003069	- 1. 826	- 1. 186	- 0. 5523	1001	10000
δ^2	0. 00227	2. 617E - 4	2. 545E - 6	0. 001813	0. 002248	0. 002842	1001	10000

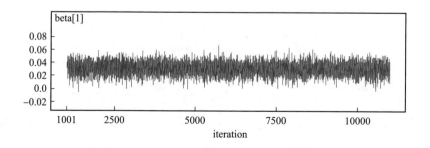

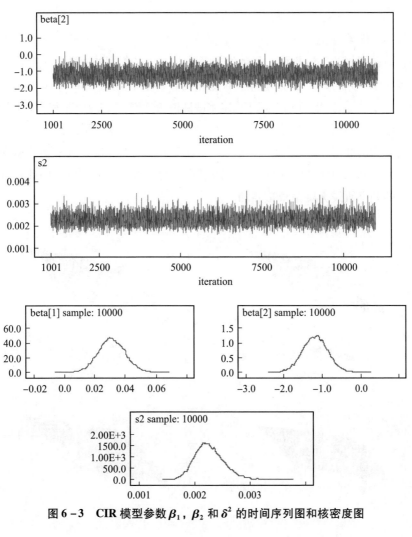

图 6 - 3　CIR 模型参数 β_1，β_2 和 δ^2 的时间序列图和核密度图

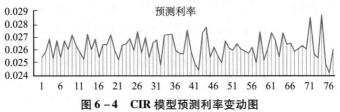

图 6 - 4　CIR 模型预测利率变动图

二、年金中长寿风险的度量

利用贝叶斯 MCMC 算法的抽样数据绘出预测年份从 2018～2057 年，年龄从 51～60 岁的终身生存年金值变化趋势的三维图（见图 6 - 5）［按照利率分别为 2%，2.5%，CIR 利率，3% 分成（a），（b），（c），（d）四个子

图]。观察可以发现，四幅图随着年龄和年份的变化趋势是一致的，即在相同年龄，随着预测年份的增加，生存概率也将增加，从而年金值也逐步增加；而在相同的预测年份，年龄增加意味着支付义务期的缩短，年金值也将逐步减小。同时，年金值对利率的变化也很敏感，比较图6-5中的（a）、（b）、（c）、（d）图可知，基于CIR预测利率的年金值低于2%和2.5%利率的对应值，但高于3%利率的对应值。进一步简单计算表明，如果以CIR预测利率为基准100%，则55岁终身年金在2%，2.5%和3%利率下的值将分别为111.2%，103.5%和96.6%，表现出不容忽视的差异程度，因此定价中准确的利率假设无疑是很重要的。

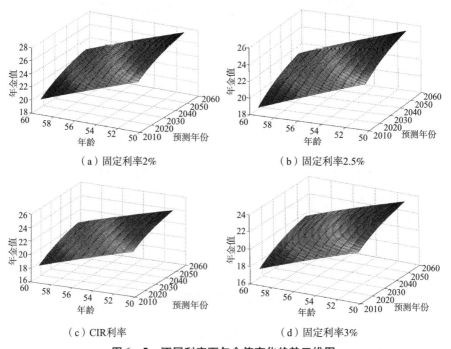

图6-5 不同利率下年金值变化趋势三维图

利用式（6.15）和贝叶斯MCMC算法数据，可以计算出年金中的长寿风险如表6-2所示：

表6-2   Longevity cap 现值的数字特征统计

项目	measure	mean	std	skewness	kurtosis
CIR	自然测度	1.5046	0.9414	0.6476	3.5196
	风险中性	1.7241	0.8701	0.9035	4.4114

项目	measure	mean	std	skewness	kurtosis
i = 0.02	自然测度	2.1115	0.5272	− 0.4693	3.4295
	风险中性	2.1678	0.4508	0.1449	3.6962
i = 0.025	自然测度	1.8785	0.4690	− 0.4724	3.4356
	风险中性	1.9273	0.4015	0.1572	3.6970
i = 0.03	自然测度	1.6726	0.4177	− 0.4754	3.4411
	风险中性	1.7150	0.3582	0.1698	3.6976

表 6 – 2 是从 Lee – Carter 模型和 CIR 模型组合，以及 Lee – Carter 模型和固定利率组合的预测性分布中抽样 10000 次计算所得，每种都给出在自然测度和风险中性测度下的长寿下限期权值，包括其均值，标准差，偏度和风度。由表中数据可见，风险中性期权值都是大于自然测度下的期权值，且随着固定利率的增加而减少。此外，CIR 利率模型下的期权值大于固定利率 2% 和 2.5% 下的相应值，而略小于 3% 下的相应值。其潜在含义是 CIR 利率模型预测的将来平均利率大于 2.5% 且接近 3%。对于 60 岁开始的终身年金，其中蕴含的长寿风险在保险期间各年龄和预测年份的变化趋势，本书利用 MCMC 抽样值给出 Lee – Carter 模型和 CIR 模型以及 Lee – Carter 模型和固定利率组合下长寿风险随着预测年份和年龄的三维图如图 6 – 6 所示。

图 6 – 6 揭示的规律是：（1）当利率和年龄不变时，各时点的长寿风险值随着预测年份的增加而增加；（2）当利率和预测年份不变时，各时点的长寿风险值随着年龄的增加而增加，即长寿风险主要发生在高年龄阶段；（3）当年龄和预测年份不变时，长寿风险的精算现值与利率成反比，

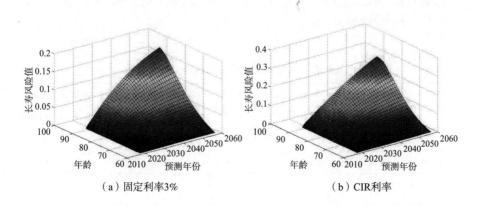

（a）固定利率3%　　　　　　　　　（b）CIR利率

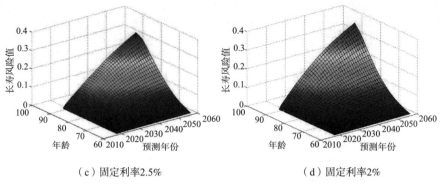

（c）固定利率2.5%　　　　　　　　　（d）固定利率2%

图6-6　不同利率下各时点的长寿风险值的三维图

即低利率环境会加重年金发行人的长寿风险压力。CIR 利率下各时点的长寿风险值大于3%利率下的对应值，小于2%和2.5%利率下的对应值，其逻辑和意义与表6-2分析中是一致的。

由表6-3可见，每期支付1单位的终身年金的值随着承保年龄增加每年有0.4左右的减少，从51岁时的21.02减少到60岁时的17.04，也就是说，60岁的终身年金相对于51岁的终身年金下降了3.98，下降幅度为18.93%；各年龄年金中所含有的长寿风险也随着保险年龄的增加而小幅减少，但减少的程度随着年龄的增加而越来越大，比如52岁相对于51岁仅减少了0.005，而60岁相对于59岁却减少了0.033，这和图6-6中各年龄段长寿风险变化趋势揭示的是一样的规律。计算可知保险年龄年从51岁上升到60岁时，年金中的长寿风险仅下降了0.139，下降幅度为7.47%，而同期年金值的下降幅度为18.93%，意味着高龄阶段才是年金中的长寿风险的主要来源。年金值及其所含长寿风险在各年龄降幅的上述差异，必然导致年金中长寿风险占比随着年龄的增加而增加。数值模拟的结果表明长寿风险所占比例由51岁的8.85%逐渐上升到60岁的10.11%，这是一个相当严峻的风险比例。

表6-3　　　　年金及长寿下限期权的价格变化趋势（CIR 利率）

指标	51 岁	52 岁	53 岁	54 岁	55 岁	56 岁	57 岁	58 岁	59 岁	60 岁
$\ddot{a}_x$	21.02	20.61	20.19	19.76	19.32	18.88	18.43	17.97	17.51	17.04
γ_{FLOOR}	1.861	1.856	1.845	1.835	1.821	1.805	1.783	1.76	1.735	1.722
占比（%）	8.85	9.00	9.14	9.29	9.43	9.56	9.67	9.79	9.91	10.11

第五节 结　　论

本书在随机利率和随机死亡率情景下考察了年金长寿风险的度量问题。与传统精算方法不同的是本书在贝叶斯统一框架下统筹考虑了贝叶斯 Lee – Carter 模型和贝叶斯 CIR 利率模型，利用贝叶斯 MCMC 方法得到将来死亡率和利率的预测分布，并进一步在最大熵原则下得出了风险中性的预测分布。在此基础上，考察了年金中的长寿风险变动规律和影响因素，研究表明：

（1）年金中各时点的长寿风险是一个欧式卖权，而整个年金中的长寿风险是一个欧式长寿下限期权。合同期限越长，实际生存概率超预期改善的程度就越大，从而长寿风险就越高；此外年龄越大发生这种生存概率超预期改善的程度也越大，表明长寿风险主要发生在高龄阶段，数值模拟显示，长寿风险在年金中的占比从 51 岁时的 8.85% 快速上升为 10.11%。

（2）利率的变动对年金中的长寿风险的准确度量也非常重要。对年金各时点的欧式卖权和整个年金中的长寿下限期权而言，CIR 利率模型下的各期权值大于固定利率 2% 和 2.5% 下的相应值，而略小于 3% 下的相应值，反映了基于当前数据的 CIR 利率模型预测的将来平均利率大于 2.5% 且接近 3%。数值结果表明，低利率环境会造成更高的长寿风险压力，对年金发行人是不利的。

研究方法上，本书采用的贝叶斯 MCMC 方法不仅将死亡率和利率模型的参数估计与预测放在一个统一的框架下，一次性估计出所有观察和预测年份的参数值，而且能够以系统性的方式一次性融合参数估计、预测和产品定价等精算任务，通过 MCMC 抽样和模拟，做到使用方法统一，遵循逻辑一致，这将带来对区间效应更加一致性的估计，从而有效提高预测与定价的精度。

第七章 基于贝叶斯 MCMC 算法的
美式长寿期权定价研究

第一节 引　言

寿险合同通常会给保单持有人提供大量的选择权，既有欧式期权也有美式期权，因此被学者们称为天然的期权包（Smith，1982；Walden，1985）。而引起学者们广泛学术兴趣的美式期权无疑要属于寿险保单的退保权了。它给保单持有人在死亡或保单到期前结束保险合同并得到退保价值的权利。因此这是一个在保单剩余期内的敲出美式看跌期权，执行价等于退保价值。实际上退保决策的作出取决于保单持有人对退保价值和剩余合同价值的比较权衡的结果。当然决策的前提是保单持有人依然存活并且要在每一个可以执行期权的时间点。保险人显然对退保期权的价值是很关注的，因为提前退保将减少其所管理的资产价值，并且因人为扰动造成剩余被保险人的死亡率风险的不平衡。保单的长期属性和现代保单的金融风险暴露使得保单退保期权的定价成为一项相当有挑战性的任务。

早期的文献大都聚焦寿险保单的金融属性，简化或忽略其死亡率风险。阿比扎悌和盖曼（Albizzati and Geman，1994）与格罗森和爵金森（Grosen and Jorgensen，1997，2000）都研究了寿险保单中的退保期权价值，他们都将含有退保权的寿险合同视为一种美式期权合同，保单持有人通过比较退保价值和期望现金流价值而作出是否退保和退保时刻的理性选择。这几篇文献代表着早期的开创性工作，为后续的大量研究铺平了道路。由于美式期权所代表问题涉及多执行期限，多风险因子，这种问题的高维度特征使得退保期权的研究通常是在高度简化的条件下进行的。比如，只有有限的几篇文章中引入了死亡率因素。

按照定价方法论可以将文献分成几大类：二叉树或多叉树方法；偏微

分方程和自由边界问题；以及最小平方蒙特卡洛模拟（LSMC）。在第一类文献中，巴茨内罗（Bacinello，2003a，2003b）考虑了均衡保费分红保单中的退保权问题，而万路茨（Vannucci，2003）和巴茨内罗（Bacinello，2005）则考虑了投资连接型保险合同中的嵌入退保期权问题。这些文献中，利率和死亡率都是确定性的，趸缴保费和年缴均衡保费都是应用倒向递推进行计算的。斯特芬森（Steffensen，2002），摩尔和杨（Moore and Young，2005）以及申和许（Shen and Xu，2005）是第二类方法的代表，这里退保期权问题都被当成自由边界问题来进行计算，并且应用偏微分方程的数值解技术。此类方法在帮助人们理解理性决策机制方面非常有用。但随着风险因子数量的增加，数值计算上的障碍将难以逾越，因此也就只能进行大量简化的假设。

文献安德雷塔和科拉丁（Andreatta and Corradin，2003），拜昂等（Baione et al.，2006）和巴希纳罗等（Bacinello et al.，2008）都属于美式期权定价的第三类方法。前两篇文献将 LSMC 方法和在退保期权定价中引入死亡率风险的方法结合起来，其中 LSMC 是由克里尔（Carriere，1996），龙斯达夫和施瓦茨（Longstaff and Schwartz，2001）以及替斯克里斯和万，罗伊（Tsitsiklis and Van Roy，2001）提出的纯金融美式要求权的定价方法，该方法的核心是在前一期的节点处使用最小二乘回归，估计出该节点处保单持有人继续持有保单可获得的未来现金流的预期值，从而完美解决了传统蒙特卡罗方法无法倒向递推的问题，大幅促进了蒙特卡罗方法在美式期权定价中的应用。把死亡率引入退保权研究从而进行美式期权定价的早期文献是巴希纳罗（Bacinello，2003a，2003b），但这两篇文献中并没有清晰地揭示死亡率在定价算法中所起到的作用，因此巴希纳罗（Bacinello et al.，2008）对前述研究进行拓展，考虑了在死亡率不确定环境下另一种使用 LSMC 方法的程序。博依和斯坦夫特（Boyer and Stentoft，2013）提出一个统一的测度和管理长寿风险的框架来定价欧式和美式长寿期权，该方法独立于设定的标的动态学和风险中性化模拟方法，该方法认为即使是复杂的美式长寿期权，其定价的核心也仅仅依赖于能否从风险中性化过程中进行模拟。洛马（Luoma et al.，2014）应用贝叶斯方法对具有美式期权的投资连接型寿险合同进行定价，作者以 MCMC 模拟算法为产品的设计和风险管理提供了一个现实而灵活的建模工具。

目前，已有较多国内学者对保单内嵌美式期权定价进行了研究。杨舸、田澎（2006）应用最小二乘蒙特卡罗模拟研究了存在退保时分红寿险定价问题，但作者没有考虑死亡率风险；柏满迎，陈丹（2007）在总结前人研究的基础上，探讨了考虑死亡率风险和退保权的分红保险负债估价问题，但作者考虑的死亡率是来自静态生命表，在刻画死亡率的动态变化和不确定性方面有欠缺；周桦（2013）研究了万能性投资账户的退保期权定价问题，但作者也没有考虑死亡率因素；

第二节 LSM 美式长寿期权定价

我们用 $s_{x,t}^e$ 表示基于当前信息的 x 岁的人，从 $t-1$ 活到 t 岁的生存概率的期望值，相似地，用 $s_{x,t}^r$ 表示 x 岁的个体从 $t-1$ 活到 t 岁的已经实现的生存概率。因为美式期权可以在合同到期日及其之前的任意时刻执行，如果我们用 τ 表示停时，则美式长寿看涨期权的价格可以表示为：

$$C = \sup_{\tau \in T} E\left[e^{-r\tau} \max(s_{x,t}^r - s_{x,t}^e, \ 0) \right] \tag{7.1}$$

这里 T 表示所有停时的集合。同样地，美式长寿看跌期权的价值可以表示成：

$$P = \sup_{\tau \in T} E\left[e^{-r\tau} \max(s_{x,t}^e - s_{x,t}^r, \ 0) \right] \tag{7.2}$$

在美式长寿期权定价公式中，执行价格是时变的，可以等于任意可执行时刻的期望生存概率值。如果是欧式期权，则基于 N 条模拟的样本路径，我们很容易得出风险中性下的期望现值，但对于上述的美式期权，我们不能简单地以下式来近似期权值，即

$$P^N = \frac{1}{N} \sum_{n=1}^{N} \max_{\tau \in 1, \cdots, T} \left[e^{-r\tau} \max(s_{x,t}^e - s_{x,t}^r(n), \ 0) \right] \tag{7.3}$$

因为这意味着期权持有人具有完美预期，不符合标准的鞅过程，会带来系统性误差，定价结果将是上偏的，价格估计也将会太高。所以问题的关键是我们应该应用动态规划的方法来计算大量的条件期望值，从而来确定期权的价格。因为美式期权在期间 $[0, T]$ 内有效，对时间间隔 $[0, T]$ 进行离散化，取时间间隔为 Δt，$T = N \cdot \Delta t$。如果我们以 y_i 表示美式长寿看涨期权在 t_i 时刻的收益，将该期权一直持有到期的收益可以表示为 $y_T = \max(s_{x,t}^e - s_{x,t}^r, \ 0)$，则在 $T-1$ 时刻期权持有人的收益为

$$y_{T-1} = \begin{cases} s_{x,T-1}^e - s_{x,T-1}^r, & exercise \\ e^{-r\Delta t} y_T, & hold \end{cases} \tag{7.4}$$

也即在到期日前的每一时刻，必须比较立即执行该期权与继续持有期权的收益，选择较大值为该时刻期权的价值。与此相似，在任意时刻 t_i，期权

持有者的收益可以表示成

$$y_{t_i} = \begin{cases} s^e_{x,t_i} - s^r_{x,t_i}, & exercise \\ e^{-r\Delta t} y_{t_i}, & hold \end{cases} \tag{7.5}$$

如此迭代，直到 1 时刻的回报 y_1，如果我们模拟出 N 条路径，则美式长寿期权的风险中性定价为：

$$P = E^Q [e^{-r\Delta t} y_1] \approx \frac{1}{N} \sum_{n=1}^{N} e^{-r\Delta t} y_1(n) \tag{7.6}$$

曾经很长时间以来，学者们认为无法用模拟的方法来为美式期权定价，然而今天已经有很多种可以实现目标的模拟技术。其中龙斯达夫和施瓦茨（Longstaff and Schwartz，2001）提出的最小二乘 Monte Carlo 方法（LSM）是最受欢迎的一种模拟方法。其基本思路是通过蒙特卡罗方法模拟标的资产价格变化的路径，在到期日前的任意时刻，用最小二乘法拟合该时刻继续持有期权的期望收益，然后比较立即执行期权与继续持有该期权的期望收益的大小，取较大值为该时刻期权价值，通过后向迭代搜索方式得到期权的价格。该方法在存储量和计算量上都有很大突破，因而受到关注。与格点法和有限差分法等数值分析方法相比，蒙特卡罗模拟具有两个优势：一是比较灵活，易于实现和改进；二是模拟估计的标准误差及收敛速度与问题的维数具有较强的独立性，从而能够更好地用于多时间阶段、多标的变量的高维衍生证券的定价问题。

由于在每一个时刻，长寿期权持有人是执行期权还是持有期权主要取决于执行期权的收益和持有到下一期的收益的折现值大小的比较。因为下一期收益的折现值在当前是无法知道的。因此作者提出用基于当前信息的条件期望值来代替下一期的实际收益值。通过比较立即执行所获得的收益与条件期望值的大小来决定是执行期权还是持有期权。该条件期望值可以表示为：

$$CF(s^r_{x,t}) = E^Q [e^{-r\Delta t} y_{t+1} \mid s^r_{x,t}] \tag{7.7}$$

因此求出该时刻的期望值是应用蒙特卡罗方法计算美式期权的核心。龙斯达夫和施瓦茨（Longstaff and Schwartz，2001）中作者提出的 LSMC 方法的关键要点就是用最小二乘方法来估计条件期望值

$$\hat{CF}(s^r_{x,t}) = \sum_{k=0}^{\infty} \beta_k \varphi_k(s^r_{x,t}) \tag{7.8}$$

其中 β 系数的值可以通过最小二乘回归得到，$\varphi_k(x)$ 表示基函数。龙斯达夫和施瓦茨（Longstaff and Schwartz，2001）指出常用的基函数可以取 Hermite，Laguerre，Legendre 等多项式。此后学者们研究发现对于美式期权定

价，最小二乘法结果对上述各基数的选取都是稳健的。因此本书采用最简单的二次多项式，即 $CF(s^r_{x,t}) = \hat\beta_0 + \hat\beta_1 s^r_{x,t} + \hat\beta_2 (s^r_{x,t})^2$，对于美式长寿期权定价，本书采用的贝叶斯 MCMC 算法如下：

（1）沿每条生存概率路径在到期日，初始化停时 $\tau^n = T$。

（2）对于 $t = T-1, \cdots, 1$，计算对应最优停时的折现支付，将其表示为 $CF(\tau^n)$，将 N 条路径的模拟值 $s^r_{x,t}(n)$ 作为状态变量进行回归，将回归得到的预测现金流现值表示为 $\hat{CF}(\tau^n)$，并按照如下规则对停时进行迭代：

$$\tau^n = t \mathbf{1}_{\{\max(s^e_{x,t} - s^r_{x,t}(n),0) \geq \hat{CF}(\tau^n)\}} + \tau^n \mathbf{1}_{\{\max(s^e_{x,t} - s^r_{x,t}(n),0) < \hat{CF}(\tau^n)\}} \qquad (7.9)$$

（3）给定停时，则美式长寿期权的价格由支付均值来进行估计，即

$$P^N = \frac{1}{N} \sum_{n=1}^{N} CF(\tau^n) \qquad (7.10)$$

上式中当路径 N 和回归数趋于无穷时，则上式的估计值收敛于真实的美式期权值。

第三节　美式长寿期权的贝叶斯建模

一、死亡率预测的贝叶斯建模

如果我们用 $\mu_x(t)$ 表示一个 x 岁的个体在 t 时的即时死亡率，即死力，那么根据精算理论，这个人在一年内死亡率的概率可以表示为

$$_t q_x = 1 - \exp\left\{ -\int_0^1 \mu_{x+s}(t+s)\,ds \right\} \qquad (7.11)$$

对于整数的 x 和 t 来说，为了简化，对于 $0 \leq s$，$u \leq 1$，学术界经常假定 $\mu_{x+s}(t+s) = \mu_x(t)$，也就是说在一年内死力是常数，这样上式的死亡概率就可以简化成 $_t q_x = 1 - \exp(-\mu_x(t))$。在死亡率预测的 Lee – Carter 模型中，$\mu_x(t) = \exp(\alpha_x + \beta_x k_t)$，这里 α_x、β_x 和 k_t 是待估参数。定义 x 岁的人在 t 年的粗死亡率 m_{xt} 为

$$m_{xt} = \frac{D_{xt}}{E_{xt}} \qquad (7.12)$$

这里 D_{xt} 表示 x 岁的人在 t 年里的死亡人数，而 E_{xt} 表示生存人年数，因此粗死亡率 m_{xt} 是实际观察到的死亡率，对于每一个年份 t，定义 y_t 为如下向量：$y_t = (y_{x_{min}t}, \cdots, y_{x_{max}t})$，$y_t$ 表示在 t 年的所有年龄观察对数死亡

率，即 $y_t = \log m_{xt}$，则 Lee – Carter 模型的标准向量形式可以描述为

$$y_t = \alpha + \beta k_t + \varepsilon_t,\ \varepsilon_t \sim N_M(0,\ \sigma_\varepsilon^2 I_M) \tag{7.13}$$

这里 $\alpha = (\alpha_{x_{\min}},\ \cdots,\ \alpha_{x_{\max}})$，$\beta = (\beta_{x_{\min}},\ \cdots,\ \beta_{x_{\max}})$，$\varepsilon_t$ 是一个均值为 0_M，方差为 $\sigma_\varepsilon^2 I_M$ 的 M 维标准正态分布，是方程的误差向量。上式的似然函数为

$$l(y \mid \alpha,\ \beta,\ k,\ \sigma_\varepsilon^2) \propto \left(\frac{1}{\sigma_\varepsilon}\right)^{LM} \exp\left\{-\frac{\displaystyle\sum_{t=t_{\min}}^{t_{\max}}\sum_{x_{\min}}^{x_{\max}}(y_{xt} - (\alpha_x + \beta_x k_t))^2}{2\sigma_\varepsilon^2}\right\}$$

$$\tag{7.14}$$

为了模型的可识别性，通常设定参数约束：$\sum_x \beta_x = 1$ 和 $\sum_t k_t = 0$。

考虑到 k_t 的潜变量特征，通常将 Lee – Carter 模型设定为如下的状态空间模型，其中死亡率指数 k_t 的随机过程被建模成带漂移项的随机漫步过程。

$$y_t = \alpha + \beta k_t + \varepsilon_t,\ \varepsilon_t \sim N(0,\ \sigma_\varepsilon^2) \tag{7.15}$$

$$k_t = \rho + k_{t-1} + e_t,\ e_t \sim N(0,\ \sigma_k^2) \tag{7.16}$$

在贝叶斯分析中，我们首先需要设定待估参数 α，β，ρ，σ_ε^2，σ_k^2 的先验分布，再结合似然函数得到参数的后验分布，以此为基础进行统计推断。大多数情况下，要得到参数后验分布的解析形式是比较困难的，但本书采用的贝叶斯 MCMC 算法，可以从后验分布中进行高速的抽样。相关参数的先验分布设定如下：

$$\alpha \sim Normal_M(0_M,\ \sigma_\alpha^2 I_M) \tag{7.17}$$

$$\beta \sim Normal_M((1/M)1_M,\ \sigma_\beta^2 I_M) \tag{7.18}$$

$$\rho \sim Normal_M(\rho_0,\ \sigma_\rho^2 I_M) \tag{7.19}$$

根据正态 – 逆伽马分布族的原理，观察方程和状态方程随机项中超参数的先验分布设定如下：

$$\sigma_\varepsilon^2 \sim Inver - gamma(a_\varepsilon,\ b_\varepsilon) \tag{7.20}$$

$$\sigma_k^2 \sim Inver - gamma(a_k,\ b_k) \tag{7.21}$$

如果用 θ 表示所有参数的集合，那么在设定待估参数 α，β，ρ，σ_ε^2，σ_k^2 的先验分布后，在给定了观察数据 y 后，参数 θ 的联合后验密度 $f(\theta \mid y)$ 可以表示成 $f(\theta \mid y) \propto l(y \mid \theta)f(\theta)$，这里 $l(y \mid \theta)$ 表示似然函数，$f(\theta)$ 是参数的联合先验。使用贝叶斯 MCMC 算法，我们可以从联合后验密度 $f(\theta \mid y)$ 中产生参数 θ 的样本（见表 7 – 1）。

表 7 - 1　　　　　　　　　　贝叶斯模型的参数与超参数设定

超参数		设定方法
观察方程	α	2.01
	β	$(\alpha-1)\hat{\sigma}_\varepsilon^2$
	σ_a^2	$\hat{\alpha}_x$ 的样本方差
	σ_b^2	$\hat{\beta}_x$ 的样本方差
	σ_ε^2	残差项 $\hat{\varepsilon}_{x,t} = \ln(m_{x,t}) - \hat{\alpha}_x + \hat{\beta}_x\hat{k}_t$ 的样本方差
状态方程	ρ	$(\hat{k}_t - \hat{k}_{t-1})$ 的样本均值
	σ_k^2	$(\hat{k}_t - \hat{k}_{t-1})/T$ 的样本方差
	σ_ρ^2	$(\hat{k}_t - \hat{k}_{t-1})$ 的样本方差

　　这里 σ_a^2 和 σ_b^2 分别被设定为 $\hat{\alpha}_x$ 和 $\hat{\beta}_x$ 的样本方差，而 $\hat{\alpha}_x$ 和 $\hat{\beta}_x$ 的样本值由经典的奇异值分解（SVD）获得（见图 7 - 1）。

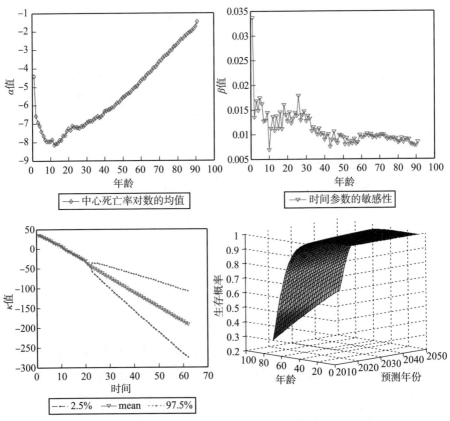

图 7 - 1　参数 α_x，β_x，k_t 的二维图及生存概率的三维图

本书估计所使用的数据集来自原始数据均来自 1996～2017 年的《中国人口统计年鉴》和《中国人口与就业统计年鉴》，共 22 年的数据。对模型涉及的待估参数进行 11000 次的贝叶斯 MCMC 抽样，对所有抽样都舍弃前 1000 次，利用后 10000 次来计算参数的估计值。

表 7-2 是所有监测参数中的几个抽样结果示例，其中 k_{2025} 表示 2025 年的死亡率时间参数值。示例中的每个参数都包括均值，方差，MC 误差，2.5% 和 97.5% 分位点，中位数等相关信息。对抽样计算结果要进行稳健性检验，只有当所有监测数据都满足收敛性的要求，就可以基于该收敛样本进行各种计算和统计推断。一般从两点来进行收敛性检测，首先是监测参数中 MC 误差都小于相应参数标准差的 3%，期初再结合这几个参数的时间序列图及自相关图即可判断出抽样样本的收敛性（见图 7-2）。表 7-2 中的 MC 误差显然都小于标准差的 3%，各实例参数的时间序列和自相关图也显示明显收敛，因此模型参数的收敛性效果是相当令人满意的。此外经检验其他所有监测参数也都满足收敛性要求。

表 7-2 监测参数描述性统计示例

node	mean	sd	MC error	2.50%	median	97.50%	start	sample
α_{65}	-4.222	0.143	0.0015	-4.505	-4.221	-3.943	1001	10000
β_{65}	0.0100	0.004	4.5E-05	0.0019	0.0100	0.0181	1001	10000
k_{2025}	11.21	2.996	0.0266	5.389	11.2	17.14	1001	10000
ρ	-3.739	0.868	0.0076	-5.431	-3.745	-2.05	1001	10000

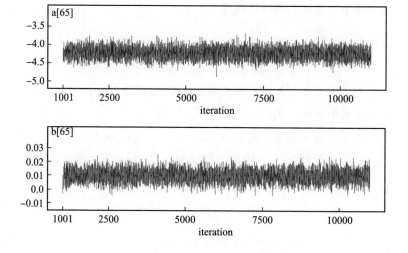

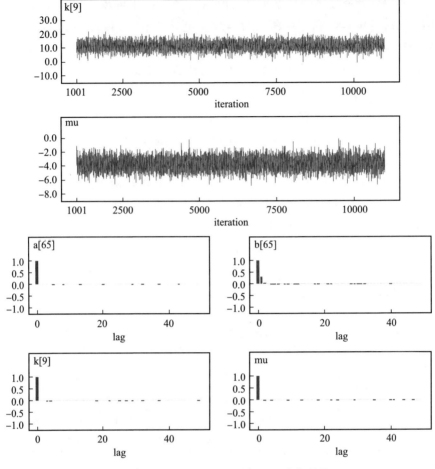

图 7 - 2 示例参数的时间序列图和自相关图

二、最小二乘法的贝叶斯模型

通常来说，我们可以把普通线性回归模型设为

$$Y = \beta_0 + \beta_1 X_1 + \cdots + \beta_p X_p + \varepsilon \qquad (7.22)$$

其中 Y 是因变量，X 是解释变量，β_i 是回归方程的系数，ε 是独立且同方差的随机干扰项，则以向量的形式可以表示为

$$Y = X\beta + \varepsilon \ \text{或} \ Y \mid \beta, \ \sigma, \ X \sim N(X\beta, \ \sigma^2 1) \qquad (7.23)$$

I 表示 $n \times n$ 单位矩阵，依贝叶斯方法，系数 β 的先验分布和方差 σ^2 的共轭先验分布分别为：

$$\beta \sim N(\beta_0, \ \sum_\beta) \qquad (7.24)$$

$$\sigma^2 \sim Inv - \chi^2(n_0, \ \sigma_0^2) \qquad (7.25)$$

这里 β_0, $\sum_\beta$, n_0, σ_0^2 是先验分布中的超参数。β 和 σ^2 的联合后验分布为:

$$p(\beta, \sigma^2) = p(\beta \mid \sigma^2, Y) p(\sigma^2 \mid Y) \qquad (7.26)$$

给定 σ 时,β 的条件后验分布为:

$$\beta \mid \sigma, Y \sim N(\hat{\beta}, V_\beta \sigma^2)$$
$$\hat{\beta} = (X^T X)^{-1} X^T Y, \quad V_\beta = (X^T X)^{-1} \qquad (7.27)$$

方差 σ^2 的边际后验分布为

$$p(\sigma^2 \mid Y) = \frac{p(\beta, \sigma^2 \mid Y)}{p(\beta \mid \sigma^2, Y)}$$

$$\sigma^2 \mid Y \sim Inv - \chi^2(n-k, s^2) \qquad (7.28)$$

$$s^2 = \frac{(Y - X\hat{\beta})^T (Y - X\hat{\beta})}{n-k} \qquad (7.29)$$

按照贝叶斯 MCMC 算法,按照以下步骤从后验分布 $p(\beta, \sigma^2 \mid Y)$ 中进行抽样:

(1) 按照式 (7.27) 计算 $\hat{\beta}$ 和 V_β

(2) 从式 (7.29) 计算 s^2

(3) 从式 (7.28) 对 σ^2 进行抽样

(4) 从多变量正态分布式 (7.23) 进行抽样

我们应用随机 χ^2 分布的抽样对 σ^2 进行模拟,可以很容易地对多变量正态分布 β 进行模拟。

三、基于王变换再抽样的风险中性模拟

与普通金融资产不同,死亡率不是一个连续交易性的资产,市场是不完备的,因此必须使用不完备市场的资产定价方法。本书采用的是基于王变换方法 (Wang, 2000) 的风险中性模拟技术 (Boyer and Stentoft, 2013) 来对生存概率进行风险中性变换。王变换方法通过 $F^*(x) = \Phi[\Phi^{-1}(F(x)) + \vartheta]$ 对资产分布 $F(x)$ 进行风险中性变换,其中 ϑ 是风险的市场价格。这种变换后的分布具有不改变原正态分布和对数正太分布形式的良好特征,即如果 X 服从正态分布 $X \sim N(\mu, \sigma^2)$,则风险中性变换之后有 $X^* \sim N(\mu - \vartheta\sigma, \sigma^2)$,同样地,如果有 $\ln(X) \sim N(\mu, \sigma^2)$,则 $In(X^*) \sim N(\mu - \vartheta\sigma, \sigma^2)$。风险中性模拟技术认为 Lee - Carter 模型中死亡率预测的不确定性主要来源于 k_t 及其随机过程中的 e_t 部分,因为 e_t 服从正态分布,即 $e_t \sim N(0, \sigma_e^2)$,所以对其进行王变换后我们

将得到 $e_t^* \sim N(-\vartheta\sigma, \sigma_e^2)$，我们只要从风险调整后的正态分布 $e_t^* \sim N(-\vartheta\sigma, \sigma_e^2)$ 中进行抽样就可以实现 k_t 和生存概率的风险中性化。重要的是，该风险中性模拟方法利用正态分布族无限可分的特征来得到任何中间时点的风险中性分布，而不仅仅是对到期日的分布进行模拟，这样不仅方便进行远期，互换和欧式期权的直接定价，而且对可提前执行的美式期权更是非常适用。

在 Lee - Carter 模型中关于未来死亡率的不确定性主要来自 k_t 的将来预测值，而这个将来值又是取决于随机误差项 e_t 的，因此从定价的角度来说，就是这个随机误差项需要进行风险中性化。由于美式期权不是关于 k_t 的衍生产品，而是关于死亡率的美式长寿期权，因此在对 e_t 进行风险中性化后，还要应用 Lee - Carter 模型的观察方程和状态方法，将其转换成生存概率的风险中性化。从而将风险中性化纳入死亡率预测模型的贝叶斯 MCMC 算法当中。从风险中性化 k_t，并进而从风险中性化的生存概率中进行再抽样，完成模拟与定价。总结现有文献的经验，本书将风险市场价格 ϑ 的取值定于 0 ~ 0.3 之间。

第四节　定价结果与分析

本书中我们假定定价利率 $r = 0.02$。一旦利率确定对于欧式长寿期权来说，因为执行时间确定，就可以直接利用风险中性的生存概率进行定价，因为今天的价格就是将来现金流的期望现值。但对于美式长寿期权来说，我们再假定在每年年底可以进行一次早期执行。这和本书死亡率预测中的时间点相应，也和每年一次新的实际死亡率信息披露是一致的。为了对比并度量早期执行的价值，我们将欧式长寿期权和美式长寿期权一起列表如表 7 - 3 所示：

表 7 - 3　　　　长寿看跌期权价格及比较（60 ~ 64 岁年龄区间）

(a) 欧式长寿看跌期权价格（60 ~ 64 岁）					
到期日	1	2	3	4	5
$\vartheta = 0.0$	0.68831	0.93006	1.09007	1.20127	1.28538
$\vartheta = 0.1$	0.60463	0.76789	0.86738	0.91723	0.95579
$\vartheta = 0.2$	0.52428	0.62825	0.67806	0.69212	0.68643
$\vartheta = 0.3$	0.46347	0.51972	0.52708	0.50846	0.48585

（b）美式长寿看跌期权价格（60～64岁）

到期日	1	2	3	4	5
$\vartheta = 0.0$	0.68831	0.94040	1.12357	1.26107	1.37587
$\vartheta = 0.1$	0.60463	0.80002	0.93563	1.03227	1.11067
$\vartheta = 0.2$	0.52428	0.67976	0.78005	0.85239	0.90345
$\vartheta = 0.3$	0.46347	0.58704	0.66196	0.70967	0.74516

（c）早期执行比（60～64岁）

到期日	1（%）	2（%）	3（%）	4（%）	5（%）
$\vartheta = 0.0$	0.00	1.10	2.98	4.74	6.58
$\vartheta = 0.1$	0.00	4.02	7.29	11.14	13.94
$\vartheta = 0.2$	0.00	7.58	13.07	18.80	24.02
$\vartheta = 0.3$	0.00	11.47	20.38	28.35	34.80

表7-3（a）给出的是期限分别是1～5年的欧式长寿看跌期权的价格。从表中可以看出，期权价格随着到期日的延长而增加，但这种增加的趋势随着风险市场价值 ϑ 的增加而减缓。当 $\vartheta = 0$ 时，5年期期权的价格是1年期期权价格的近2倍，但 $\vartheta = 0.3$ 时，这种变化并不明显。但观察表7-3（b）我们发现，美式长寿看跌期权价格随期限增加的趋势并没有因 ϑ 值的上升而消失。这主要是因为美式期权的执行价格是随着期限变化的，而早期执行的特征带来的价格增加抵消了这种下降的趋势。表7-3（c）中早期执行比随着期限和 ϑ 增加的幅度相当大，这是因为欧式期权相对平滑的价格趋势和美式期权递增的价格趋势造成的。对 $\vartheta = 0.3$ 和期限等于5年的美式期权来说，早期执行带来的价格变化占整个美式长寿看跌期权价格的34.80%，这个趋势在 $\vartheta = 0.0$ 和期限等于5年时只有6.58%。也可以说，早期执行的价格不仅取决于年限，还取决于投资者的风险厌恶程度。

在表7-4中我们可以发现长寿看涨期权的价格随着期限的增加而增加。更长寿看跌期权相比，表7-4（a）中的欧式长寿看涨期权的在 ϑ 值的所有取值区间都随着期限而增加。欧式和美式看涨长寿期权中，期权价格的差异还是有的，但这种差异随着 ϑ 值的上升而消失。不难观察到 $\vartheta = 0$ 时，早期执行给美式长寿看涨期权带来的相当于欧式长寿看涨期权价格7.03%的增加，但是这种早期执行的价值随着 ϑ 值的上升而减少直至消失。

表 7 – 4　　　　　　　长寿看涨期权价格及比较（60～64 岁年龄区间）

(a) 欧式长寿看涨期权价格（60～64 岁）

到期日	1	2	3	4	5
$\vartheta=0.0$	0.68444	0.92619	1.08620	1.19740	1.28151
$\vartheta=0.1$	0.77135	1.09910	1.33340	1.51730	1.66620
$\vartheta=0.2$	0.87482	1.29950	1.62730	1.89790	2.13590
$\vartheta=0.3$	0.96464	1.49280	1.92390	2.29400	2.61810

(b) 美式长寿看涨期权价格（60～64 岁）

到期日	1	2	3	4	5
$\vartheta=0.0$	0.68444	0.93817	1.11780	1.25740	1.37190
$\vartheta=0.1$	0.77135	1.09930	1.34040	1.53570	1.70100
$\vartheta=0.2$	0.87482	1.29950	1.62730	1.89780	2.13610
$\vartheta=0.3$	0.96464	1.49280	1.92390	2.29400	2.61810

(c) 早期执行比（60～64 岁）

到期日	1（%）	2（%）	3（%）	4（%）	5（%）
$\vartheta=0.0$	0.00	1.28	2.90	4.99	7.03
$\vartheta=0.1$	0.00	0.02	0.52	1.21	2.08
$\vartheta=0.2$	0.00	0.00	0.00	0.00	0.01
$\vartheta=0.3$	0.00	0.00	0.00	0.00	0.00

　　显然在欧式和美式长寿期权中，执行价格是期望生存概率。图 7 – 2 中，生存概率随着年龄变化的趋势非常明显。我们将表 7 – 3 和表 7 – 4 中 60～64 岁的年龄段改为 76～80 岁年龄段，检验上述结果的稳健性，计算结果见表 7 – 5。由表 7 – 5 可以看出，长寿看跌期权随着期限和风险价值变化的趋势和表 7 – 3 是一致的。但 76～80 岁年龄段各个期限时点和 ϑ 值下期权价格都明显大于 60～64 岁年龄段的相应价格。由看跌期权公式可知这是由高年龄段的长寿风险造成的。

表 7 – 5　　　　　　　长寿看跌期权价格及比较（76～80 岁年龄区间）

(a) 欧式长寿看跌期权价格（76～80 岁）

到期日	1	2	3	4	5
$\vartheta=0.0$	3.00939	4.06909	4.76939	5.25469	5.62089
$\vartheta=0.1$	2.64189	3.35699	3.79179	4.00849	4.17549
$\vartheta=0.2$	2.28889	2.74399	2.96099	3.02099	2.99449
$\vartheta=0.3$	2.02179	2.26749	2.29849	2.21559	2.11529

（b）美式长寿看跌期权价格（76~80岁）					
到期日	1	2	3	4	5
$\vartheta = 0.0$	3.00939	4.11579	4.91739	5.51959	6.02239
$\vartheta = 0.1$	2.64189	3.49909	4.09339	4.51639	4.86009
$\vartheta = 0.2$	2.28889	2.97109	3.41069	3.72699	3.95109
$\vartheta = 0.3$	2.02179	2.56409	2.89229	3.10149	3.25649

（c）早期执行比（76~80岁）					
到期日	1（%）	2（%）	3（%）	4（%）	5（%）
$\vartheta = 0.0$	0.00	1.13	3.00	4.80	6.67
$\vartheta = 0.1$	0.00	4.06	7.37	11.25	14.09
$\vartheta = 0.2$	0.00	7.64	13.19	18.94	24.21
$\vartheta = 0.3$	0.00	11.57	20.53	28.56	35.04

由本书理论部分容易知道，利率的变化会影响到美式期权的定价，我们接下来考察利率变化后结论的稳健性。令利率 $r = 0.4$，结果列表如下。在表7-6中我们发现长寿看跌期权的价格相比表7-3的结果有所下降。这种假设是很直观的，因为现金流的贴现因子变小。同时我们发行欧式期权价格下跌的幅度要大于美式期权。美式期权价格下跌的幅度与风险市场价格 ϑ 相关。

表7-6 　　　　　 长寿看跌期权价格及比较（利率 $r = 0.4$）

（a）欧式长寿看跌期权价格					
到期日	1	2	3	4	5
$\vartheta = 0.0$	0.66524	0.87328	0.99377	1.06303	1.10403
$\vartheta = 0.1$	0.58403	0.72056	0.79022	0.8111	0.82036
$\vartheta = 0.2$	0.50606	0.58905	0.6172	0.61146	0.58851
$\vartheta = 0.3$	0.44704	0.48684	0.4792	0.44856	0.41588

（b）美式长寿看跌期权价格					
到期日	1	2	3	4	5
$\vartheta = 0.0$	0.66524	0.89564	1.05152	1.16523	1.25283
$\vartheta = 0.1$	0.58403	0.76412	0.88004	0.96249	1.02433
$\vartheta = 0.2$	0.50606	0.65006	0.73863	0.7978	0.84046
$\vartheta = 0.3$	0.44704	0.56204	0.62864	0.67011	0.69888

(c) 早期执行比					
到期日	1 (%)	2 (%)	3 (%)	4 (%)	5 (%)
$\vartheta = 0.0$	0.00	2.50	5.49	8.77	11.88
$\vartheta = 0.1$	0.00	5.70	10.21	15.73	19.91
$\vartheta = 0.2$	0.00	9.39	16.44	23.36	29.98
$\vartheta = 0.3$	0.00	13.38	23.77	33.06	40.49

第五节　结　论

本书利用贝叶斯 MCMC 算法对保险合同中嵌入式的美式长寿期权进行定价。美式长寿期权的执行价格是时变的，其定价取决于生存概率的预测，因此本书首先利用 Lee‐Carter 模型进行死亡率预测，再将基于王变换再抽样的风险中性化模拟纳入 Lee‐Carter 死亡率预测模型的贝叶斯算法框架中，借助 LSM 最小二乘方法计算嵌入式美式长寿看涨和看跌期权的定价。之后我们将美式期权与欧式期权的价格进行比较，归纳出早期执行比随着到期期限和风险厌恶参数值的变化趋势，稳健性检验表明这种趋势性的规律在不同年龄段都是存在的。相对于美式长寿看涨期权来说，早期执行将会大幅增加美式长寿看跌期权的价值，这对嵌入退保权或者再保险合同等这类本质上是看跌期权的保险产品的设计定价和风险管理具有非常重要的实际意义。

风险管理篇

第八章~十一章是基于贝叶斯 MCMC 算法的长寿风险管理研究。当前学术界探讨的长寿风险管理主要有三大前沿方案：基于寿险产品与年金产品风险敞口差异的自然对冲方案，基于长寿衍生品的风险转移方案和基于年金产品设计的损失控制方案，风险管理篇对这三种方案的风险管理效果进行详细的研究和评估。其中第八章评估基于死亡率免疫理论的自然对冲的有效性；第九章探讨自然对冲效应对年金价格和偿付能力的影响；第十章研究了长寿互换和长寿上限期权这两种长寿衍生产品在对冲年金长寿风险方面的有效性问题；第十一章通过年金产品结构设计探讨了年金长寿风险在发行人、持有人、以及政府这三方之间的转移分摊机制。

第八章基于死亡率免疫理论的自然对冲有效性评估。为应对长寿风险对年金产品的影响，本章以死亡率久期规则为理论基础探讨长寿风险分段对冲策略的有效性问题。为避免传统久期匹配方法中参数估计误差的累积和传导，本书借助 WinBUGS 软件和贝叶斯 MCMC 方法，在统一的计算框架下完成了死亡率预测、死亡率久期计算和对冲效果的数值模拟；并以 4种分段组合准备金数据的三维图，方差缩减比（VRR）和 VaR 值为指标来进行长寿风险对冲有效性的对比。来自收敛的后验抽样样本的数值计算表明低年龄寿险保单和高年龄年金保单组合具有最平滑的三维图，最小的 VRR 和 VaR 值，具有最佳的长寿风险对冲效果。

第九章自然对冲、年金价格及其偿付能力评估。本章探讨长寿风险管理的自然对冲方案。本章以死亡率免疫为理论基础，贝叶斯 MCMC 算法为主要技术手段，研究了寿险和年金保单的自然对冲效应对年金价格和偿付能力的影响。数值模拟结果表明：自然对冲将年金产品"系统性"的长寿风险转化成寿险－年金组合内部的可分散风险，能有效消除年金的长寿风险溢价，降低年金价格，释放被高估的偿付能力资本要求，减少其盈余损失的 VaR 值，对激励年金的需求和供给，促进年金业务的健康发展具有重要意义。研究结论也认为以年金为单一业务的企业年金和公共养老金通过生存互换也能够达到实际意义上的自然对冲效果，而互换方低龄，高预期寿命的样本属性和短期限的产品特征将有效提高互换效率。

第十章基于长寿衍生产品的年金长寿风险对冲研究。本章研究长寿风险管理的资本市场方案，利用贝叶斯 MCMC 算法，统筹年金精算中的死亡率预测，衍生品定价和风险管理步骤，研究了长寿互换和长寿上限期权这两种长寿衍生产品在对冲年金长寿风险方面的有效性问题。结果发现，风险市场价值 λ 和衍生品期限是影响对冲效果的两种主要参数；长寿互换的对冲效果略优于长寿期权，但长寿期权产品可以有效地抓住生存概率被高估时的上行风险，相对于长寿互换来说，可以更有效地减少长寿尾部风险。

第十一章长寿连接型年金风险分摊机制研究。本章研究长寿风险管理的损失控制方案。通过嵌入长寿期权赋予年金发行人根据真实死亡率动态调整年金支付的权利，是当前年金长寿风险损失控制应对方案中的热点问题。本章应用贝叶斯 MCMC 算法和风险中性模拟技术对长寿下限期权和长寿连接型年金进行定价与风险评估，检验了年金长寿风险在发行人和持有人之间，以及在加入政府之后的三方之间的转移分摊机制，研究结果表明：长寿连接型年金从根本上消除了年金发行人因长寿风险造成的超额偿付压力，也改善了年金持有人的效用状况。而政府以税收递延让利的方式参与到长寿连接型年金中，可以在不改变年金发行人风险状况的前提下，分摊年金持有人承担的部分长寿风险，进一步提升了持有人的效用水平。而这种效果是直接对传统年金实行税收递延无法达到的。

第八章 基于死亡率免疫理论的
自然对冲有效性评估

第一节 引 言

利率免疫技术是传统金融中广泛使用的一种风险管理方法，它通过对资产和负债久期的匹配来稳定未来的现金流，使其免受利率波动的影响。同样地，在保险业中寿险和年金产品的保费和准备金也会受到利率波动的冲击，因此其利率免疫问题也同样受到学者们的关注。雷丁顿（Redington，1952）在利息力常数变化的假设下推导出净现金流现值不受利率影响的一阶和二阶条件，之后费舍尔和威尔（Fisher and Weil，1971）放松了雷丁顿（Redington，1952）的常数利息力假设，研究了目标期的利率免疫问题；而萧（Shiu，1990）则在弗舍尔（Fisher）的基础上进一步研究了多期免疫问题。久期和凸性理论在寿险负债中的较新应用有蔡（Tsai，2009）等。

寿险和年金保单除了受利率风险的影响外，还会受到死亡率恶化或改善的严重冲击。特别是死亡率改善趋势对年金产品的影响更是不容忽视。在过去的几十年里，死亡率超预期的持续改善大幅提高了年金提供者和社会养老金系统对未来支付的成本，对其偿付能力造成了巨大的压力。学术界将这种因死亡率改善造成的财务压力称为长寿风险，并从三个方面来探求对策：首先是死亡率建模方法，该方法试图建立更有效的死亡率预测模型以便给寿险和年金产品的定价提供更准确的死亡率预测数据。相关文献有李和卡特（Lee and Carter，1992）、布尤恩斯等（Brouhns et al.，2002）、查恩斯（Cairns，2009）、考克斯等（Cox et al.，2010）和李（Li，2014）等；其次是风险证券化方法，该方法以长寿债券和生存互换等死亡率连接型证券来对冲死亡率和长寿风险，其基本原理是让证券的收益和将来实际实现的死亡率挂钩，从而将风险转移到资本市场，相关文献有林和考克斯（Lin and Cox，2005）、曼恩等（Man et al.，2015）和布拉沃等（Bravo et al.，2018），最后与蓬勃的理论研究相比，长寿风险证券化所需要的制度环境和法规建设却进展缓慢，与实际需要尚有较大距离。

另一种近年来广受学者们关注的是自然对冲方法，该方法的内在逻辑是利用年金保单和寿险保单对死亡率变化的相反的风险暴露（敞口）来对冲风险。一般来说，死亡率的改善将使年金的成本增加，因为年金持有者的平均生存年龄将提高，对其支付的值也将增加；相反地，死亡率的改善将会使得寿险保单成本降低，相应地对保单持有者的支付也将减少，因为保单合同期内死亡率人数和死亡概率都会减少。如果参照利率免疫的原理，构建两种保险产品的某种组合，以死亡率久期和死亡率凸性的概念来度量组合的死亡率敏感性，就可以导出使组合免受死亡率变化冲击的各保单间的数量条件。

死亡率久期和凸性的匹配策略是学者们最常用的策略，该系列的研究大致沿着麦考勒久期（Cox and Lin，2007）、有效久期（Plat，2011）和关键死亡率久期（Li and Luo，2012；Tsai and Chung，2013 等）的演进脉络进行久期匹配策略的优化拓展，以提高自然对冲的有效性。国内学者魏华林、宋平凡（2014）和曾燕等（2015）则分别基于随机利率和价格调整视角考察了长寿风险的自然对冲策略。最近文献有林和蔡（Lin and Tsai，2014）和卢西亚洛等（Luciano，E et al.，2012，2017）等。然而自然对冲类文献的一个共同缺陷就是其久期凸性计算所依赖的生存概率是来自经典死亡率统计模型，此类模型以 Lee - Carter 模型为代表，多采用典型的时间序列方法，其死亡率预测都是分参数估计和预测两个阶段来进行的，参数估计阶段的误差将会被直接带入预测阶段，造成预测误差在此过程中的累积和传导，抬高了预测值对实际的偏离，从而实质性地影响死亡率久期计算及自然对冲有效性的量化评估。

本书与现有自然对冲类文献相比主要有如下改进。首先，本书将以贝叶斯 Markov Chain Monte Carlo 方法（即贝叶斯 MCMC 方法）为统一的框架，通过 Gibbs 抽样和蒙特卡罗方法，可以一次性地完成死亡率预测值、死亡率久期凸性及 VaR 风险指标的计算，能有效避免死亡率预测误差及其对死亡率久期及 VaR 计算的传导，可有效提高自然对冲的效率；其次，本书根据死亡率久期特征和自然对冲原理，提出并检验了以保单被保险人年龄为划分的分段对冲策略。该方法是充分考虑了寿险和年金产品及其准备金的久期规则，并结合长寿带来的生存概率曲线上移的特征而给出的优化组合策略，是对自然对冲机理的深入挖掘及创新。

第二节 死亡率免疫理论

众所周知，久期是现代金融中利率免疫策略的理论基石，是用来度量资产价格对利率变动的敏感性的重要指标，而凸性则用来测度资产价格对利率变动的二阶导数的曲率。按此逻辑，当考察的目标变成保险产品时，我们也可以设立死亡率久期和死亡率凸性这两个风险指标来度量保险产品的死亡率敏感性。一份普通的定期生存年金保单的定价公式可以写成：

$$\ddot{a}_{x:\overline{n}|} = \sum_{k=0}^{n-1} {}_kp_x \times e^{-\delta k} = \sum_{k=0}^{n-1} e^{-\int_0^k \mu_x(t)\,dt} \times e^{-\delta k} \qquad (8.1)$$

上式中 $\ddot{a}_{x:\overline{n}|}$ 是 x 岁的被保险人投保 n 年期期初付生存年金的年金系数，其中 $\mu_x(t)$ 表示 t 时 x 岁人的死力，而 ${}_tp_x$ 表示 x 岁的人活到 $x+t$ 岁的概率，有 ${}_tp_x = \exp(-\int_0^k \mu_x(t)\,dt)$。我们无法对上式进行死亡率的微分，因为在上式的 ${}_kp_x$ 和 $\int_0^k \mu_x(t)\,dt$ 中并不存在一个共同的因子。对此，精算文献中也通常假设死力 $\mu_x(t)$ 会进行常数的变化，即 $\mu_{\dot{x}}(t) = \mu_x(t) + \lambda$，见林和蔡（Lin and Tsai, 2013, 2014），这样 ${}_kp_x$ 将变成：

$$_kp_{\dot{x}} = e^{-\int_0^k [\mu_x(t)+\lambda]\,dt} = {}_kp_x \times f(k, \lambda) \qquad (8.2)$$

其中 $f(k, \lambda)$ 是调整函数，其泰勒展开式为 $f(k, \lambda) = e^{-\lambda k} = 1 - k\lambda + 0.5k^2\lambda^2 + \cdots + O(\lambda^2)$，取决于 x 岁人的生存年 k 和 $\mu_x(t)$ 的常数变动 λ。如果令

$$d(k) = -\frac{\partial f(k, \lambda)}{\partial \lambda}\bigg|_{\lambda=0} = k, \quad c(k) = \frac{\partial^2 f(k, \lambda)}{\partial \lambda^2}\bigg|_{\lambda=0} = k^2 \qquad (8.3)$$

则年金保单的死亡率久期和凸性分别可以表示成：

$$D[\ddot{a}_{x:\overline{n}|}(\mu_X)] = \sum_{k=0}^{n-1} d(k) \times {}_kp_x \times e^{-\delta k} \qquad (8.4)$$

$$C[\ddot{a}_{x:\overline{n}|}(\mu_X)] = \sum_{k=0}^{n-1} c(k) \times {}_kp_x \times e^{-\delta k} \qquad (8.5)$$

显然这里利用的是类似于金额久期（dollar duration）的死亡率久期和凸性概念。为方便起见，我们分别用 p_1 和 p_2 表示 n 年期定期寿险和 n 年期生存年金的均衡保费，缴费期都是 m 年，即有 $p_1 = A^1_{x:\overline{n}|}/\ddot{a}_{x:\overline{m}|}$ 和 $p_2 = \ddot{a}_{x:\overline{n}|}/\ddot{a}_{x:\overline{m}|}$，其中 $n > m$。如果我们用 ${}_0V$ 表示保单或保单组合在签订时的准

备金，P_1 和 P_2 表示寿险和年金保单。因为两种产品及其准备金都会受到死亡率变动的影响，且影响方向相反，因此作为对冲策略，我们将这两种产品按照一定的比例搭配成产品组合，即 $P = \omega P_1 + (1-\omega)P_2$，找到一定比例 ω，使其准备金对死亡率改善免疫。在 0 时刻容易知道组合的准备金为：

$$_0V[P(\mu_x)] = \omega \times {_0V}[P_1(\mu_x)] + (1-\omega){_0V}[P_2(\mu_x)] = 0 \quad (8.6)$$

注意到 $A^1_{x:\overline{n}|} = 1 - d \times \ddot{a}_{x:\overline{n}|} - {_nE_x}$，$d = i/(1+i)$ 是贴现率，${_nE_x}$ 是精算贴现因子，且 ${_nE_x} = v^n \times {_np_x}$，则（6）式可展开成：

$$_0V[P(\mu_x)] = \omega(1 - {_nE_x}) + (1 - \omega - \omega d)\ddot{a}_{x:\overline{n}|} - [\omega p_1 + (1-\omega)p_2] \times \ddot{a}_{x:\overline{m}|} = 0$$
$$(8.7)$$

为方便起见，我们可以将上式整理成 $\sum_{k=0}^{n-1} n_k^P = 0$，$n_k^P$ 是 N_k^P 的精算现值，即有 $n_k^P = N_k^P \cdot {_kp_x} \cdot e^{-\delta k}$，而 N_k^P 则是该保单组合在 k 时的净现金流，具体如表 8 - 1 所示。

表 8 - 1　　　　　　　　　保单组合净现金流

符号	保单组合净现金流	时间 k
N_0^P	$1 - \omega \cdot d - [\omega \cdot p_1 + (1-\omega) \cdot p_2]$;	$k = 0$
N_k^P	$1 - \omega - \omega \cdot d - [\omega \cdot p_1 + (1-\omega) \cdot p_2] = N_0^P - \omega$;	$k = 1, 2, \cdots, m-1. \ m \geqslant 2$
N_k^P	$1 - \omega - \omega \cdot d$;	$k = m, m+1, \cdots, n-1. \ m < n$
N_n^P	$1 - 2\omega - \omega d$;	$k = n$

则当死力由 μ_x 变成 $\mu_x + \lambda$ 时，原准备金中每一项都从 ${_kp_x}$ 变成 ${_kp_x} \cdot f(k, \lambda)$，因此，我们又可以把式（8.6）的变化值写成 $\Delta_0V[P(\mu_x)] = \sum_{k=0}^{n-1} n_k^P \cdot [f(k, \lambda) - 1]$，利用式（8.3）可知：

$$\Delta_0V[P(\mu_x)] = \lambda \cdot \sum_{k=0}^{n-1} d(k) \cdot n_k^P + \frac{\lambda^2}{2} \cdot \sum_{k=0}^{\infty} c(k) \cdot n_k^P + O(\lambda^2)$$
$$(8.8)$$

因为死亡率的改善是一个渐进漫长的过程，这也就意味着 λ 的值较小，而 $\lambda^2/2$ 项将更小。分别以中国人寿保险业生命表（1990 ~ 1993 年）及（2000 ~ 2003 年）中 40 岁男性生存概率可以套算出 10 年间，死亡率改善而导致的变化为 $\lambda = -0.000337$，$\lambda^2/2 = 5.67845 \times 10^{-8}$，对整体变动的影响是极其有限的，完全可以忽略此项及更高阶项。则上式对死力免疫的条件就可以简化成 $\sum_{k=0}^{n-1} d(k) \cdot n_k^P = 0$，等价于 $D\{_0V[P(\mu_X)]\} = 0$，即 $D[\omega_0V(P_1) + (1-\omega)_0V(P_2)] = 0$，解得：

$$\omega = \frac{D\{_0V[P_2(\mu_X)]\}}{D\{_0V[P_2(\mu_X)]\} - D\{_0V[P_1(\mu_X)]\}} \tag{8.9}$$

显然，在寿险保单和年金保单的组合中，寿险保单所占比例满足式（8.9）时，该组合就能实现对死亡率变化的免疫。

第三节　死亡率久期计算

一、Lee – Carter 模型参数估计的传统方法与贝叶斯改进

Lee – Carter 模型是李和卡特（Lee and Carter, 1992）中提出的一种死亡率预测模型。近 20 年来学者们虽然又不断提出种种新的死亡率预测模型，但在理论和实务界应用最广的依然还是 Lee – Carter 模型。Lee – Carter 模型用三个参数序列：a_x，b_x 和 k_t 来描述 x 岁的人在 t 时观察的中心死亡率 $m_{x,t}$ 的自然对数，公式为：

$$Inm_{x,t} = a_x + b_x k_t + \varepsilon_{x,t} \tag{8.10}$$

这里 k_t 是一个随时间而变化的参数，表示对所有年龄段都相同的时间效应，另一个年龄相关的参数 b_x 给出了各个不同年龄对参数 k_t 的敏感性，参数 a_x 给出了对每个年龄 x 来说独立于参数 k_t 的年龄效应，可以看作各年龄别对数死亡的平均水平。$\varepsilon_{x,t}$ 是残差项，并且有 $\varepsilon_{x,t} \sim N(0, \sigma_\varepsilon^2)$。对数据在 $m_{x,t}$ 和 $_tp_x$ 之间的转换，通常设死力 $\mu_x(t)$ 在同一日历年的每一个时间点上是常数，这样就有 $m_{x,t} = \mu_x(t) = -In\ _tp_x$。

因为式（8.10）是关于 b_x 和 k_t 的双线性模型，为了模型的可识别性，Lee – Carter 模型通常有两个约束条件，即：$\sum_{x=0}^{\infty} b_x = 1$ 和 $\sum_{t=0}^{T} k_t = 0$。这里 T 是时间序列死亡数据的期数。

传统的 Lee – Carter 模型中的死亡率预测是分两个阶段来进行的。第一阶段我们用历史数据来估计参数 a_x，b_x 和 k_t，第二阶段用传统的时间序列方法对参数 k_t 的拟合值建模，利用趋势外推得到 k_t 的预测值并进而得到对数死亡率的预测值。由于传统时间序列方法的参数估计和预测的不连贯问题，参数估计阶段的误差会不加处理地带入到预测阶段，从而导致对

实际预测的偏差。科赞多（Czado，2005）、佩德罗萨（Pedroza，2006）和查恩斯（Cairns，2011）等放弃频率学派的方法，转而采用贝叶斯方法，将传统 Lee – Carter 模型参数估计与预测相互独立的两个阶段放在一个统一的框架下，以系统性的方式来进行处理，较好地避免了预测误差的累积及其向下一阶段的传导。贝叶斯 MCMC（Markov Chain Monte Carlo）最近几年发展起来的一种高效的 Bayes 计算方法，其核心思想就是通过建立一个平稳分布的马尔可夫链，对其进行抽样，当抽样收敛后，就可以基于这些样本计算所监测参数的数字特征，做各种统计推断。本书中，我们通过 WinBUGS 软件来进行 Gibbs 抽样和超大规模的 MCMC 模拟运算，从而完成对模型的贝叶斯分析。WinBUGS 是进行贝叶斯推断的专用软件包，极大地便利了贝叶斯方法的使用。贝叶斯方法相对于其他传统方法的优越性可见胡仕强（2015）的相关论述。

以贝叶斯方法对 Lee – Carter 模型进行重构，可以将原模型归纳为观察式（8.10）和状态式（8.11），即

$$k_t = \rho + k_{t-1} + e_t \tag{8.11}$$

这里 ρ 是漂移项，e_t 是随机误差项。贝叶斯模型相关参数的先验分布设定如表 8 – 2 所示。

表 8 – 2　　　　　　　　　　贝叶斯模型参数的先验分布

参数	先验分布设定
观察方程：$Inm_{x,t} = a_x + b_x k_t + \varepsilon_{x,t}$	$a_x \sim N(0,\ \sigma_a^2)$
	$b_x \sim N(1/n_a,\ \sigma_b^2)$
	$\varepsilon_{x,t_n} \sim N(0,\ \sigma_\varepsilon^2)$
	$\sigma_\varepsilon^{-2} \sim Gamma(\alpha_\varepsilon,\ \beta_\varepsilon)$
状态方程：$k_t = \rho + k_{t-1} + e_t$	$\rho \sim N(\rho_0,\ \sigma_\mu^2)$
	$e_t \sim N(0,\ \sigma_k^2)$
	$\sigma_k^{-2} \sim Gamma(\alpha_k,\ \beta_k)$

σ_a^2 和 σ_b^2 分别是先验分布的方差，而 n_a 是年龄组的数目。对于上述先验分布中的参数，即超参数设定如表 8 – 3：

表 8 – 3   贝叶斯模型超参数设定

超参数		设定方法
观察方程	α（α_ε 和 α_k）	2.01
	β（β_ε 和 β_k）	$(\alpha - 1)\hat{\sigma}_\varepsilon^2$
	σ_a^2	$\hat{a}_x$ 的样本方差
	σ_b^2	$\hat{b}_x$ 的样本方差
	σ_ε^2	残差 $\hat{\varepsilon}_{x,t} = In(m_{x,t}) - \hat{a}_x + \hat{b}_x \hat{k}_t$ 的样本方差
状态方程	ρ	$(\hat{k}_t - \hat{k}_{t-1})$ 的样本均值
	σ_k^2	$(\hat{k}_t - \hat{k}_{t-1})/T$ 的样本方差
	σ_ρ^2	$(\hat{k}_t - \hat{k}_{t-1})$ 的样本方差

表 8 – 3 中除了 α 外，其他超参数的设定都是来自观察方程中以奇异值（SVD，Singular Value Decomposition）分解得到的各参数的样本值，而 α 的初始值设定并不影响参数估计的稳健性，当我们将 α 分别设定为 2.1 和 3.0 等数值时，计算结果依然能够快速收敛，这和李（Li，2014）中的相关结论是一致的。

二、死亡率预测与久期计算

本书选用 1994～2009 年全国男性人口死亡率历史数据，所选数据来源于 1995～2010 年的《中国人口统计年鉴》及《中国人口与就业统计年鉴》。由于 90 岁以上年龄抽样调查数据过少，因此我们将 90 以上人口数据统合成 90 +。首先使用 WinBUGS 软件编程，进行了 11000 次的抽样，舍弃前 1000 次，以后 10000 次样本计算参数估计值。共给出 a_x（91 个）、b_x（91 个）、k_t（30 个）和未来死亡率 $p[x, j]$（$91 \times 20 = 1820$ 个）共 2032 个监测参数的估计值，每个参数给出了均值、方差、MC 误差、2.5% 分位点、中值和 97.5% 分位点等相应的计算结果。表 8 – 4 给出了其中五个

表 8 – 4   死亡率模型贝叶斯估计结果示例

node	mean	sd	MCerror	2.50%	median	97.50%	sample
a[60]	– 4.365	0.06772	6.4E – 04	– 4.497	– 4.365	– 4.229	10000
b[60]	0.01199	0.003906	5.5E – 05	0.00427	0.01203	0.01957	10000
k[26]	– 56.34	21.19	0.2496	– 97.59	– 56.31	– 14.57	10000
p[60, 10]	0.9325	0.01033	1.3E – 04	0.9104	0.9332	0.9507	10000
p[60, 20]	0.942	0.0149	1.9E – 04	0.9069	0.944	0.9652	10000

参数的计算结果示例，其中 a[60] 和 b[60] 分别 60 岁时的 a_x 和 b_x，k[26] 表示在 16 年观察数据基础上得到的预测第 10 年的年龄效应值，即 2019 年的年龄效应值，p[60，10] 和 p[60，20] 表示 2019 年和 2029 年新生儿活到 60 岁的概率。

通常来说，参数估计的 MC 误差小于其标准差的 3% 就表示已经收敛了，经检测本文监测的参数都已收敛。以此为基础本书将进一步在贝叶斯 MCMC 框架下计算寿险保单和年金保单的久期，以及它们准备金的久期。

为了探讨死亡率变化时两种保险产品准备金的变化，我们用 $D[_0V(P_1)]$ 和 $D[_0V(P_2)]$ 表示 20 年定期寿险和年金保单的准备金久期，在图 8-1 中上下两图分别给出利率等于 0.02 和 0.03 情况下年金和寿险保单准备金久期的变化趋势。横轴表示时间，指被保险人年龄从 40~70 岁的 30 年时间跨度。$D[_0V(P_1)]$ 为负意味着 λ 降低，生存概率改善时 P_1 的准备金减少，相似地，$D[_0V(P_2)]$ 为正意味着当 λ 降低，生存概率改善时 P_2 的准备金增加。观察发现，在 $X = 40~50$ 岁时，两种久期变化都较为平缓，即对死力 λ 变化的敏感性较弱；而 50 岁之后，两种准备金久期图形的曲率增加，对死力变化的敏感性增强，鉴于此，本书将考虑依年龄划分 4 种组合进行分段对冲，即 40~40 组、50~50 组、40~50 组和 50~40 组（下文将称之为组合 1~组合 4），其中 40~40 组表示在 40~60 岁，以 20 年期寿险保单和相应年龄 20 年期年金保单进行组合，而 40~50 组则表示以 40~60 岁 20 年期寿险保单与年长 10 岁的 50~70 岁年金保单进行组合，以此类推。

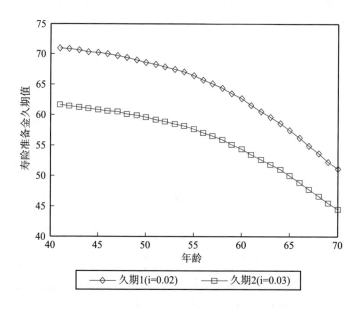

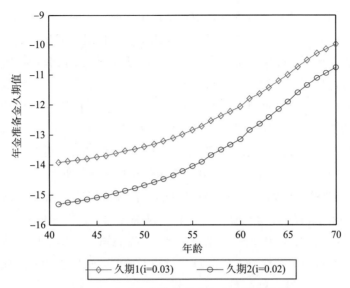

图8-1　年金与寿险保单准备金久期变化图

此外，在本书死亡率曲线平行移动的假设下，利率的增加在效果上将等同于死亡率的恶化，会降低年金的准备金而提升寿险的准备金水平；相反利率的减少将等同于死亡率的改善，即长寿风险，会导致两类产品准备金反向的变化。

图8-2给出了4种保单组合在20年时间跨度上的对冲比例，为便于

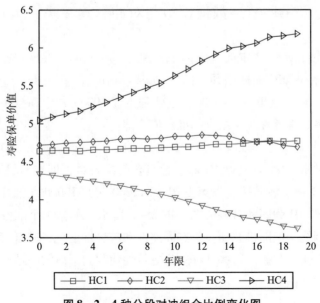

图8-2　4种分段对冲组合比例变化图

理解，我们给出的是当每种组合中年金保单价值为 1 时，为达到准备金现金流稳定所需要的寿险保单价值，按此比例，几种组合的准备金将在死力 λ 变化的情况下实现现金流的稳定，不会出现因死亡率改善而出现而使准备金变得过高或不足的情况。从图 8－3 中可以看出 50～40 组所需比例最高，并随着年龄增加而增加，50～50 组合比例略高于 40～40 组比例，随着年龄的变化并不明显，40～50 组所需比例最低，且随着年龄增加以较大幅度降低。由此可以清晰的发现为对冲单位年金准备金所受长寿风险的影响，40～50 组合最为有效，而 50～40 组合对冲效率最低。

图 8－2 的理论解释也是显而易见的。在长寿风险冲击下（即生存概率曲线平行上移），寿险和生存年金准备金的变动方向相反，且有 $\Delta_0 V(P_1) < 0$ 和 $\Delta_0 V(P_2) > 0$，结合图 8－2 我们知道当年金保单被保险人年龄大于寿险保单被保险人年龄时，对冲 1 单位年金所需的寿险保单额度就越小，对冲效果也就越好。其逻辑是：因为 $\omega \Delta_0 V(P_1) + (1-\omega) \Delta_0 V(P_2) = 0$ 所以有 $\omega = 1/[1 - \Delta_0 V(P_1)/\Delta_0 V(P_2)]$，如果我们把该式中的分数项 $\Delta_0 V(P_1)/\Delta_0 V(P_2)$ 的分子分母同时除以 λ，就会变成式（8.9），即 $\omega = 1/\{1 - D[_0 V(P_1)]/D[_0 V(P_2)]\}$，如果被对冲的年金保单确定，则 $D[_0 V(P_2)]$ 项已知，则 $-D[_0 V(P_1)]$ 越大，ω 就越小，对冲效果就越小，这一点结合图 8－2 准备金久期曲线就一目了然了。

第四节　数值模拟与对冲有效性评估

为了验证图 8－2 中的直观结果，独立于原先的生存概率抽样，我们再产生 N 条 MCMC 抽样路径，即：$\{p_x^{(j)} = (_1 p_x^{(j)}, _2 p_x^{(j)}, \cdots, _T p_x^{(j)}), j = 1, 2, \cdots, N)$，这里 N＝10000，也就是生成 10000 种生存概率的将来情形，再依下式来计算各种组合的准备值，即：

$$_0 V[P(\mu_x)] = \omega \times _0 V[P_1(\mu_x)] + (1-\omega)_0 V[P_2(\mu_x)] = 0 \quad (8.12)$$

以 4 种组合中不同参数计算每种组合的准备金，即在 Gibbs Sampling 产生的 Markov 链收敛后，以第 1001 到 11000 次共 10000 次抽样值分别给出它们的时间序列图和自相关图如图 8－3 所示。可见 4 个准备金计算的抽样值都围绕均值随机波动，没有周期性和趋势性变化；其自相关图也显示它们能够快速收敛。这些良好的稳健特性使我们可以放心地以此大量样本做各种统计推断。

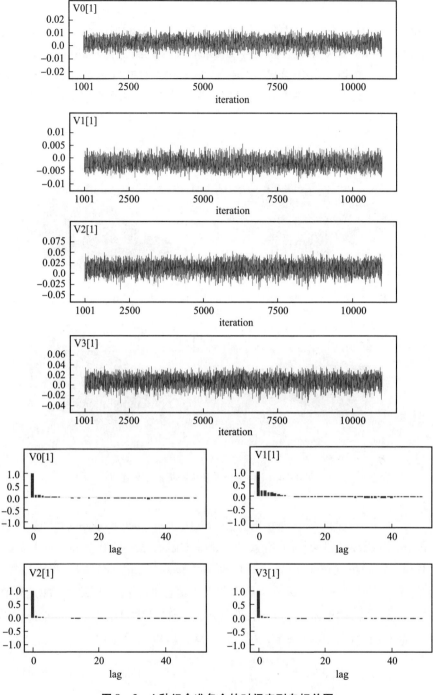

图 8 - 3　4 种组合准备金的时间序列自相关图

图 8 - 4 中按照上下左右的顺序分别给出了组合 1 ~ 组合 4 共 4 种分段

对冲组合的准备金三维图。由图 8-4 可见，在起始的 10 年里，几种组合的准备金变化并不大，但随着年龄的提高，差异逐渐明显。其中 40~40 组合略优于 50~50 组合，50~40 组合的三维图变化得最为陡峭，稳健性效果最差，而 40~50 组合的三维图最为平滑，对冲效果最理想，准备金一直接近于 0，并且不随年龄的增加而显著变化，显示了令人满意的对冲效果。

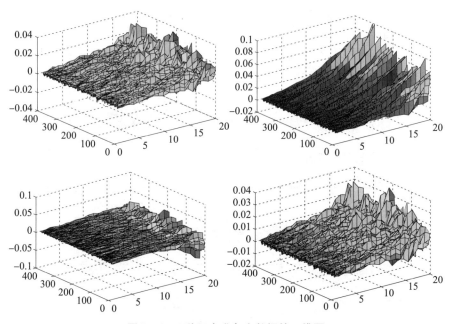

图 8-4 4 种组合准备金数据的三维图

文献中学者们经常用所谓的方差缩减比（variance reduction ratio）来度量死亡率或长寿风险的对冲有效性。相关文献有李和哈代（Li and Hardy，2011）、李和洛（Li and Luo，2012）和林和蔡（Lin and Tsai，2013）等。如果单个产品（即年金保单）的方差大于组合的方差，则认为对冲是有效的，且方差缩减比越小，对冲有效性越高。如果我们用 V 和 V^* 来表示单个产品和组合的拟合准备金，则方差缩减比可以表示为：

$$VRR = \frac{\sigma^2(V) - \sigma^2(V^*)}{\sigma^2(V)} = 1 - \frac{\sigma^2(V^*)}{\sigma^2(V)} \tag{8.13}$$

我们分别用年金产品和四种组合准备金在每一年的 10000 个数据计算 20 年间的方差缩减比，年金每期支付和寿险赔付的金额设为 100，并作图 8-5。从图 8-5 中可以看出，组合 4 的 VRR 大于组合 1，组合 2 除个别年份外都有最大的 VRR，而组合 3 即 40 ~ 50 组有最小的 VRR，显示了最佳的对冲效果，与图 8 - 4 相似。

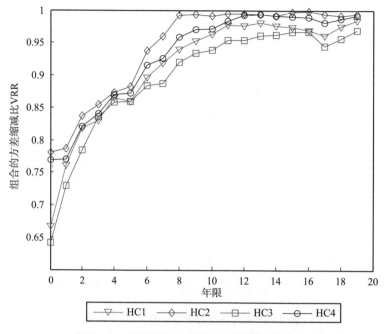

图 8 - 5　4 种分段对冲组合方差缩减比变化图

　　我们知道 VaR 是现代金融中重要的风险度量指标，其在精算领域又被称为分位点风险度量。广义来说 $\alpha - VaR(L)$ 表示 L 将以 α 的概率不超过它的值。显然 VaR 的值越小，意外损失就越小，因此这里我们用 VaR 来评估 4 种组合的对冲效率。本书在贝叶斯框架下以 MCMC 模拟方法计算每种组合准备金随着被保险人年龄增加而变化的 VaR 值，该方法能减小传统 Monte Carlo 方法静态处理产生的偏差，其抽样分布将随着模拟的进行而不断改变，从而实现动态模拟的目的。以模拟计算结果画出图 8 - 6。从图 8 - 6 我们可以看出，40 ~ 50 组在 95% 置信水平和 20 年跨度下的 VaR 值均为最小，50 ~ 40 组合值最大，而 40 ~ 40 组合在寿险被保险人 57 岁以前其对冲效率是略优于 50 ~ 50 组合中被保险人 67 岁之前的对冲效果的，这和图 8 - 4 的直观发现是一致的，也和方差缩减比度量的结果相吻合。综上可见，几种评估方法的结论是一致的，既分段对冲组合 3 （40 ~ 50 组合）能取得最佳的对冲效果，也就是说低年龄寿险保单和高年龄年金保单的 40 ~ 50 组对冲长寿风险的效果最好。这和第三部分基于久期规则的理论分析是吻合。

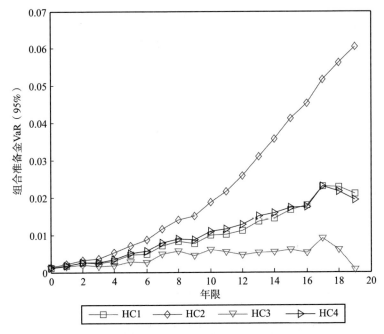

图 8-6 4种分段对冲组合的 VaR 变化图

值得一提的是，数值模拟方程（6）中主要的参数就是人口死亡率，由胡仕强（2015）可知，贝叶斯死亡率预测方法相对于传统的时间序列方法在预测结果的平滑性、稳健性、BIC 值和残差方差值方面都具有优越性；更重要的是贝叶斯方法能够直接从死亡概率的预测分布中进行抽样，来完成久期计算和准备金模拟，从而以一体化方法融合了死亡率预测和后续的研究任务，即减少了死亡率预测阶段误差的产生和累积，又防范了其通过久期和准备金的模拟过程向评估结果传导，这种优越性必然会转化成更加精确稳健的计算结果。

第五节 结论与展望

本书利用生存年金和寿险产品对死亡率改善具有不同风险敞口的特征，构建了以死亡率久期为主要风险度量指标的死亡率免疫理论，并提出以分段对冲的思想来探讨长寿风险的自然对冲有效性问题。具体实证方法上我们在统一的贝叶斯 MCMC 框架下计算死亡率预测值，死亡率久期，方差缩减比（VRR）和 VaR 值，以大量的数值模拟来量化评估分段对冲的有效性问题。得出了一些有用的结论如下：

（1）生存年金产品及其准备金的死亡率久期与年龄（死亡率）和利率成反比，与保险期限成正比；而寿险产品及其准备金的死亡率久期与年龄（死亡率）、利率和保险期限都成正比。

（2）生存概率的时空结构与死亡率久期特征相结合可有效提高自然对冲的效率。通俗地说，不同代际之间和不同地域之间生存概率的时空结构差异是决定自然对冲效率的关键因素。在本书中，低年龄寿险保单和高年龄年金保单组合对冲长寿风险的效果最好。这是年金和寿险产品准备金久期规则，结合生存概率曲线平行上移规律（长寿风险）优化组合的必然策略。这种分段对冲策略思想，实际上只是利用代际间的生存概率差异来提高对冲效率，如进一步地推而广之，将具有更普遍的理论和现实意义。比如，这种对冲如果发生在不同地域之间效果可能会更好，这包括不同地域的老年化程度不同带来的风险对冲机会以及不同地域利率水平差异带来的操作空间等，这些都是值得深入研究的有意义的课题，对寿险企业如何配置其寿险业务的年龄和空间组成结构也有很好的启示意义。

第九章 自然对冲、年金价格及其偿付能力评估

第一节 引　　言

固定给付的生存年金是生命周期资源配置的经典工具，它通过提供终生年金支付，消除了人们对有生之年耗尽养老资源的担忧，其实质是一种长寿保险。这种保险形式广泛存在于商业年金，企业年金和政府的公共养老金计划中，如果死亡率不发生变化，从理论上来看，这是一种完美的养老金融解决方案。然而在过去的几十年里，死亡率超预期的持续改善大幅提高了这种长寿保险在未来支付的成本，对其偿付能力造成了巨大的压力。学术界将这种因死亡率改善造成的财务压力称为长寿风险。

从现代精算理论我们知道，在固定给付生存年金中，年金提供者承担着异质性的长寿风险和总体的长寿风险，前者是可分散的长寿风险，因被保险人的死亡时间是服从某种分布的随机变量，当保险公司发行保单数量增加到足够大时，每份保单的标准差将趋向零，这也正是大数定律起作用的机理（Biffis et al.，2010）；但后者从大数定律的视角来看是系统性的不可分散风险，因为被保险人样本整体都受到了某些共同因素的影响，所以保单数量趋向无穷时，每保单风险将会趋向于一个不为零的常数（Wills et al.，2010）。因此，年金提供者在定价时就必须考虑到这种不可分散的风险，以风险溢价的形式在年金的定价方程中加入系统性长寿风险的溢价因子。实务中又常常因为对风险溢价的值难以准确评估，所以采用扩大化的安全边际以求对风险的全覆盖，其结果是推高了年金价格，抑制了对年金的有效需求。另外，鉴于商业年金机构和养老基金偿付能力不足可能带

来的巨大社会成本，监管机构会要求保险人持有基于风险的偿付能力资本额度，这些资本的成本不仅助推了年金价格，也增加了发行人的财务压力，降低了其供给意愿。

在年金长寿风险的应对策略中，学术界最常用的是风险证券化方法，该方法的核心是以长寿连接型证券来对冲风险，其基本原理是让证券的收益和将来实际实现的死亡率挂钩，从而将风险转移到资本市场。近年来，学者们广泛探讨了生存债券、生存互换、死亡率远期、死亡率期货和生存期权等衍生产品在管理和对冲长寿风险中的机理，相关文献有林和考克斯（Lin and Cox，2005）、布莱克等（Black et al.，2008、布莱克博恩和舍利斯（Blackburn and Sherris，2013）、迪纽特等（Denuit et al.，2015）、曼恩等（Man et al.，2015）和布拉沃等（Bravo et al.，2018）。然而与蓬勃发展的理论研究相比，长寿风险证券化所需要的制度环境和法规建设却进展缓慢，与实际需要尚有较大距离。在2003年瑞士再保险的死亡率指数债券和2004年法国巴黎银行的长寿债券发行失败以后，JP Morgan等金融机构也尝试发行过长寿连接型债券，但并未引起太多关注，目前仅有生存互换有比较成功的实践。

另一种近年来广受学者们关注的长寿风险管理策略是自然对冲方法，该方法的内在逻辑是利用年金保单和寿险保单对死亡率变化的相反的风险暴露（敞口）来对冲风险。一般来说，死亡率的改善将使年金的成本增加，因为年金持有者的平均生存年龄将提高，对其支付的值也将增加；相反地，死亡率的改善将会使得寿险保单成本降低，相应地对保单持有者的支付也将减少，因为保单合同期内死亡率人数和死亡概率都会减少。也就是说死亡率的变化对寿险和年金产品价值的影响是反向的。众所周知，久期和凸性是现代金融中利率免疫理论的基础，是度量资产价格对利率变动的敏感性的重要指标，当两种资产对利率变动的方向相反时，就可以构造资产组合来对冲利率风险的影响，从而达到免疫的效果。近年来精算学者们借鉴利率免疫的原理，提出死亡率久期和死亡率凸性的概念来度量保险产品的敏感性，通过构建寿险和年金这两种保险产品的某种组合，就可以导出使组合免受死亡率变化冲击的各保单间的数量条件。从而开启了长寿风险管理的自然对冲策略。

文献中死亡率免疫策略的研究大致沿着麦考勒久期（Cox and Lin，2007）、有效久期（Plat，2011）和关键死亡率久期（Tsai and Chung，2013）的演进脉络进行久期匹配策略的优化拓展，以提高自然对冲的有效性。最近文献有林和蔡（Lin and Tsai，2014）、卢西亚洛等（Luciano et al.，2012，2017）和黄等（Wong et al.，2017），然而这些文献的关注点仍然是对冲组合中寿险和年金业务的最佳匹配比例，影响该比例的因素，以及对冲有效性的评估，至于自然对冲对年金价格的影响尚未见到完整论述。贝拉克塔和扬（Bayraktar and Yong，2007）虽然以夏普比方法和现代资产定价理论证明了 m 份寿险和 n 份年金组合的价值将小于单独的 m 份寿险和单独的 n 份年金价值之和，但该文更多着眼于数学证明，并未探讨自然对冲的机理，路径及其对偿付能力的影响。

与现有文献多关注最优对冲比例相比，本书认为，自然对冲的意义并不意味着我们要依据寿险和年金产品的对冲比例来调整保险企业的业务结构。因为公司的业务组合受到多方面因素的影响，从某一个特定视角来决定其组成难免顾此失彼。自然对冲的真正意义在于他实质性地改变了年金产品的长寿风险溢价水平，是年金产品在定价和偿付能力评估中必须予以考虑的因素。从金融经济学的视角看，在考虑自然对冲的情况下，大数定律无法对冲的所谓系统性长寿风险将能通过保险公司自身的"寿险－年金"产品组合得以部分或全部对冲，那么它本质上依然是可分散风险，而消除了风险溢价的年金价格必然会降低。年金价格的降低一方面会增强消费者的需求意愿，另一方面又会传导到年金发行人的偿付能力额度评估，释放被高估的偿付能力资本，降低其财务压力，优化其偿付能力风险指标，这也必然会刺激年金的有效供给。

第二节　自然对冲影响的路径与评估指标

根据保险精算理论，我们可以把定期生存年金的定价公式写成如下形式：

$$\ddot{a}_{x:\overline{n}|} = \sum_{k=0}^{n-1} {}_kp_x \times e^{-\delta k} = \sum_{k=0}^{n-1} \exp\left(-\int_0^k \mu_x(t)\right) \times e^{-\delta k} \qquad (9.1)$$

这里 $\ddot{a}_{x:\overline{n}|}$ 是 x 岁的被保险人投保 n 年期期初付生存年金的年金系数，其中 $\mu_x(t)$ 表示 t 时 x 岁人的死力，而 ${}_tp_x$ 表示 x 岁的人活到 $x+t$ 岁的概率。为了研究生存概率变化对年金价格的影响，可以借鉴现代金融中利率久期和凸性的概念，建立死亡率久期和凸性指标，用来度量年金价格对死亡率变动的敏感性。但 ${}_kp_x$ 和 $\int_0^k \mu_x(t)dt$ 中并不存在共同的因子，无法对式（9.1）进行死亡率的微分。对此，本书参照林和蔡（Lin and Tsai，2013，

2014）等精算文献，假设死力 $\mu_x(t)$ 会进行常数的变化，即 $\mu_x^{\cdot}(t) = \mu_x(t) + \lambda$，这样 $_kp_x$ 将变成 $_kp_x^{\cdot} = {_kp_x} \times e^{-k\lambda} = {_kp_x} \times f(k, \lambda)$，其中 $f(k, \lambda)$ 称为调整函数，取决于 x 岁人的生存年 k 和 $\mu_x(t)$ 的常数变动 λ，有：

$$f(k, \lambda) = e^{-\lambda k} = 1 - k\lambda + k^2 \frac{\lambda^2}{2} + \cdots + O(\lambda^2) \tag{9.2}$$

如果令 $\quad d(k) = -\left.\frac{\partial f(k, \lambda)}{\partial \lambda}\right|_{\lambda = 0} = k, \ c(k) = \left.\frac{\partial^2 f(k, \lambda)}{\partial \lambda^2}\right|_{\lambda = 0} = k^2 \tag{9.3}$

则年金保单的死亡率久期和凸性分别可以表示成：

$$D[\ddot{a}_{x:\bar{n}|}(\mu_X)] = \sum_{k=0}^{n-1} d(k) \times {_kp_x} \times e^{-\delta k} \tag{9.4}$$

$$C[\ddot{a}_{x:\bar{n}|}(\mu_X)] = \sum_{k=0}^{n-1} c(k) \times {_kp_x} \times e^{-\delta k} \tag{9.5}$$

显然这里应用的久期概念是金额久期（Dollar duration），即死亡率变动导致的保险产品（寿险，年金等）价格的变动额度。如果用 $_0S$ 表示保单或保单组合在签订时的盈余，P_1 和 P_2 表示寿险和年金保单。作为对冲将这两种产品按照一定的价值权重搭配成产品组合，即 $P = \omega P_1 + (1 - \omega) P_2$，找到一定比例 ω，使其对死亡率改善免疫。为方便起见，可以将组合的盈余整理成

$$_0S[P(\mu_x)] = \omega \times {_0S}[P_1(\mu_x)] + (1 - \omega) {_0S}[P_2(\mu_x)]$$

$$= \omega(1 - {_nE_x}) + (1 - \omega - \omega d)\ddot{a}_{x:\bar{n}|} - [\omega p_1 + (1 - \omega)p_2] \times \ddot{a}_{x:\bar{m}|}$$

$$= \sum_{k=0}^{n-1} n_k^p \tag{9.6}$$

这里用到基本的精算等式 $A_{x:\bar{n}|}^1 = 1 - d \times \ddot{a}_{x:\bar{n}|} - {_nE_x}$，$d = i/(1 + i)$ 是贴现率，$_nE_x$ 是精算贴现因子，且 $_nE_x = v^n \times {_np_x}$。$n_k^p$ 是 N_k^P 的精算现值，即有 $n_k^P = N_k^P \cdot {_kp_x} \cdot e^{-\delta k}$，而 N_k^P 则是该保单组合在 k 时的净现金流。具体见表 9-1。

表 9-1　　　　　　　　　　保单组合净现金流

符号	保单组合净现金流	时间 k
N_0^P	$1 - \omega \cdot d - [\omega \cdot p_1 + (1 - \omega) \cdot p_2]$;	$k = 0$
N_k^P	$1 - \omega - \omega \cdot d - [\omega \cdot p_1 + (1 - \omega) \cdot p_2] = N_0^P - \omega$;	$k = 1, 2, \cdots, m - 1. \ m \geq 2$
N_k^P	$1 - \omega - \omega \cdot d$;	$k = m, m + 1, \cdots, n - 1. \ m < n$
N_n^P	$1 - 2\omega - \omega d$;	$k = n$

则当死力由 μ_x 变成 $\mu_x + \lambda$ 时，原组合盈余中每一项都从 $_kp_x$ 变成 $_kp_x \cdot f(k, \lambda)$，该组合盈余的变化可表达为：

$$\Delta_0 S[P(\mu_x)] = \sum_{k=0}^{n-1} n_k^P \cdot [f(k, \lambda) - 1] \tag{9.7}$$

结合式（9.2）和式（9.3）、式（9.7）可变形得到：

$$\Delta_0 S[P(\mu_x)] = -\lambda \cdot \sum_{k=0}^{n-1} d(k) \cdot n_k^P + \frac{\lambda^2}{2} \cdot \sum_{k=0}^{\infty} c(k) \times n_k^P + O(\lambda^2) \tag{9.8}$$

省略高阶项，式（9.8）表示长寿风险造成的组合盈余的变动是组合久期和凸性的线性函数，又因为死亡率的改善是一个渐进漫长的过程，这也就意味着 λ 的值较小，而 $\lambda^2/2$ 项将更小，对整体变动的影响也将更小，忽略此项则上式对死力免疫的条件是 $\sum_{k=0}^{n-1} d(k) \cdot n_k^P = 0$，等价于 $D[_0S(P(\mu_X))] = 0$，即 $D[\omega_0 S(P_1) + (1 - \omega)_0 S(P_2)] = 0$，由此求得盈余对死亡率免疫时的最优组合比例：

$$\omega = \frac{I \times D[_0S(P_2(\mu_x))]}{I \times D[_0S(P_2(\mu_x))] - DB \times D[_0S(P_1(\mu_x))]} \tag{9.9}$$

这里年金的每期支付为 I，而死亡赔付为 DB（Dearth Benefit）。从式（9.9）可以看出，自然对冲最优组合比例中，相对于年龄、保险期限和缴费期限等保单特征要素，每期支付 I 和死亡赔付 DB 是更易于调整操作的变量。显然，在寿险保单和年金保单组成的保单组合中，寿险价值占比满足式（9.9），则死亡率改善给寿险保单带来的收益刚好能够抵销年金保单因此而遭受的损失。

自然对冲消除了年金的长寿风险溢价，必然会改变年金的价格。如果以 $\ddot{a}_{x:\overline{n}|}^{F_0}(t_0)$ 表示年金发行者按照当前数据（生命表数据或经验预测数据）计算的在当前 t_0 年，年龄为 x 岁的被保险人的生存年金价格，而 $\ddot{a}_{x:\overline{n}|}^{F_k}(t_0)$ 表示根据 k 时刻实际实现的生存概率计算所得的年金价格。则对于死亡率改善前后年金价格之间的关系，可以得到式（9.10）：

$$\ddot{a}_{x:\overline{n}|}^{F_k}(t_0) = \sum_{k=0}^{n-1} e^{-\delta k} {}_kp_x^{F_k} = \sum_{k=0}^{n-1} e^{-\delta k} {}_kp_x^{F_0} \times f(k, \lambda) = (1 + \theta)\ddot{a}_{x:\overline{n}|}^{F_0}(t_0) \tag{9.10}$$

式（9.10）显然这里的 $\theta\ddot{a}_{x:\overline{n}|}^{F_0}(t_0)$ 是风险附加保费，在本书语境下，这是完全由 k 时生存概率变化造成的，因此也就是长寿风险溢价。按照本书的假设，很容易推导得到溢价因子 $\theta = -D^{\bullet}(\ddot{a}_{x:\overline{n}|}^{F_0}) \times \lambda + C^{\bullet}(\ddot{a}_{x:\overline{n}|}^{F_0}) \times$

$\lambda^2/2$，该表达式中的久期和凸度是死亡率的麦考利久期和麦考利凸度，而不是金额久期。

从金融经济学的角度来看，在不考虑自然对冲的情况下，这部分长寿风险溢价是保险人无法利用大数定律分散掉的系统性风险，市场将对其进行定价，保险人收取这部分保费也是合乎情理的。但在考虑到自然对冲的情况下，在对冲组合里这是可以用寿险保单将死亡率改善相反的风险敞口对冲掉的非系统性风险，因此能同时提供寿险和年金业务的保险人就可以收取更低的年金保费，从而在市场竞争中占据优势。如果组合中的寿险保单价值占比达不到最优比例，则不能完全对冲掉组合中年金保单的长寿风险，如果用 ρ 表示组合中年金保单长寿风险被对冲的比例，显然有 $0 \leqslant \rho \leqslant 1$。那么在有自然对冲的情况下，考虑到寿险保单的对冲效应，真实的年金价格应该是：

$$a_{x:\overline{n}|}^{F_k}(t_0) = [1 + (1 - \rho)\theta] a_{x:\overline{n}|}^{F_0}(t_0) \qquad (9.11)$$

和传统年金价格公式相比，式（9.11）考虑了自然对冲效应，显然 $\rho = 0$ 表示年金的长寿风险溢价没得到对冲，而 $\rho = 1$ 则意味着该年金的长寿风险已得到全部对冲。

自然对冲如何影响保险公司的产品风险和偿付能力，是自然对冲理论研究必须要弄清楚的重点问题，也是该理论能否在实务中落地的基础和前提。我们首先用合同支付 CP（contractual payment）来度量保险产品组合在受到死亡率改善冲击时的负债端变化情况。按照保险精算学理论，在寿险和年金分别占比 ω 和 $1 - \omega$ 的产品组合里，CP 是二者精算现值的线性函数：

$$\begin{aligned} CP^p &= \omega \sum_{t=0}^{T-1} DB * {}_t p_x^p * q_{x+t}^p * (1 + r)^{-(t+1)} \\ &\quad + (1 - \omega) \sum_{t=0}^{T-1} I * {}_t p_x^p * (1 + r)^{-(t+1)} \\ &= V_A^p + \omega (V_A^p - V_L^p) \end{aligned} \qquad (9.12)$$

V_A^p 和 V_L^p 是年金和寿险产品在生存概率 p 下的确定性合同支付义务。当 p 分别取当前生存概率和不同预测期的改善生存概率时，CP 的值将受到寿险和年金不同方向的冲击，而二者作用的最终结果将取决于自然对冲的比例 ω，该比例如果大于最优自然对冲比例，则组合受到长寿风险的正向影响，CP 值将下降，反之则相反。

除了 CP 外，我们还可以用 PD（ruin probability）来度量生存概率冲击所导致特定业务上资不抵债的破产概率。戈斯途乐（Gerstuner et al.，

2008）、甘泽特和韦斯克（Gatzert and Wesker, 2012）都提出过相似的风险度量概念。在真实的概率测度 P 下：$PD^p = P(T_d^p \leqslant T)$，这里 T_d^p 被定义为生存概率 p 下资产小于负债的年份，即 $T_d^p = inf\{t: A^p(t) < L^p(t)\}$，$T$ 是独立破产概率的年数。相对于 CP 只度量负债端的变化，PD 明显同时考虑了生存概率变化带来的资产和负债的互动，度量了资产小于负债的违约概率，是一个更加动态化的度量指标。

另一个风险度量指标是 ML（mean loss）。ML 被定义为发生资不抵债时的期望折现损失。这样相对于 PD 来说，该指标进一步考虑了资不抵债的破产情形发生时的损失程度。定义为：

$$ML^p = E\left[\left(L^p(T_d^p) - A^p(T_d^p) \right) \times (1+r)^{-T_d^p} \times 1\{T_d^p \leqslant T\} \right] \quad (9.13)$$

鉴于本书所使用的贝叶斯 MCMC 算法可以产生大量的模拟数据，因此我们并不局限于上述几种指标的计算值，而是利用稳健的抽样数据绘制出年龄、年份和寿险比例等不同维度下上述三个指标的变动趋势图，这种数据的可视化可以更加立体鲜明地展示出 CP、PD 和 ML 指标在各参数影响下的变动趋势。

第三节 死亡率预测、年金风险与偿付能力变动

一、贝叶斯 MCMC 框架下的死亡率预测

Lee - Carter 模型是李和卡特（Lee and Carter, 1992）中提出的一种死亡率预测模型。Lee - Carter 模型用三个参数序列：a_x，b_x 和 k_t 来描述 x 岁的人在 t 时观察的中心死亡率 $m_{x,t}$ 的自然对数，公式为：

$$\ln m_{x,t} = a_x + b_x k_t + \varepsilon_{x,t} \quad (9.14)$$

这里 k_t 是一个随时间而变化的参数，表示对所有年龄段都相同的时间效应，年龄相关的参数 b_x 度量了各个不同年龄对参数 k_t 的敏感性，参数 a_x 给出了对每个年龄 x 来说独立于参数 k_t 的年龄效应，可以看作各年龄别对数死亡率的平均水平。$\varepsilon_{x,t}$ 是残差项，并且有 $\varepsilon_{x,t} \sim N(0, \sigma_\varepsilon^2)$。对数据在 $m_{x,t}$ 和 $_tp_x$ 之间的转换，通常设死力 $\mu_x(t)$ 在同一日历年的每一个时间点上是常数，这样就有 $m_{x,t} = \mu_x(t) = -\ln {}_tp_x$。

传统的 Lee - Carter 模型中，用时间序列方法对参数 k_t 的拟合值建模，利用趋势外推得到 k_t 的预测值并进而得到对数死亡率的预测值。针

对该方法在统计处理上的一些不足，学者们进行了的诸多的修正和完善，如布尤恩斯（Brouhns et al.，2002）、任绍和哈博曼（Renshaw and Harbman，2006）以及考克斯等（Cox et al.，2010），但其参数估计和预测的不连贯问题依然存在，参数估计阶段的误差会不加处理地带入预测阶段，从而导致对实际预测的偏差。因此，本书采用贝叶斯 Markov Chain Monte Carlo 方法，将传统 Lee－Carter 模型参数估计与预测相互独立的两个阶段放在一个统一的框架下，以系统性的方式来进行处理。贝叶斯 MCMC 方法是最近几年发展起来的一种高效的贝叶斯计算方法，其核心思想就是通过建立一个平稳分布的马尔可夫链，对其进行抽样，然后基于这些样本做各种统计推断。本书将利用 WinBUGS 软件来进行 Gibbs 抽样和大规模的 MCMC 模拟运算，从而完成对模型的贝叶斯分析。相关贝叶斯方法的文献可见查恩斯等（Cairns et al.，2011）和李（Li，2014）。

本书选择 1995～2016 年的全国人口死亡率历史数据，原始数据均来自 1996～2017 年的《中国人口统计年鉴》和《中国人口与就业统计年鉴》。考虑到大部分年份最高年龄都为 90 岁，对最高年龄为 100＋的 5 年数据进行算术合并，其中 1996 年数据只统计到 85＋，利用插值法进行拓展。本书采用 0～90＋共 91 个数据组。使用 WinBUGS 编程进行了 11000 次的抽样，舍弃前 1000 次，以后 10000 次样本计算参数估计值。共给出 a_x、b_x、k_t 和未来死亡率 $p[x, j]$ 等监测参数的估计值。表 9－2 给出了四个参数估计的时间序列和自相关性结果的示例，其中 a[60] 和 b[60] 分别为 60 岁时的 a_x 和 b_x，k[27] 表示在 22 年观察数据基础上得到的预测第 5 年的年龄效应值，即 2022 年的年龄效应值，p[31，5] 表示 2022 年 60 岁个体成功活到 91 岁的概率。

按照贝叶斯 MCMC 方法抽样稳健性的理论，参数估计的 MC 误差小于其标准差的 3% 就表示已经收敛了，经检测本书检测的参数都达到判断标准，再结合其时间序列和自相关图，可见示例参数抽样值都围绕均值随机波动，没有周期性和趋势性变化，其自相关图也显示它们能够快速收敛（见图 9－1）。综合这些稳健特性使我们得出结论，贝叶斯 MCMC 方法预测的参数都已经收敛了，可以放心地以此大量样本做各种统计推断。本书将以此为基础进一步在贝叶斯 MCMC 框架下计算寿险保单和年金保单以及它们盈余的久期，各项 VaR 值和偿付能力额度资本 SCR。

表 9 - 2 参数预测结果示例

node	mean	sd	MC error	2.50%	median	97.50%	start	sample
a[60]	-4.694	0.1432	0.001268	-4.976	-4.693	-4.408	1001	10000
b[60]	0.0095	0.0041	4.773E-5	0.0014	0.00945	0.0176	1001	10000
k[27]	-61.34	10.79	0.1098	-82.6	-61.45	-39.94	1001	10000
p[31, 5]	0.3261	0.0381	3.934E-4	0.2542	0.325	0.4032	1001	10000

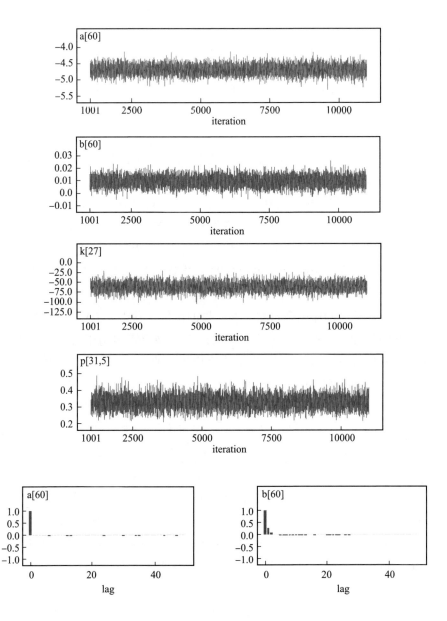

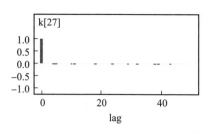 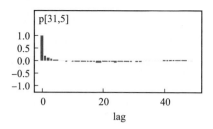

图 9 - 1　示例参数的时间序列和自相关图

二、自然对冲最优比例

根据久期定义，本书通过数值计算得到年龄、期限和利率对年金和寿险保单价值变化的影响，同时结合理论分析，总结成表 9 - 3 中的久期规则。值得一提的是表中 $D[S(P_2)]$ 和 $D[S(P_1)]$ 分别表示年金和寿险保单盈余的久期，他们和年金寿险保单有一样的久期规则。生存概率的改善将增加年金的价格，减少寿险保单的价格，故其久期分别为正值和负值；久期规则涉及的 3 个参数中，期限和利率对年金的影响从定义式中可以一目了然，年龄的增加也相当于生存概率的减小，因此与年金久期成反向关系。从久期定义和精算数学可知：$D(A^1_{x:\overline{n}|}) = -[d \times D(\ddot{a}_{x:\overline{n}|}) + D(_nE_x)]$，其中 $_nE_x = v^n \times {}_np_x$，故寿险保单的久期与年金相反；盈余久期的分析也是类似的。表 9 - 3 中的 ↑ 表示正向相关，↓ 表示反向相关（度量的都是指标绝对值的变化趋势）。

表 9 - 3　　　　　　　　　　寿险年金及其盈余的久期规则

项目	年龄	期限	利率
$D(\ddot{a}_{x:\overline{n}|})/D[S(P_2)]$	↓	↑	↓
$D(A^1_{x:\overline{n}|})/D[S(P_1)]$	↑	↓	↑

图 9 - 2 给出的是自然对冲最优比例的变化趋势。年金及寿险保单的精算现值都设定为 100。图 9 - 2 （a） 中给出了对冲年金 $_{20}|\ddot{a}_{40}$ 所需要的寿险保单随着年龄和期限变化的最优比例。结合久期规则和式（9.9）很容易对这种变化趋势进行解释：这里的 $I \times D[_0S(P_2)]$ 项不变，而 $DB \times D[_0S(P_1)]$ 随着年龄增加减小，随着期限增加变大，对冲比例随着寿险保单被保险人年龄增加而增加，随着保单期限的增加而减小，也即低年龄和长期限的寿险保单对冲效果最好；图 9 - 2 （b） 中右图给出的是对冲年金 $\ddot{a}_{40:\overline{n}|}$ 所需的最优比例，期限 $n = 5 \sim 31$ 年，缴费期为 5 年。对冲比例随

着期限和年龄的增加而增加，这是因为式（9.9）中 $I \times D[{}_0S(P_2)]$ 随着期限增加而增加，而 $DB \times D[{}_0S(P_1)]$ 项会随着期限增加而增加，并随着年龄增加而减小，通俗地说就是对冲效果会随着期限和年龄增加而减弱。

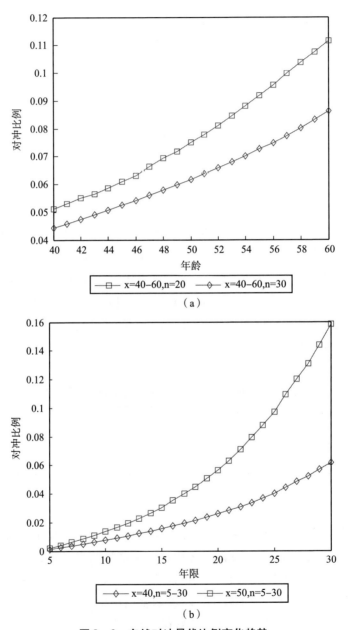

（a）

（b）

图 9-2　自然对冲最优比例变化趋势

三、年金风险与偿付能力评估

图 9 - 3 描绘了不同对冲比例下组合价值及其 VaR 值的变化。其中图 9 - 3（a）给出的是不同比例的对冲组合面临长寿风险冲击时的组合值。组合包括 60 岁终生年金和 60 岁终生寿险，为方便起见，令两者的精算现值都等于 100，这样基于 2009 年的生存概率，容易算得年金的每期支付值为 I = 5.8377，寿险保单的金额为 DB = 177.9676。由图 9 - 3（a）可见，以 2019 年和 2029 年的生存概率改善模拟长寿风险冲击时，只有当寿险保单比例为 0.3，年金保单比例为 0.7 时组合的价值不变；比例大于 0.3 时，寿险保单价值下跌的幅度超过年金保单上涨的幅度，净变化是组合价值下降，其值低于期初值 100；当组合比例小于 0.3 时，寿险的跌幅不足以抵销年金的涨幅，组合价值上升，其值高于期初值 100。组合的价值也就是保险人在未来的负债，图 9 - 3（b）是分别以 10 年，20 年和终生（31 年）寿险保单为对冲工具给出的组合 VaR 值，可以看出最优比例并没有随着寿险保单的期限而改变，使负债未来损失 VaR 值最小的比例都是 0.3。这是因为最优比例是保单价值的占比，不同的期限寿险久期的变化只会导致式（9.9）中给付值 DB 的调整。动态地看图 9 - 3（b），当比例为 0 时，单独年金的 VaR 值最高，逐步增加寿险保单价值的占比，期限短的寿险久期长，故对冲效率高，因此期限越短 VaR 值越低，达到最优比例后，继续增加寿险价值的占比，期限短的久期长导致负债价值增加多，VaR 值越大。

图 9 - 4（a）和图 9 - 4（b）是年金发行人的偿付能力额度 SCR 和盈余 VaR（95%）在自然对冲状况下变化趋势的数值模拟，保单年龄 40～60 岁，期限 30 年。图 9 - 3（a）中 SCR0 和 SCR1 分别表示长寿风险未对冲和已经对冲状态下年金提供者所需的偿付能力额度资本，对冲掉长寿风险后其 SCR 都有 8% 上下的降幅，所释放的偿付能力资本额度相当可观，这也将大大减少其财务压力；图 9 - 3（b）的 TA，TL 和 HC 分别表示定期年金盈余，定期寿险盈余和自然对冲组合盈余的 VaR（95%）值。进行自然对冲后，组合 HC 的 VaR 值相对于 TA 已经大幅下降，非常接近长寿风险给 TL 带来的损失风险。可见自然对冲降低了年金提供者的财务压力，减少了其损失风险，这必然会减少年金发行人的后顾之忧，提振其年金的供给意愿。

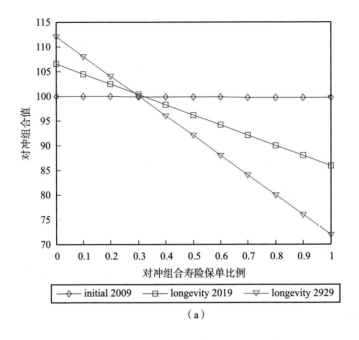

（a）

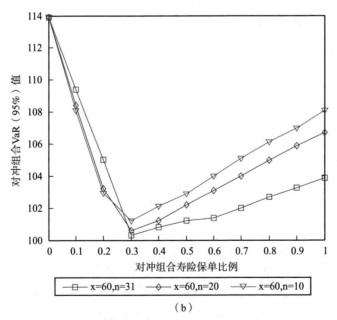

（b）

图 9 – 3　不同对冲比例下组合价值及其 VaR 值的变化

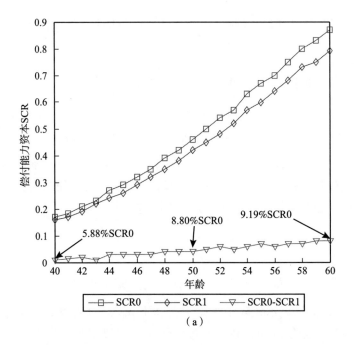

（a）

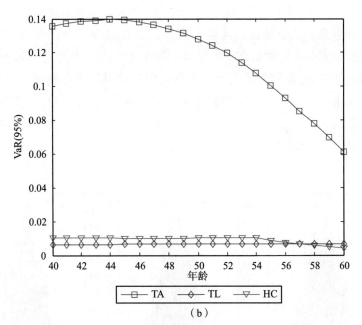

（b）

图 9 – 4　自然对冲下年金价格 VaR 和 SCR 的变化比较

第四节　自然对冲下年金价格与风险变化的评估

一、年金价格、VaR 和 SCR 的一个算例

如果用生存概率 $_tp_x$ 表示生存指数，并产生 N 条等概率的（本书中 N = 10000，即生成 10000 种将来情形）MCMC 抽样路径，则有：$\{p_x^{(j)} = (_1p_x^{(j)},\ _2p_x^{(j)},\ \cdots,\ _Tp_x^{(j)}),\ j = 1,\ 2,\ \cdots,\ N\}$。同时用 π 表示 MCMC 抽样的 N 条路径的经验分布，则有 $\pi_j = 1/N$，$j = 1$，2，$\cdots$，N。为方便起见，进一步地认为此概率分布也是风险中性的分布，则有下式成立：

$$\ddot{a}_{60:\overline{31}|}^{(j)} = \sum_{t=0}^{30} e^{-0.02t}\ _tp_{60}^{(j)} \tag{9.15}$$

$$\ddot{a}_{60:\overline{31}|} = E^Q[\ddot{a}_{60:\overline{31}|}^{(j)}] = \sum_{j=1}^{N} \ddot{a}_{60:\overline{31}|}^{(j)} \times \pi_j \tag{9.16}$$

其中 $E^Q[\ddot{a}_{60:\overline{31}|}^{(j)}]$ 表示风险中性概率测度下 $\ddot{a}_{60:\overline{31}|}^{(j)}$ 的期望值。显然这是不考虑长寿风险附加的净保费。实务中保险人将根据当前信息（生命表数据或预测数据）对生存年金进行定价，但考虑到当前信息难以完全反映死亡率在将来的改善情况，保险人会根据经验收取一个长寿风险附加保费，以反映未来 k 时刻的真实年金值，即式（9.10）中的 $\ddot{a}_{x:\overline{n}|}^{F_k}(t_0)$，如果以 2018 年的贝叶斯预测值表示基于当前信息获得的生存概率，则当终生生存年金中的长寿风险被对冲的比例分别为 0、0.5 和 1 时，可以据此模拟出 3 种状态下年金价格直方图和核密度图如图 9-5 所示（长寿风险溢价因子 θ 设为 10%）：

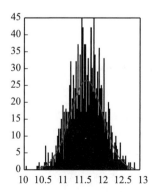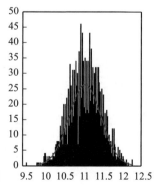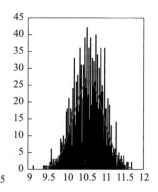

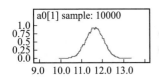 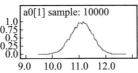 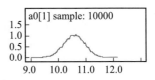

图 9 – 5　自然对冲下年金价格的直方图和核密度图

图 9 – 5 是含长寿风险、已部分对冲风险和已完全对冲风险这三种风险状态下年金的直方图和核密度图，从中我们可以直观地看到年金价格均值的变化。表 9 – 4 中分别给出了这三种年金的均值、VaR（95%）等数字特征，均是从 10000 次蒙特卡洛模拟的数据样本计算得到的。从核密度图、直方图及其数字特征可以看出，随着年金中长寿风险对冲程度的提高，年金的价格因长寿风险溢价的减小而明显降低，部分和全部对冲的价格下降幅度分别达到 4.56% 和 9.04%，也就是说对一个 60 岁开始支付，每年支付 10000 元的终生生存年金，价格最高可下降（11.62 – 10.57）× 10000 = 10500 元，降幅达到 9% 以上，这将极大地改善人们对年金价格过高的感受，有效刺激其购买意愿。此外，三种风险状态下年金的在险价值 VaR（95%）也有较大幅度的降低，按照欧盟 Solvency Ⅱ 的原则，偿付能力资本要求 SCR 等于 VaR 值减去其年金均值，其偿付能力资本要求在长寿风险部分对冲和完全对冲的状态下分别下降了 4.41% 和 8.82%（见表 9 – 4），较大幅度地释放了其资本要求额度，减轻了长寿风险的财务压力。

表 9 – 4　　自然对冲对年金的数字特征，VaR 值和 SCR 的影响

θ	ρ	均值	VaR（95%）	SCR	$\Delta P/P\%$	$\Delta SCR/SCR\%$
	0	11.62	12.30	0.68	—	—
0.1	0.5	11.09	11.74	0.65	– 4.56%	– 4.41%
	1	10.57	11.18	0.62	– 9.04%	– 8.82%

本质上说，自然对冲并不需要人为的制度安排，只要保险人同时发行寿险和年金产品，自然对冲效应就是客观存在的。也就是说，所谓年金发行者的长寿风险压力很大程度上是在忽略了自然对冲效应情况下的一场过度反应，在考虑寿险和年金产品的因反向风险敞口造成的盈亏相抵后，其实际面临的长寿风险将大大低于其原先的预估，这也必将促进年金发行者

重新评估其真实的供给意愿。

二、基于 CP、PD 和 ML 指标的自然对冲风险评估

鉴于本书所使用的贝叶斯 MCMC 算法可以产生大量的模拟数据，不仅可以给出上述几种指标的计算值，还可以方便地给出年龄和不同寿险比例下组合的合同支付 CP、组合违约风险 PD 和违约情况下的期望损失 ML，这三个指标变动趋势的图示，可以更加立体鲜明地展示出他们在各参数影响下的变动趋势。

图 9-6（a）~ 图 9-6（d）都是生存概率改善 10 年和 20 年后，寿险年金组合的合同支付相对于当前生存概率下 CP 的变化值。这里图 9-6（d）是该变化值在年龄和寿险占比 ω 这两个参数上变化趋势的三维图。其中图 9-6 中（a）、（b）、（c）是图 9-6（d）分别在 60 岁、70 岁和 80 岁这三个年龄上 CP 变化值的截面图。图 9-6（d）中两曲面的交线是保险期限内（60~90 岁）CP 变化值为 0 的点的集合，也就是寿险和年金组合中的最优对冲比例的集合。该比例随着年龄而减小，这是由式（9.9）和寿险及年金产品的久期规则决定的。由 0 到最优比例交线内的曲面意味着年金中的长寿风险并没有得到完全的对冲，图形直观地表明：20 年生存概率改善即长寿风险的增加使得组合合同支付 CP 明显大于 10 年生存概率改善的对应值；而在最优比例交线之后，年金长寿风险已经被完全对冲，更高的长寿风险随着寿险比例的增加直接转化成合同支付 CP 值的减小。

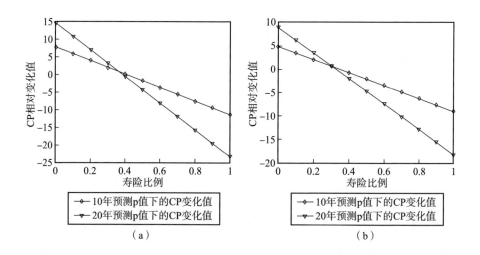

（a）　　　　　　　　　　　　（b）

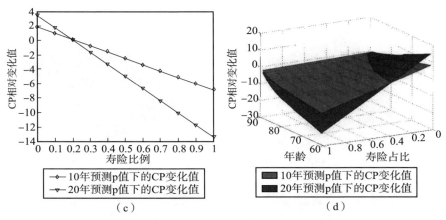

（c） （d）

图 9 - 6 自然对冲策略下 CP 随生存概率和寿险比例的变化

相比传统 PD 指标所给出的组合破产概率值（ruin probability），本书中利用贝叶斯 MCMC 算法产生的大量净资产变化值画出相应的变化趋势图形。图 9 - 7 中（a）、（b）、（c）中组合净资产曲面图位于 Z 轴 0 水平线以下部分的占比就是净资产为负的频率值，也就是 PD 所表示的概率值。显然生存概率改善越大，图中位于水平线以下的曲面部分就越大，PD 值也就越高。从图 9 - 7 中（a）、（b）、（c）都可以看出组合净资产随着 ω 的增加越来越大，也意味着寿险比重加大的正向影响超过了年金的不利影响。图 9 - 7（d）显示了保险期限内组合中寿险占比如何在预测年数即生存概率改善中影响组合净资产值。$\omega = 0$ 意味着组合中只有年金，组合净资产价值全部位于 Z 轴 0 水平线以下，意味着组合完全承担了长寿风险的负面影响，且净资产值随着长寿风险的增加越来越低。$\omega = 1$ 时，组合中只有寿险产品，组合将获得到生存概率改善完全正面的影响，且净资产价值随着生存概率的改善程度越来越高。而当 $\omega = 0.5$ 时，在所有的年龄和预测概率的维度上，组合都很好地对冲掉了长寿风险，其净资产值都为正值，始终保持在 0 ~ 5，也就是说组合对长寿风险实现了完全的免疫。

图 9 - 8（a）当组合中寿险占比在 0 ~ 0.4 时，组合会因长寿风险产生平均损失 ML（mean loss），这是一个精算现值。生存概率改善程度越大，损失的精算现值越大。但在确定的生存概率中，损失程度会随着寿险占比的增加而减小，意味着年金中因长寿风险而产生的 ML 得到了对冲。图 9 - 8（b）中当寿险占比 $\omega \geq 0.5$ 时，组合中年金的长寿风险会得到完全对冲，不再受到长寿风险的不利影响，而超出最优比例部分的寿险产品会因长寿风险的有利影响而产生平均收益 MY（mean yield），图 9 - 8 中可以清楚地看出 MY 的值都是正值，且随着寿险占比和生存概率的改善而增加。

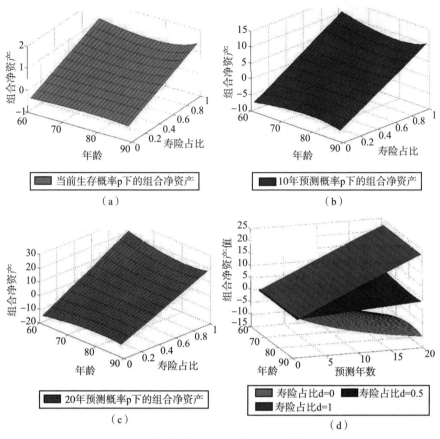

（a）

（b）

（c）

（d）

图 9 - 7　生存概率改善与寿险占比对违约概率 PD 的影响

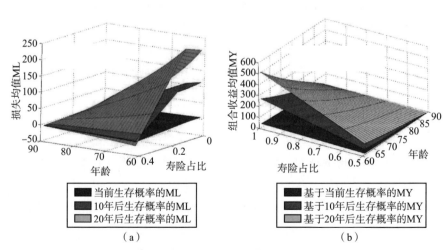

（a）

（b）

图 9 - 8　不同寿险比例和长寿风险下的组合期望损失与收益

第五节 结论与展望

本书利用生存年金和寿险产品对死亡率改善具有不同风险敞口的特征，构建了以死亡率久期为主要风险度量指标的死亡率免疫理论，并据此探讨自然对冲对年金价格和偿付能力风险的影响。具体实证方法上我们在统一的贝叶斯 MCMC 框架下计算死亡率预测值，盈余久期，对冲比例，生存年金 VaR 值等；从微观视角细化分析了年龄，期限和生存概率改善程度等保单特征参数在自然对冲效应中经对冲比例，长寿风险溢价，进而影响年金价格和偿付风险评估的机理和路径，以大量的数值模拟来量化评估自然对冲的影响。总结前文可得出一些有用的结论如下：

（1）生存年金产品及其盈余的死亡率久期与年龄（死亡率）和利率成反比，与保险期限成正比；而寿险产品及其盈余的死亡率久期受年龄（死亡率）、利率和保险期限的影响与年金刚好相反。这种死亡率久期规则实质上影响了自然对冲的比例和效率。

（2）自然对冲会降低年金价格，减少偿付能力额度资本要求和盈余的 VaR 值，从而消除年金的需求和供给意愿因错误评估带来的人为扭曲，有利于推动年金业务的健康发展。

（3）寿险及年金保单组合中，与年龄和期限相匹配的最优寿险产品比例能有效对冲长寿风险对发行人合同支付（CP），违约概率（PD），及期望损失（ML）的不利影响，有效消除年金发行人的后顾之忧。

本书的研究结论表明：自然对冲通过更有效地使用资本和更有效地定价能从需求和供给两端消除年金的发展障碍，对促进各类年金市场的健康发展具有非常重要的理论和现实意义。此外相比于长寿风险的证券化方法，自然对冲方法并不需要严格的制度和法规环境，这也使其有潜力在实务中得到真正的推广应用。

第十章 基于长寿衍生产品的年金长寿风险对冲研究

第一节 引　言

　　生存年金是一种能够提供终生收入保障的金融产品，只要年金的被保险人存活就会一直能得到支付，从而解决年金持有人在有生之年耗尽养老储备的后顾之忧。但与此同时，年金的发行人也往往会因为这个终生支付的承诺遭受到偿付能力不足的困扰。理论上说这种偿付能力不足的风险来源于合同初生存概率预测值与实际生存概率之间的偏差，这种偏差是死亡率变动的随机性造成的。这是一种年金发行人和养老基金都必须要认真面对的系统性死亡率风险，或称为系统性的长寿风险。这种系统性的风险是无法用增加被保险人的数量来消除的。

　　理论上来说，再保险是应对长寿风险的一种有效方法，但实际上正如文献布莱克等（Blake et al.，2006）所言，各大再保险公司都不愿意接手这种"有毒的风险"。实际上，即使再保险愿意接受长寿风险的再保险，他们的资金和风险防范能力也难以吸收当前由年金发行人和养老基金所承担的巨大的长寿风险规模。相对而言，资本市场的巨大规模以及金融与人口风险的几乎零相关性，使得资本市场在吸收和转移长寿风险方面具有巨大的潜力。

　　通过发行长寿债券和其他的长寿衍生产品，并将其未来的现金流和标的人群实际实现的死亡率挂钩是学者们一直热衷探讨的长寿风险资本市场解决方案。最初讨论的此类产品是长寿债券，相关文献有布莱克和布鲁斯（Blake and Burrows，2001）、布莱克等（Blake et al.，2006）、博尔等（Bauer et al.，2010）和科克和古蒙斯（Cocco and Gomes，2012）。实务中也有实际发行相关债券，如2003年瑞士再发行的长寿债券，该债券在超

·170·

额认购后又在 2005 年发行了第二期。几乎同时，2004 年欧洲投资银行也发行了 25 年期的长寿债券，其债券设计都是将息票的支付和生存指数挂钩，从而将长寿风险转移到资本市场，但在次年因投资者不足而撤回。金融实践显示，合理定价是成功发行的关键因素，既要保证能对冲风险暴露，又要能吸引足够多的投资者。

与此同时，长寿远期与长寿互换等基础性的长寿衍生产品开始引起学者们的关注。许多文献都探讨了通过这类基于指数的金融衍生工具来减轻系统性的长寿风险的方法及其可行性。其中李和哈代（Li and Hardy, 2011）、纳盖和舍利斯（Ngai and Sherris, 2011）和布莱克等（Blake et al. , 2013）文献都研究了一类线性支付的长寿衍生产品，如 q - 远期，生存远期和生存互换，并思考了此类基于指数的长寿市场的发展，实务上瑞士再和摩根大通等著名金融机构都同英国寿险公司签订后生存互换合约，并取得了被广泛认可的效果。之后，具有非线性支付结构的长寿衍生产品又逐渐引起了学者们的关注。如王和杨（Wang and Yang, 2013）利用拓展的 Lee - Carter 模型来定价长寿下限期权，博依和斯滕托夫特（Boyer and Stentoft, 2013）提出了一种风险中性的模拟技术，并用来定价了欧式和美式长寿期权。岳等（Yueh et al. , 2016）研究了一种基于死亡率的结构性产品，并发展了一种定价死亡率买权和卖权的定价模型，并详尽探讨了他们对于参数值变化的敏感性。

国内对长寿衍生品的定价研究还处于初期，关于长寿债券设计与定价相关的研究文献相对较少。尚勤、秦学志（2012）根据我国国情设计了一种长寿债券，运用王转换定价方法在不完全市场中对该债券进行定价，并使用我国经验数据进行了相关实证研究。田梦、邓颖璐（2013）在 Lee - Carter 模型的基础上，通过双指数跳跃扩散模型对 Lee - Carter 模型中的时间序列因子进行拟合，较好地刻画了中国人口死亡率的长寿跳跃和死亡跳跃；引用 Swiss Re 死亡债券度量长寿风险的市场价格，预估未来中国人口死亡率，并得出了寿险衍生品 Q 形远期的中国定价。谢世清（2014）应用风险中性的定价方法，研究了死亡率服从双指数跳跃分布时的长寿债券定价，并给出了定价的解析式，作者认为发行触发型长寿债券对管理长寿风险具有重要的理论与现实意义。田玲、姜世杰、樊毅（2017）通过对国外经典死亡率债券的比较，在离散型死亡率模型假设条件下，设计了一支可调整上触碰点的触发型长寿债券，运用带永久跳跃的 APC 模型和风险立方方法对长寿债券进行定价。实证结果显示风险溢价的结果比较稳定，设置不同的初始上触碰点，风险溢价差异较大。胡仕强、陈荣达（2017）

利用贝叶斯 MCMC 方法来进行长寿衍生产品的定价。作者认为，贝叶斯方法更好地考虑样本不足和样本质量问题；同时，贝叶斯 MCMC 算法的一体化研究框架，能大幅减少定价过程中数据和参数风险的产生，累积和传导，提高长寿衍生产品定价结果的有效性和可靠性。

本书将在已有研究的基础上，基于我国的人口死亡率数据，探讨长寿互换和长寿期权的定价方法，并对这种基于生存指数的长寿衍生产品在对冲长寿风险上的效果进行深入的分析研究。研究方法上我们以贝叶斯 MCMC 算法来统筹死亡率预测，长寿衍生品定价和效果的量化评估。具体来说，就是以贝叶斯框架来拓展 Lee – Carter 死亡率预测模型，并且通过 Gibbs 抽样来生成风险中性的生存概率分布，从而完成长寿互换和长寿期权的定价。相对于传统方法，本书的贝叶斯 MCMC 算法所产生的大量收敛的可靠的参数样本将使得研究结果的可视化程度大为增加，能够更加直观地显示出长寿互换和长寿期权对冲下长寿风险的变化趋势。

第二节　模型与结构

一、长寿远期与长寿互换

长寿衍生产品不同于我们熟知的一些金融市场衍生产品，这些金融产品不仅真实存在，而且也在许多市场中自由地进行交易，有丰富的交易数据和规范的交易机制，也有成熟的定价理论与方法。相比较而言，这些对冲或转移长寿风险的长寿衍生产品要么并不真实存在，只停留在概念阶段，要么即使存在，也不能进行自由活跃的交易。显然长寿衍生品市场是个不完备的市场。这类产品中最常见的是长寿远期产品。这可能是最简单的一种金融衍生品了。它经常被当作像积木块一样的基本单元，用以搭建其他更复杂的长寿衍生品。

作为第一款标准化的长寿或死亡率风险连接型产品，生存远期又被称为 q – 远期，是由 JPMorgan 的养老金咨询专家组在 2007 年提出用以转移长寿和死亡率风险的一款最简单的资本市场工具。该产品的结构涉及某群体在将来实现的死亡率和合同订立时双方约定的死亡率的交换。一般地这个参考的将来实现死亡率是参照某个死亡率指数来确定的，必然 Lifemetric Index。与我们熟知的利率互换相似，如果生存远期合约是公平定价的，则在交易之初并不发生支付，但是在到期日，一方将会给另一方一个净的支付。为了对冲长寿风险，年金发行人可以进入长寿远期的多头，到期日从远期合约得到的超过约定死亡率的支付将会弥补其年金合同的超额支付，从而对冲长寿风险。

如果说长寿远期是用来对冲将来某一个时间点的长寿风险的金融工具，那么长寿互换就是对冲将来某一个时间段内长寿风险的长寿衍生工具，这种安排在金融市场中应对利率风险时很常见。与利率互换的逻辑类似，长寿互换也是一系列长寿远期的组合头寸。在长寿互换中，交易双方将用固定支付与某一个固定期限内参照人群中的生存人数挂钩的浮动支付进行交换，因此可以被认为是生存远期的组合头寸，是一系列具有不同到期日的生存远期的组合。

对年金发行人来说，他有义务根据合同期内实际生存人数或者说实际生存概率来进行约定的支付，由于生存概率的随机性和长寿风险的存在，这种支付必然会偏离合同期初的计算值，为了保护自己免受超预期生存概率带来的超额支付，年金发行人可以进入一个支付为 $K \in (0, 1)$ 的生存远期协议并在 T 时收到一个数额等于实际实现的生存概率 $_{T}p_x^{F_T}$ 的浮动支付。经此安排后，年金发行人实际暴露的生存概率就等于某个固定的值 K。因为该生存远期合同没有任何预付成本，所以在风险中性测度 Q 下必然有：

$$B(0, T)E_0^Q(_{T}p_x - K(T)) = 0 \qquad (10.1)$$

也就是说固定支付额度等于基于 0 时信息的风险中性概率下的生存概率期望值，其等价条件是必须满足等式 $K(T) = E_0^Q(_{T}p_x)$。因此对于支付固定值的一方来说，逐日盯市价格过程 $F(t)$ 可以表示成：

$$F(t) = B(t, T)E_t^Q(_{T}p_x - K)$$
$$= B(t, T)(_t\tilde{p}_x \times _{T-t}\hat{p}_{x+t} - K) \qquad (10.2)$$

在合同之初，给定 0 时刻的信息 F_0，对未来死亡率有一个预测。随着时间的推移，到 $t \in (0, T)$ 时刻，我们可以获得更多的信息 F_t，$E_t^Q(_{T}p_x) = _t\tilde{p}_x \times _{T-t}\hat{p}_{x+t}$ 变成前 t 年已经实现的生存概率 $_t\tilde{p}_x$，这是基于 t 时信息的已知概率，和剩余 $(T-t)$ 年风险调整的预期生存概率的乘积，也就是有等式 $_{T-t}\hat{p}_{x+t} = E_t^Q(_{T-t}p_{x+t})$。在到期日 T，该乘积变成在 T 时刻已经实现的生存概率。换句话说，$_t\tilde{p}_x \times _{T-t}\hat{p}_{x+t}$ 表示基于 t 时刻信息的 T 年风险调整的生存概率。上式的价格过程取决于唯一的不确定性 $_{T-t}\hat{p}_{x+t}$，这是基于目前 t 时刻，年龄 $x+t$ 群体的生存互换的互换率，剩余到期时间为 $(T-t)$。如果已经建立了一个流动的长寿衍生品市场，这个互换率是可以根据市场数据计算出来的。遗憾的是我们目前尚缺乏这样一个流动性市场，无法得到市场的互换率，就只能用这个基于模型的风险调整生存概率 $_{T-t}\hat{p}_{x+t}$。因为长寿互换就是生存远期的组合头寸，所以长寿互换的价格就是系列生存远期之和。

二、长寿上限期权

长寿上限期权（Longevity caps）是长寿看涨期权（Longevity caplets）的组合头寸，他可以提供类似于长寿互换的对冲，但它是一种期权型结构。如果年金发行人想要对冲某一群体的 T 年期超预期生存概率风险（长寿风险），与生存远期对冲不同的是，发行人可以进入长寿看涨期权的多头，其 T 时的支付为 $\max\{_T\hat{p}_x - K,\ 0\}$，这里 $K \in (0,\ 1)$ 是执行价格。如果已经实现的生存概率比 K 大，对冲者从长寿看涨期权的收益为（$_T\hat{p}_{x_x} - K$），这可以看作在生存概率增加，发行人的年金支付增加后从期权中获得的补偿。如果已经实现的生存概率小于等于 K，则没有现金流出。换句话说，长寿看涨期权对其持有人的长寿风险暴露在 K 值处封顶而没有下行风险。因为长寿看涨期权的支付都是正值，其定价可以表示为：

$$lC(t;\ T,\ K) = B(t,\ T)E_t^Q(_Tp_x - K)^+) \tag{10.3}$$

三、年金头寸中的长寿风险

我们考虑一个由 60 岁年龄群体组成的生存年金头寸。其人数规模为 n。其死亡率变动趋势由经典的 Lee - Carter 模型来描述。假定年金保单没有其他的附加费用。则在保单成立的 0 时刻，我们假定只要年金持有人生存，每年支付为 1 单位元的终生生存年金的趸缴保费为：

$$a_x = \sum_{T=1}^{\omega-x} B(0,\ T)E_0^Q(_Tp_x) \tag{10.4}$$

这里 ω 是死亡率生命表中的最大存活年龄。年金发行人收到的所有保费为 $A = na_x$，这是年金发行人在时刻 0 时的总资产现值。因为承诺的年金支付取决于头寸中年金持有人的死亡时间，所以负债的现值取决于死亡率动态学造成的随机性。对每个保单持有人来说，假定其死亡时间为 τ_k，则其负债为 $L_k = \sum_{T=1}^{\tau_k} B(0,\ T)$，则发行人的总负债的现值和可以表示为：

$$L = \sum_{k=1}^{n} L_k = \sum_{T=1}^{\omega-x} B(0,\ T) \times_T\hat{p}_x \tag{10.5}$$

显然趸缴保费作为年金发行人在合同成立时依据当时可得信息的情况下对未来负债的预测，而其在合同期的实际负债值取决于实际的死亡概率。真实负债与期初预测的差主要是由真实死亡率与期初预测死亡率的差所造成的。这样在未进行风险对冲时，年金发行人来自年金业务的折现盈余为 $S_{nh} = A - L$。

四、经互换对冲的年金头寸

对一个经长寿互换对冲的年金头寸来说，来自互换的支付为 $n(_T \hat{p}_x - K(T))$，这里 $_T \hat{p}_x = E_T^Q(_T p_x)$ 表示基于 T 时信息的已经实现的生存概率，我们把生存互换的执行价格设定为基于 0 时信息的风险调整的生存概率，即 $(1 + \pi) E_0^Q(_T p_x) = E_T^Q(_T p_x)$，以便生存互换的价格在合同期初等于零。这是因为来自将来已实现生存概率的浮动端支付的现值必须等于基于当前信息的固定支付的调整现值，又显然，浮动支付会大于固定支付，所以有调整后的等式成立：

$$(1 + \pi) E_0^Q(_T p_x) = E_T^Q(_T p_x) \tag{10.6}$$

年金持有人的盈余会因为长寿风险而产生亏损，进行生存互换对冲后来自互换的折现现金流为 F_{swap}，而进行生存互换对冲的年金成本为 0，所以互换对冲后的折现盈余头寸为：

$$D_{swap} = A - L + F_{swap} \tag{10.7}$$

$$F_{swap} = n \sum_{T=1}^{\hat{T}} B(0, T)(_T \hat{p}_x - (1 + \pi) K(T)) \tag{10.8}$$

式（10.8）F_{swap} 是来自长寿互换多头的随机折现现金流。这样年金发行人的盈余除了来自保费的资产，年金支付的负债外，还有实际实现的生存概率与基于合同成立时信息的生存概率之差的现金流现值之和。从而对冲掉因资产小于负债导致的盈余不足，即长寿风险。

五、经上限期权对冲的年金头寸

对一个经长寿上限期权对冲的年金头寸来说，其来自长寿上限期权多头的现金流为：

$$n\max\{(_T p_x - K(T)), 0\} \tag{10.9}$$

这里的长寿看涨期权的执行价格被设定为基于 0 时刻信息的最优估计的生存概率。而进行长寿上限期权对冲的年金折现盈余头寸可以表示为：

$$D_{cap} = A - L + F_{cap} - C_{cap} \tag{10.10}$$

$$F_{cap} = n \sum_{T=1}^{\hat{T}} B(0, T) \max\{(_T p_x - E_0^Q(_T p_x)), 0\} \tag{10.11}$$

$$C_{cap} = n \sum_{T=1}^{\hat{T}} Cl(0; T, E_0^Q(_T p_x)) \tag{10.12}$$

这里 F_{cap} 是持有长寿上限期权的随机折现现金流，而 C_{cap} 是长寿上限期权的价格。经过长寿上限期权对冲后的盈余除了年金发行人在保费收入的资产，未来支付的负债外，还会有来自长寿上限期权支付的现金流现值和购买长寿上限期权的价格。

第三节　基于贝叶斯 MCMC 的数值模拟与结果分析

一、死亡率的模型与预测

李和卡特（Lee and Carter，1992）提出的死亡率预测模型可以简单地表示为：

$$In(m_{x,t}) = \alpha_x + \beta_x k_t + \varepsilon_{x,t} \qquad (10.13)$$

这里 $m_{x,t}$ 表示中心死亡率，模型显示，年龄为 x 的人在 t 年的中心死亡率的自然对数可以用三项参数来表示：两项取决于被预测人的年龄，一项与预测年份相关。也就是说对确定的年龄 x 来说，有一个常数的 α 和 β 的值，不随预测年份 t 而变化；但 k_t 值是一个取决于预测年份的参数，与被预测对象所处的年龄无关。在李和卡特（Lee and Carter，1992）所提出的一些基本假设下，三个参数都可以做出明确的经济学解释。比如 k_t 是一个死亡率水平的时间指标，它对年份 t 的全体死亡率水平给出了一个一般性的描述。因此一个下降的 k_t 值表示观察年份的死亡率水平有下降的趋势。而 β_x 表示某一个特定的年龄 x 对总体死亡率水平变化的敏感性。即对某一个年龄 x 来说，β_x 值越高，k_t 对这个年龄的死亡率影响就越大。而 α_x 可以看作 x 岁中心死亡率自然对数的平均值。

本书以 1996 ~ 2017 年的中国人口死亡率数据进行死亡率预测。为了应用死亡率预测的贝叶斯方法，我们把 Lee – Carter 模型整理成如下的观察方程和状态方程。

$$y_t = \alpha + \beta k_t + \varepsilon_t, \ \varepsilon_t \sim N(0, \ \sigma_\varepsilon^2) \qquad (10.14)$$

$$k_t = \mu + k_{t-1} + e_t, \ e_t \sim N(0, \ \sigma_k^2) \qquad (10.15)$$

式（10.13）是贝叶斯结构中的观察方程，y_t 是 t 时各年龄中心死亡率自然对数。式（10.14）是状态方程，其中 μ 和 e_t 分别是漂移项和残差项。按照本书其他章节相似的方法，和基本的正态 – 逆伽马分布原理，为上述观察方程和状态方程中的参数设定先验分布，对于上述先验分布中的超参数按照奇异值分解（SVD）方法得到的样本均值和样本方差进行设定。

　　我们应用 WinBUGS 编程，进行 11000 次的抽样，燃烧掉前 1000 次，以后 10000 次样本来计算参数的估计值。对 y_t、α、β、k_t 和 μ 等参数在不同年龄和时点的共 11000 个参数（$3 \times 91 \times 40 + 2 \times 40 = 11000$）进行检测，每个参数都包括均值，方差，MC 误差，2.5% 和 97.5% 分位点，中位数等相关信息。a[60] 和 b[60] 是 60 岁时的 α 和 β 值，k[8] 表示基于现有数据的预测第 8 年，即 2025 年（$2017 + 8$）的 k_t 值。从表 10－1 的监测参数中 MC 误差都小于相应参数标准差的 3%，再结合这几个参数的时间序列图及自相关图可以判断出抽样样本是收敛的，其稳健性能够得到保证，除上述几个示例参数外，所有监测参数经检验都满足收敛性要求，可以基于该收敛的样本进行各种统计推断。60 岁时中心死亡率自然对数的均值是 -4.365，而对于 2025 年的年度死亡率水平，60 岁时的敏感性系数是 0.01199（见图 10－1）。

表 10－1　　　　　　　　WinBUGS 参数监测指标示例

node	mean	sd	MC error	2.50%	median	97.50%	start	sample
a[60]	-4.365	0.0677	6.4E－04	-4.497	-4.365	-4.229	1001	10000
b[60]	0.01199	0.0039	5.5E－05	0.00427	0.01203	0.01957	1001	10000
k[8]	4.533	2.069	0.02456	0.4628	4.527	8.553	1001	10000
mu	-2.881	1.845	0.02184	-6.562	-2.875	0.7229	1001	10000

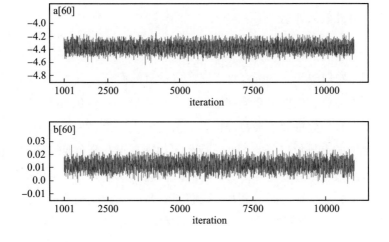

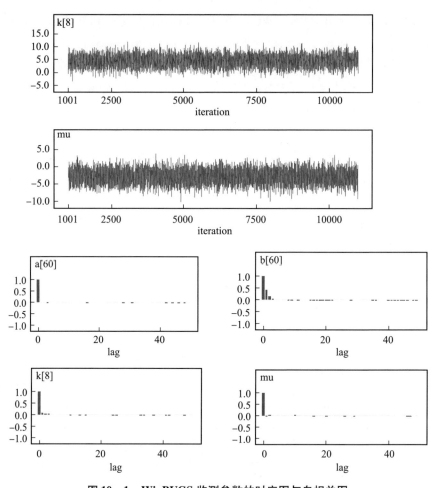

图 10 - 1　WinBUGS 监测参数的时序图与自相关图

二、对冲效果评估

Lee - Carter 模型关于将来死亡率的不确定性主要来源于 k_t 的未来预测值，因为它取决于 e_t，所以对于资产定价目的而言，只需要对此随机项进行风险中性化。根据王变换理论，对一个变量 $X \sim N(0, \sigma^2)$ 进行风险调整的变换时，变量的正态特征仍然保留，即 $X^* \sim N(0 - \lambda\sigma, \sigma^2)$，这里的 λ 是风险的市场价格。鉴于此，我们不用来自正态分布 $N(0, \sigma^2)$ 的随机抽样，而利用来自分布 $N(-\lambda\sigma, \sigma^2)$ 的随机抽样。由于定价的衍生产品关联的是生存指数，而不是 k_t。我们利用 Lee - Carter 模型的观察方程把 k_t 的模拟值转变成预测的死亡率。上述过程可以很方便地在贝叶斯 MCMC 算法程序里实现。

对年金发行人的盈余进行抽样，燃烧掉前 1000 次，取后 10000 次收敛的迭代结果作出上述的图表。风险中性化时的风险市场价格 λ 是决定长寿衍生产品和年金产品价格的一个重要参数。由于长寿互换，长寿上限期权和这些年金的价格都是取决于一个群体的死亡率动态学，因此都使用相同的 λ 来定价。从表 10 - 2 中可以看出无对冲时，盈余是负值，这是因为作为资产的年金价格是合同成立时根据当时（0 时刻）的信息对未来支付现金流现值的精算现值，如果合同期内死亡率的动态学完全如期初时的预测，盈余的理论值应该等于 0。但实际上未来的死亡率降低，生存概率变动会超过期初的预测值，这就是长寿风险的产生。

表 10 - 2　　　　　　　　不同风险系数下对冲效果的统计指标

项目	mean	sd	MC error	2.50%	median	97.50%	VaR (0.95)
λ = 0.1							
无对冲	- 1.928	0.3954	0.005695	- 2.719	- 1.92	- 1.184	- 1.8314
互换对冲	- 1.463	0.9511	0.01447	- 3.456	- 1.397	0.2282	- 1.24685
期权对冲	- 1.409	0.6506	0.009367	- 2.78	- 1.375	- 0.2218	- 1.44535
λ = 0.2							
无对冲	- 1.927	0.3699	0.005479	- 2.688	- 1.913	- 1.245	- 1.90265
互换对冲	- 0.9828	0.9149	0.01251	- 2.953	- 0.9179	0.6296	- 1.04588
期权对冲	- 0.9503	0.6008	0.008475	- 2.217	- 0.9176	0.1451	- 0.9528
λ = 0.3							
无对冲	- 1.876	0.3615	0.005454	- 2.606	- 1.865	- 1.203	- 1.90605
互换对冲	- 0.5297	0.8589	0.01311	- 2.344	- 0.4605	0.9771	- 0.38508
期权对冲	- 0.5347	0.5522	0.007632	- 1.673	- 0.5131	0.5022	- 0.51002
λ = 0.4							
无对冲	- 1.79	0.3619	0.00553	- 2.493	- 1.785	- 1.088	- 1.86185
互换对冲	- 0.07225	0.8062	0.01236	- 1.758	- 0.01207	1.342	0.055465
期权对冲	- 0.1632	0.5117	0.006893	- 1.201	- 0.1528	0.8107	- 0.11381

图 10 - 2 和表 10 - 2 分别给 λ 从 0.1 到 0.4 的四个不同取值时对无对冲，长寿互换对冲和长寿期权对冲的影响。可以看出，随着 λ 的增加，对冲后盈余分布右移的幅度明显大于无对冲盈余分布右移的幅度，因此对冲效果也就更加明显。当 λ = 0.4 时，长寿互换对冲和长寿期权对冲后的盈

余都非常接近0，也就是说完全对冲掉了年金的长寿风险。从表10-2可以看出，λ的变化对三种状态下盈余的标准差影响比较小。无对冲状态下盈余的VaR变化也不明显，但两种对冲状态下的VaR值明显减小，表明风险状况的改善。此外，由于长寿上限期权能够有效地抓住生存概率被高估时的上行风险，相对于长寿互换来说，可以更有效地减少长寿尾部风险。

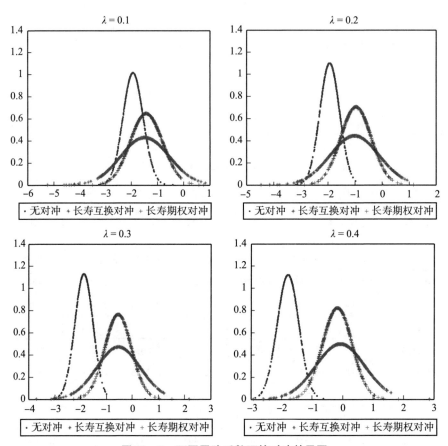

图10-2　不同风险系数下的对冲效果图

图10-2和表10-2是对年龄固定为60岁的年金保单来说，当风险市场价格λ变化时无对冲盈余，长寿互换对冲盈余和长寿期权对冲盈余三种状态的变化趋势。图10-3则让我们从年龄和风险市场价格两个维度来认识三种盈余状态的动态变化趋势。从无对冲盈余和长寿期权头寸值变动趋势的三维图中我们可以直观的看出，对于一个60岁开始的终生生存年金来说，其折现盈余在60岁时达到最大负值，但其随着风险市场价值λ

的变化是 U 型的。U 型底部最大负值为 1.936，边缘最大值为 60 岁时的负 1.788。年金持有人购买长寿上期期权后，来自执行期权的现金流和期权费用的头寸组合是随着年龄和风险市场价格值 λ 这两个维度变化的，即随着年龄递减，而随着 λ 增加的，也就是说在 60 岁和 λ = 0.4 时达到最大值，1.626，因此其最佳对冲效果必然是 60 岁和 λ = 0.4 时。对于其他年龄，长寿期权头寸在 λ = 0.4 时的最大值才能对盈余亏损进行尽可能的对冲。

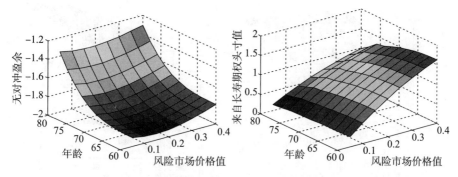

图 10 - 3   无对冲盈余和长寿期权头寸值的三维图

图 10 - 4（a）显示的是经长寿期权对冲后的年金持有人盈余在年龄和风险市场价值两个维度上的变动趋势。在 60 ~ 80 岁的各个年龄点上，对冲后年金发行人的盈余随着 λ 增加而增加的趋势很明显。也就是说在各个年龄点上，长寿风险的对冲效果也是随着 λ 的增加而更加显著；对不同的 λ 值来说，当 λ < 0.3 时，对冲后的盈亏（即尚余的长寿风险）随着年龄增加而减少，但当 λ > 0.3 后，盈余（亏损）程度随年龄减少的幅度小于来自长寿期权的现金流随着年龄的减少程度，因此在 λ = 0.4 和年龄等于 60 岁时的对冲效果最好，这和表格中的结果是一致的。图 10 - 4（b）把无对冲盈余，来自长寿互换的现价流及互换对冲后的盈余，随年龄和风险市场价值两个维度的变化趋势展示在一张图中，其变动的规律与长寿期权相类似，但当 λ > 0.3 后，长寿互换的对冲效果要略优于长寿期权的对冲效果。

当我们用期限只有 10 年的长寿互换和长寿期权来对冲年金盈余中的长寿风险时，我们发现，对冲后的盈余不仅标准差下降有限，长寿风险对冲的比例也很有限，仅为 8.66% 和 8.21%。这种现象主要跟长寿风险的产生年限有关。我们知道长寿风险主要是老年生存概率的超预期改善造成的，特别是 70 岁以后老人的生存概率改善，无对冲盈余中的亏空也是主要在这个阶段产生的，因此仅仅对 60~70 岁年龄阶段实施长寿互换或长寿期权对冲，其效果也必然是有限的。这种期限延长的效果在表 10-3 中表现得非常明显，但对冲期限延长到 20 年时，长寿互换和长寿期权的对冲比例增加到 39.27% 和 35.53%，如果进一步延长期限到 30 年时，对冲比例已经达到 90.71% 和 84.97%，已经能够对冲掉绝大部分的长寿风险了。

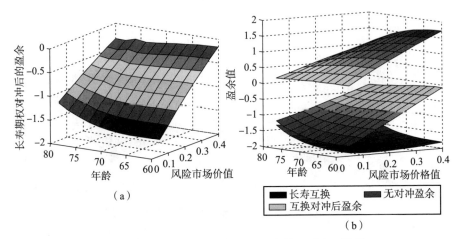

（a）

■ 长寿互换　　　■ 无对冲盈余
▨ 互换对冲后盈余

（b）

图 10-4　期权对冲盈余及几种盈余情况对比三维图

表 10-3　　　　　　　不同期限下对冲效果的统计指标

项目	mean	sd	MC error	2.50%	median	97.50%	H-R
期限 10 年							
无对冲	-1.79	0.3619	0.00553	-2.493	-1.785	-1.088	—
互换对冲	-1.635	0.3011	0.006045	-2.413	-1.625	-0.8864	8.66%
期权对冲	-1.643	0.3367	0.005804	-2.382	-1.633	-0.9186	8.21%
期限 20 年							
无对冲	-1.79	0.3619	0.00553	-2.493	-1.785	-1.088	—
互换对冲	-1.087	0.1958	0.008097	-2.134	-1.053	-0.1653	39.27%
期权对冲	-1.154	0.2871	0.006177	-1.978	-1.136	-0.3903	35.53%
期限 30 年							
无对冲	-1.79	0.3619	0.00553	-2.493	-1.785	-1.088	—
互换对冲	-0.1663	0.0762	0.01193	-1.795	-0.1034	1.197	90.71%
期权对冲	-0.2691	0.1955	0.006758	-1.276	-0.2529	0.6701	84.97%

第四节 结 论

生存年金是年金发行人为越来越多的退休人员提供的重要的金融产品，可以保障其退休后获得持续的养老金收入。生存年金主要受到将来的利率和生存概率的影响。相对来说，年金的利率风险较早地受到业界和学者的关注，也有比较成熟的管理理论和可选择的对冲产品，而长寿风险受到的关注较少，也没有成熟的市场和产品可供选择，是目前年金发行人面临的主要风险。

本书研究了长寿互换和长寿上限期权两种长寿衍生产品的定价和对冲特征。我们利用贝叶斯 MCMC 算法，统筹年金精算中的死亡率预测，衍生品定价和风险管理步骤，通过对收敛的样本进行再抽样和模拟，主要研究了这两种长寿衍生产品在对冲年金长寿风险方面的特征和有效性问题。

本书研究发现，风险市场价值 λ 和衍生品期限是影响对冲效果的两种主要参数。当风险市场价值为 0.4 时，长寿互换和长寿上限期权的对冲效果最佳。数值模拟也表明退休后越早进行对冲，效果越好。对期限而言，因为长寿风险主要发生在 70 岁以后的年龄，所以短期 10 年的对冲效果有限，20 年期限的衍生品可以对冲 40% 左右的长寿风险，30 年期限的产品可以对冲近 90% 的绝大部分长寿风险。比较而言，长寿互换的对冲效果略优于长寿期权的对冲效果，但长寿期权这种非线性结构的产品可以有效地抓住生存概率被高估时的上行风险，相对于长寿互换来说，可以更有效地减少长寿尾部风险。

相对于利率风险来说，长寿风险的市场和产品都不够健全，因此我们应该加强这方面的实务建设，根据我国的退休年龄，长寿风险的程度，开发出多样性的长寿风险对冲产品，以便有效地管理老年化给年金产品带来的巨大的长寿风险暴露。

第十一章　长寿连接型年金风险
分摊机制研究

第一节　引　　言

基本精算理论告诉我们，固定给付的生存年金是生命周期资源配置的经典工具，它通过提供终生年金支付，消除了人们对有生之年耗尽养老资源的担忧，其实质是一种长寿保险。这种保险形式广泛存在于商业年金、企业年金和政府的公共养老金计划中，如果死亡率不发生变化，则从理论上来看，这是一种完美的养老金融解决方案。然而不幸的是，当未来实际死亡率的改善程度超过合同期初的预测值时，年金发行人的偿付能力也将面临压力，这是传统年金发行人无法分散，必须独自承担的系统性风险，学术界和实务界都称之为长寿风险。据文献估计目前暴露于长寿风险的养老金资产达到数十万亿美元。由于长寿风险会带来巨大的社会冲击，监管机构出于安全也必然会要求保险人持有基于风险的偿付能力资本额度，这些资本的成本不仅助推了年金价格，也增加了发行人的财务压力，抑制年金的有效供给和年金市场的健康发展。

在年金长寿风险的应对策略中，学术界最常用的是风险证券化方法，该方法的核心思想是以长寿连接型证券来对冲长寿风险，其基本原理是让长寿证券的收益和将来实际实现的死亡率挂钩，从而将风险转移到资本市场。近年来，学者们广泛探讨了生存债券、生存互换、死亡率远期、死亡率期货和生存期权等衍生产品在管理和对冲长寿风险中的机理，相关文献有林和考克斯（Lin and Cox，2005）、布莱克、查恩斯和多德（Black，Cairns，and Dowd，2008）、布兰科博恩和舍利斯（Blackburn and Sherris，2013）、迪纽特等（Denuit et al.，2015）和曼恩等（Man et al.，2015）等。然而与蓬勃发展的理论研究相比，长寿风险证券化所需要的制度环境和法规建设却进展缓慢，与实际需要尚有较大距离。在2003年瑞士再保险的死亡率指数债券和2004年法国巴黎银行的长寿债券发行失败以后，JP Morgan等金融机构也尝试发行过长寿连接型债券，但并未引起太多关注，目前仅有生存互换有比较成功的实践。

另一种近年来广受学者们关注的年金长寿风险管理策略是所谓的损失控制技术，该方法通过产品支付结构的重新设计将系统性的长寿风险在年金持有人和年金发行人之间进行重新的分摊。从而建立了当总负债偏离期初计算值时的调整机制。在此机制下，年金持有人所获得的支付将与反应真实死亡率水平的长寿指数挂钩，并随之做出动态调整。这样的支付结构事实上等价于固定支付和一系列以长寿指数为标的资产的欧式长寿期权，从而赋予年金发行人根据真实死亡率调整支付的权利。一旦未来实际的生存概率超过预期值，年金发行人虽然要支付更长期限的生存福利，但他们从长寿下限期权的获利将弥补其对年金持有人的超预期支出，从而对冲长寿风险。

年金发行人在未来支付的每一个时点都有依据长寿指数进行调整的权利，这是一系列的欧式长寿看跌期权，而合同有效期内所有这一系列欧式长寿看跌期权之和就构成了一个长寿下限期权，这也是普通年金和长寿连接型年金的价格差。对年金发行人而言，与这种产品价格降低相对应的是其支付义务的同步减少和长寿风险暴露的有效规避。长寿连接型年金根据未来真实的生存概率对权利义务进行调整的机制，将有效消除年金发行人面临的长寿风险，极大地减轻其偿付资本压力，客观上会激励其增加年金供给的意愿。对于年金持有人而言，与长寿指数挂钩的支付使得他们承担了系统性的长寿风险，但与此同时他们也享受到了缴费额度降低带来的好处，即以较低的价格购买到等效用的年金产品。

第二节　文　献　回　顾

长寿连接型生存年金结构设计的核心机理是让年金支付与长寿指数相关联，通过年金发行人持有的长寿期权来实现支付的动态调整，从而理顺面对长寿风险时保险双方的权利义务关系。该领域的研究主要涉及死亡率预测、长寿指数设计和长寿期权定价这三大类重要文献。

从现有文献来看，死亡率预测主要采用离散时间模型，并且大多数是建立在李和卡特（Lee and Carter，1992）原创性工作的基础之上。此后，学者们根据该模型统计处理上的不足，分别从不同的视角进行了改进和拓展，如针对 Lee – Carter 模型中误差项与出生年龄的相关性布尤恩斯等（Brouhns et al.，2002）提出的 Poisson log-biliner（PB）模型，任绍和哈博曼（Renshaw and Harbman，2006）则认为死亡率还应该与出生年相关，即具有队列效应，并提出队列效应（R – H）模型；王晓军，任文东（2012）则提出了考虑时间项随机性的双随机模型。然而此类改进都是基于时间序列的研究框架，都遵循着先拟合再进行趋势外推的两阶段方法，拟合误差的传导和累积依然存在。近年来，穆勒和米特（Müller and Mitra，2013）、库古尔等（Kogure et al.，2009）、李（Li，2014）和里斯克等（Risk et al.，2016）等则使用非参数方法来应对参数拟合与预测的不连贯问题，有效提高了预测的精度。国内其他学者的相关研究主要集中于 Lee – Carte 模型在中国的应用上，如李志生，刘恒甲（2010）和曾燕等（2016）。

第二类文献主要研究年金中与长寿风险相关联的支付结构。其中迪纽特等（Denuit et al.，2011）和米勒维斯克和赛里斯博里（Milevsky and Salisbury，2015）首先明确提出了长寿连接型年金的概念，并将预测生存概率与实际观察生存概率之比定义为长寿指数，认为这种指数型年金的支付在整个合同期内应该根据观察到的长寿指数进行调整；埃尔曼洛，皮塔科（Ermanno Pitacco，2016）拓展了迪纽特（Denuit et al.，2011）和米勒维斯克和赛里斯博里（Milevsky and Salisbury，2015）中年金支付的保证结构，认为长寿指数不仅由死亡率的测度给定，还应该包含投资收益指标，从而可以用投资收益来对冲长寿风险；张和李（Zhang and Li，2017）则进一步在上述研究的基础上，对基于长寿指数的支付调整设立了一个上下限，把实际支付表示成一个长寿期权结构，其数值模拟表明，这种支付结构给双方都能带来福利的改进；布拉沃等（Bravo et al.，2018）是近年来论述长寿连接型支付结构较为全面的文献，作者认为应该以长寿期权来调整年金的支付，从而在买卖双方中分摊系统性的长寿风险；与长寿指数类支付结构不同的是，迪纽特和哈博曼（Denuit and Harbman，2015）则提出了另一种分摊系统性长寿风险的方法，在合同期内保持支付不变，但延迟获得支付资格的年龄。概况而言，此类文献是以长寿相关支付结构的演进为逻辑线索，对长寿指数的设计进行了不同维度的拓展，但风险的分摊依然是局限在年金的发行人和所有人之间，没有考虑到政府作为第三方的政策效应。

嵌入式长寿期权是新型年金结构设计的一个核心特征，该支付结构的定价问题近年来逐渐引起了学者们的关注，也是本书研究所参考的另一类重要文献。德瓦森等（Dawson et al.，2010）利用经典资产定价理论和随机死亡率模型，导出了欧式生存互换期权的布莱克－斯科尔斯－默顿（Black－Schole－Merton）型价格的闭型解。米利多离斯等（Milidonis et al.，2010）介绍了一种基于人口指数的长寿期权的设计，以涵盖超预期的大幅死亡率改善风险，作者利用马尔可夫机制转换模型来得到死亡率动态学特征，并对其进行定价。机制转换下期权定价的最新文献也可以参考甘小艇等（2021）。博依和斯滕托夫特（Boyer and Stentoft，2013）发展出了一种风险中性模拟技术，通过对风险来源参数的风险中性化处理，得到生存概率风险中性的测度变换，并以此为基础研究了欧式和美式长寿期权的定价。杨等（Yang et al.，2013）则探讨了半参数的 bootstrap 方法在长寿衍生产品定价中的应用，作者认为 bootstrap 方法能以一体化的方式考虑过程误差，参数误差和模型误差，在长寿衍生品定价中具有一定的优势。布拉沃和纽因斯（Bravo and Nunes，2021）利用连续时间跳扩散模型对死力强度和利率进行建模，并在此基础上发展了一种欧式长寿期权定价的 Fourier 变换方法，作者认为这种方法是大多数长寿衍生产品定价的基石。长寿期权定价类的近期代表性文献还有陈和拉奇（Chen and Rach，2019）和黛安娜和汉斯彼得（Diane and Hanspeter，2021）等。

但现有文献中长寿连接型年金涉及的死亡率预测、期权定价和风险评估等研究过程往往相互独立，再机械叠加，不仅研究方法庞杂，且各方法之间缺乏一以贯之的逻辑，过程风险的累积和传导在所难免，急需能兼容各项任务的简洁而统一的分析框架。有鉴于此，本书将以贝叶斯 MCMC 算法的 Gibbs 抽样和随机模拟来统一处理研究中涉及的实证计算，在一体化的框架中完成死亡率的预测、保费计算和长寿期权的定价等过程的各项指标计算，减少计算误差和风险在各任务间的累积和传导，构建一个简洁而统一的新型年金研究框架。

此外，在现有年金长寿风险分摊机制的研究中，系统性长寿风险大多是全部转移到年金持有人身上，其结果是年金发行人的偿付能力大大减轻，但年金产品价格的下降并不足以抵销购买人承担年金长寿风险造成的顾虑。因此政府通过对年金购买人实行税收递延的形式介入并分摊部分长寿风险就显得非常有研究价值。本文也将深入探讨在长寿风险的三方分摊机制下，支付、保费、风险和偿付能力等权责关系的变化规律及其受影响程度。

第三节　长寿连接型年金的风险分摊机制

一、年金发行人与持有人之间的风险分摊机制

我们可以从分析生存概率和年金头寸损失的角度来探讨生存年金中的长寿风险。显然对于 l_{x_0} 份在 t_0 成立的，被保险人都为 x_0 岁的年金保险合同，其在时刻 t_0+k 时的损失 L_{t_0+k} 可以定义为：

$$L_{t_0+k} = \sum_{i=1}^{l_{x0}} D_i(t,\ \tau)b_{t_0} - \max(0;\ E[D_i(t,\ \tau)b_{t_0}]) \qquad (11.1)$$

式（11.1）中 $D_i(t,\ \tau)$ 是一个示性函数，其中 τ 表示死亡时间，当第 i 个人的死亡时间 τ_i 大于 t，即 $\tau_i > t$ 时，年金购买人在 t 时生存，该函数值为 1，而当 $\tau_i < t$，即 t 时年金购买人死亡时，函数值跳转为 0。该示性函数的期望就是基于合同成立的 t_0 时刻信息 F_0 的年金购买人的生存概率，即 $E[D_i(t,\ \tau)] = {_k}p_{x_0}^{F_0}(t_0)$。式（11.1）中 b_{t_0} 表示 t_0 年所成立合同的支付额，这也是传统年金在整个合同期内的均衡支付。l_{x_0} 表示在 t_0 年合同成立时的生存人数，也是年金头寸的份数。因此上式中的年金头寸损失就表示在 t_0+k 时实际的年金支付超过期望支付额度。对上述期初年龄为 x_0 的人数为 l_{x_0} 的年金组合头寸在 t_0+k 时的损失还可以表示为：

$$L_{t_0+k} = l_{x_0} b_{t_0}\max(0,\ {_k}p_{x_0}^{F_k}(t_0) - {_k}p_{x_0}^{F_0}(t_0)) \qquad (11.2)$$

式（11.2）中 ${_k}p_{x_0}^{F_k}(t_0)$ 表示基于 k 时刻信息 F_k 的实际生存概率。又因为 t_0 时每个 x_0 岁的人存活到 t_0+k 时 x_0+k 岁的生存概率为 ${_k}p_{x_0}^{F_k}(t_0)$，所以有 $l_{x_0+k} = l_{x_0}{_k}p_{x_0}^{F_k}(t_0)$，则 t_0+k 时的损失由当时仍然生存的人数 l_{x_0+k} 分摊，那么人均分摊的长寿风险可以表示为：

$$\frac{L_{t_0+k}}{l_{x_0+k}} = b_{t_0}\max(0,\ 1 - I_{t_0+k}) \qquad (11.3)$$

与布拉沃等（Bravo et al.，2018）的定义相似，式（11.3）中 $I_{t_0+k} = {_k}p_{x_0}^{F_0}(t_0)/{_k}p_{x_0}^{F_k}(t_0)$ 表示在给定的参照概率下 t_0 时 x_0 岁的群体生存到 x_0+k 岁的概率，与 x_0 岁的群体生存到至少 x_0+k 岁的实际观察概率之比。由式（11.3）可见这种系统性的长寿风险与承保人数无关，年金发行人无法利用大数定律以增加承保人数的方法来消除这种系统性的风险。只要实际的生存概率大于期初的参照生存概率，这种系统性的长寿风险就会存在。这

是年金持有人寿命超预期改善造成的，而只有在均衡支付 b_{t_0} 中减去持有人的人均长寿风险，即当 $t_0 + k$ 时的年金支付为：

$$b_{t_0+k} = b_{t_0} \min(1, \ I_{t_0+k}) = b_{t_0}\left[1 - \max(0, \ 1 - I_{t_0+k})\right] \qquad (11.4)$$

这时年金发行人才不会遭受损失，而这种损失将通过支付的减少全部转移到年金持有人的身上。由式（11.3）可见，个体平均分摊的长寿风险是一个欧式长寿期权，执行价格等于期初支付 b_{t_0}，标的资产为 I_{t_0+k}。而年金持有人的支付等于传统的固定支付 b_{t_0} 减去分摊到的系统性长寿风险，也就是说调整后的年金支付等于固定支付多头和长寿看跌期权空头的组合。

上述支付设计就意味着一旦死亡率得到超预期的改善，固定支付将在 $t_0 + k$ 时刻变成 $b_{t_0} \times I_{t_0+k}$，因此在这种长寿连接型支付结构下新型年金的保费为：

$$a_{x_0}^{LLLA} = \sum_{k=1}^{\omega-x_0} e^{-rk} \times b_{t_0} \times {}_kp_{x_0}^{F_k}(t_0) \times I_{t_0+k} = \sum_{k=1}^{\omega-x_0} e^{-rk} \times b_{t_0} \times {}_kp_{x_0}^{F_0}(t_0)$$

$$(11.5)$$

式（11.5）中 $a_{x_0}^{LLLA}$ 表示 x_0 岁的人长寿连接型终生生存年金的保费，ω 表示最大生存年龄，r 是固定利率。式（11.5）的右端第二个等式表明，有了长寿风险转移这种制度性安排之后，发行人期初可完全不用考虑死亡率的超预期改善，可直接使用参照死亡率和固定给付值进行定价，运营中一旦实际死亡率改善超过参照值，只需要对支付进行指数化调整，而年金持有人所获得的支付将随着死亡率的发展变化而波动。年金发行人获得的这种可以调整支付的权利显然是一种嵌入的长寿期权。实际上，发行人持有一系列欧式卖权，当标的资产价格低于执行水平 I_{t_0+k} 时，他们就会在传统年金支付上减去个人承担的长寿风险额度，从而降低年金支付。因此，这种年金的定价也应该等于固定支付的精算现值减去因支付调整而转移掉的各个时点的长寿风险之和，这一系列长寿风险之和就是一个长寿下限期权 γ_{FLOOR}，即有：

$$a_{x_0}^{LLLA} = \sum_{k=1}^{\omega-x_0} e^{-rt} \times b_{t_0} \times {}_kp_{x_0}^{F_K} - \gamma_{FLOOR} = a_{x_0}^{F_k} - \gamma_{FLOOR} \qquad (11.6)$$

$$\gamma_{FLOOR} = \sum_{k=1}^{\omega-x_0} e^{-rt} \times b_{t_0} \times {}_kp_{x_0}^{F_K} \max(0, \ 1 - I_{t_0+k}) \qquad (11.7)$$

式（11.6）中 $a_{x_0}^{F_k}$ 表示基于实际生存概率进行支付的固定年金。

二、考虑政府税收递延的三方风险分摊机制

长寿连接型年金理顺了年金双方的权责关系，将年金中的长寿风险全

部转移到年金购买人身上，这样就彻底抵销了年金发行方因长寿风险带来的超额财务负担，激发了其提供年金产品的积极性，但年金购买人完全承担长寿风险导致的实际支付下降会增加他们的顾虑，影响他们本来就不高的年金购买积极性。

我国 2018 年 6 月在上海等部分地区实行的税收递延型年金试点，设计初衷是通过政府的税收优惠来鼓励个人的养老金购买。从另一个角度来看，如果我们把长寿连接型年金的风险分摊机制和税收递延年金相结合，那么实际上政府的税收让利也是帮助个人分摊被长寿连接型年金转移过来的长寿风险，既可以消除传统保险中年金发行人的长寿风险，激励其增加年金的供给；也可以通过政府的风险分摊来弥补现有长寿连接型年金的不足，增加长寿连接型年金对购买者的吸引力；显然这也是有助于推动政府鼓励养老金购买的一贯政策，可以说对三方是一个状况的改进。

按照中国税收递延年金实施办法，每年缴纳三险一金后的应税金额中因购买税收递延年金而暂缓缴费的金额为 $A = \min(6\% \times W, 1000)$，其中 W 是应税工资金额，也就是说暂缓缴税的是应税工资 6% 和 1000 元中的最低值。设该应税工资对应的个人所得税率为 λ，则年龄为 x 岁的投保人所购买长寿连接型保险的金额为，$(A/C_x)_{60-x}|\ddot{a}_x^{LLLA}$，其中 C_x 为年金期初给付为 b_0 时的均衡缴费，是取决于 x 的一个常数。显然有

$$\sum_{k=0}^{59-x} C_x \times e^{-rk} \times {}_kp_x = \sum_{t=60-x}^{\omega-x} e^{-rk} \times {}_tp_x \times b_0 \times [1 - \max(0, 1 - I_{x+t})]$$

(11.8)

因领取年金时补缴所得税的额度是 ρ，投保人从税收递延年金购买中的得利在购买时的现值为：

$$\sum_{k=0}^{59-x} A\lambda \times e^{-rk} \times {}_kp_x - (\rho \times A/C_x) \sum_{t=60-x}^{\omega-x} e^{-rk} \times {}_tp_x \times [1 - \max(0, 1 - I_{x+t})]$$
$$= (A/C_x) \times (\lambda - \rho) \times {}_{60-x}|\ddot{a}_x^{LLLA}$$

(11.9)

即投保人从税收递延年金中所得好处是其所购买保险保额的 $(\lambda - \rho)$ 倍，占购买人所承担的系统性长寿风险的比例为：

$$\frac{(\lambda - \rho) \times {}_{60-x}|\ddot{a}_x^{LLLA}}{\gamma_{FLOOR}} = \frac{(\lambda - \rho)}{\gamma_{FLOOR} / {}_{60-x}|\ddot{a}_x^{LLLA}} = \frac{(\lambda - \rho)}{\phi}$$

(11.10)

上式中 $\phi = \gamma_{FLOOR} / {}_{60-x}|\ddot{a}_x^{LLLA}$ 是年金中长寿风险占长寿连接型年金的比例，这是由人口的长寿风险程度决定的外生变量，因此，从年金长寿风险分摊的角度来看，税收递延在长寿风险分摊中的力度就取决于两个政策参数 λ 和 ρ。

参照布拉沃等（Bravo et al., 2018）中的方法，我们以确定性等价消

费来度量年金购买人的福利效用改善情况。年金购买人的期望终生效用可以表示为：

$$U = E\left(\sum_{k=1}^{\omega-(x+1)} e^{-\delta(k-1)} \times {}_k p_x \times \log c_k \right) \qquad (11.11)$$

这里 $\delta > 0$ 表示年金购买人的主观时间偏好。在长寿连接型年金中，式（11.11）中的消费 c_k 就等于随真实死亡率调整的动态支付 b_k。把长寿连接型年金期望终生效用转换成等效用固定年金收入

$$EA = \exp\left[U / \left(\sum_{k=1}^{\omega-(x+1)} e^{-\delta(k-1)} \times {}_k p_x \right) \right] \qquad (11.12)$$

以此为基础，我们就可以计算等效用固定生存年金的公平定价，该年金能提供与长寿连接型年金一样的终生效用，将两者的价格进行比较，就可以判定出长寿连接型年金购买人的效用改善情况。

第四节　建模与数值模拟

一、基于贝叶斯 MCMC 方法的死亡率预测

学术界使用频率最高的死亡率预测模型是 Lee-Carter 模型，该模型包含如下结构：

$$Inm_{x,t} = \alpha_x + \beta_x k_t + \varepsilon_{x,t} \qquad (11.13)$$

即年龄为 x 岁的人在 t 年的中心死亡率 $m_{x,t}$ 服从对数双线性模型，α_x 描述了总体死亡率随 x 变化的趋势，是各年龄对数死亡率的平均数，κ_t 是一个随时间 t 变化的参数，表示一般死亡率水平随时间 t 的变动程度，β_x 表示年龄对死亡率指数 κ_t 变化的敏感性，$\varepsilon_{x,t}$ 是残差项，服从均值为零、方差为 σ^2 的正态分布。为了模型的可识别性，Lee-Carter 模型通常有如下两个约束条件，即：

$$\sum_x \beta_x = 1 , \quad \sum_t k_t = 0 \qquad (11.14)$$

传统 Lee-Carter 模型的死亡率预测是分两个阶段来进行的。第一阶段是用历史数据来估计参数 α_x，β_x 和 k_t，第二阶段对参数 k_t 的拟合值建模，并用时间序列的方法得到 k_t 的预测值和对数死亡率的预测值。从众多学者的研究经验来看，用带漂移项的随机漫步过程来对 k_t 进行建模是可行的，即：$k_t = \mu + k_{t-1} + e_t$，其中 μ 和 e_t 分别是漂移项和残差项。

为了便于使用贝叶斯方法来分析 Lee-Carter 经典模型，我们将其写

成状态空间模型，即基于对数中心死亡率的观察方程和基于时间参数的状态方程：

$$y_t = \alpha + \beta k_t + \varepsilon_t, \quad \varepsilon_t \sim N(0, \sigma_\varepsilon^2) \tag{11.15}$$

$$k_t = \mu + k_{t-1} + e_t, \quad e_t \sim N(0, \sigma_k^2) \tag{11.16}$$

式（11.15）是 Lee – Carter 模型的观察方程。$y_t = (y_{x_{\min}t}, \cdots, y_{x_{\max}t})^T$ 是一个由观察年份 t 时各年龄粗死亡率对数组成的向量。$\alpha = (\alpha_{x_{\min}t}, \cdots, \alpha_{x_{\max}t})^T$，$\beta = (\beta_{x_{\min}t}, \cdots, \beta_{x_{\max}t})^T$。$\varepsilon_t$ 表示 0_M 均值，$I_M \sigma_\varepsilon^2$ 方差的误差向量，这里 0_M 是所有值都为 0 的 M 维向量，I_M 是 $M \times M$ 的单位矩阵，而 $M = x_{\max} - x_{\min} + 1$。式（11.16）是经典模型的状态方程，用带漂移项的随机漫步过程来对 k_t 进行建模，其中 μ 和 e_t 分别是漂移项和残差项。在本书贝叶斯统计推断的框架中，如果以 θ 表示 Lee – Carter 模型所有参数的集合，则 θ 的联合后验密度 $f(\theta \mid y)$ 是研究者有了观察数据后，对 θ 先验分布 $f(\theta)$ 的修正，可以写成 $f(\theta \mid y) \propto l(y \mid \theta) f(\theta)$，其中 $l(y \mid \theta)$ 是似然方程。显然观察式（11.15）的似然函数为：

$$l(y \mid \alpha, \beta, k_{t_{\min}}, \cdots, k_{t_{\max}}, \sigma_\varepsilon^2) = \prod_{t_{\min}}^{t_{\max}} \prod_{x_{\min}}^{x_{\max}} f(y_{xt} \mid \alpha_x, \beta_x, k_t, \sigma_\varepsilon^2)$$

$$\propto \left(\frac{1}{\sigma_\varepsilon}\right)^{LM} \exp\left\{-\frac{\displaystyle\sum_{t_{\min}}^{t_{\max}} \sum_{x_{\min}}^{x_{\max}} (y_{xt} - (\alpha_x + \beta_x k_t))^2}{2\sigma_\varepsilon^2}\right\}$$

$$\tag{11.17}$$

本书参照文献库古尔等（Kogure et al., 2009）、李（Li, 2014）、科赞多等（Czado et al., 2005）和胡仕强，陈荣达（2018）的经验，对观察方程 $Inm_{x,t} = \alpha_x + \beta_x k_t + \varepsilon_{x,t}$ 和状态方程 $k_t = \mu + k_{t-1} + e_t$ 中的参数和超参数按照正态 – 逆伽马分布的基本原则来进行设定，对于上述先验分布中的参数，即超参数的初始值则设定为观察方程以奇异值分解（SVD）获得的各样本方差。设定参数值后，再利用贝叶斯 MCMC 方法从联合后验分布 $f(\theta \mid y)$ 中对参数进行抽样，以完成参数估计，即有 $\theta^{((1)}, \theta^{(2)}, \cdots, \theta^{(j)} \sim f(\theta \mid y)$。具体步骤为：

（1）初始化所有参数值；

（2）对参数 α_x，从其条件后验概率分布 $f(\alpha_x \mid y, \alpha_{-x}, \beta_x, k_t, \mu, \sigma_\varepsilon^2, \sigma_k^2)$ 中进行抽样；对参数 β_x，从其条件后验概率分布 $f(\beta_x \mid y, \alpha_x, \beta_{-x}, k_t, \mu, \sigma_\varepsilon^2, \sigma_k^2)$ 中进行抽样；

对参数 σ_ε^2，从其条件后验概率分布 $f(\sigma_\varepsilon^2 \mid y, \alpha_x, \beta_x, k_t, \mu, \sigma_k^2)$ 中

进行抽样；

对参数 σ_k^2，从其条件后验概率分布 $f(\sigma_k^2 \mid y, \alpha_x, \beta_x, k_t, \mu, \sigma_\varepsilon^2,)$ 中进行抽样；

对参数 μ，从其条件后验概率分布 $f(\mu \mid y, \alpha_x, \beta_x, k_t, \sigma_\varepsilon^2, \sigma_k^2)$ 中进行抽样；

对参数 k_t，从其条件后验概率分布 $f(k_t \mid y, \alpha_x, \beta_x, \mu, \sigma_\varepsilon^2, \sigma_k^2)$ 中进行抽样；

（3）重复上述步骤（2）直到抽样规模达到 10000 次为止。

本书选择 1995 ~ 2016 年的全国人口死亡率历史数据，原始数据均来自 1996 ~ 2017 年的《中国人口统计年鉴》和《中国人口与就业统计年鉴》。考虑到大部分年份最高年龄都为 90 岁，对最高年龄为 100 + 的 5 年数据进行算术合并，其中 1996 年数据只统计到 85 + ，利用插值法进行拓展。本书采用 0 ~ 90 + 共 91 个数据组。

我们使用 WinBUGS 软件对死亡率预测模型进行编程，进行 11000 次的 Gibbs 抽样，并燃烧掉前 1000 次的计算值，利用后 10000 次样本计算模型参数估计值，并在图 11 – 1 中给出了参数的时序图和自相关图。从图 11 – 1 中可以看出参数的轨迹都是平稳的，也没有自相关性，说明 MC-MC 抽样产生的 Markov 链是收敛的，预测结果是稳健可靠的。

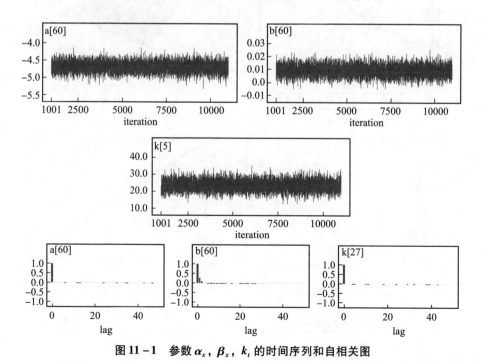

图 11 – 1   参数 α_x，β_x，k_t 的时间序列和自相关图

图 11 - 2（a）、图 11 - 2（c）和图 11 - 2（d）描述了参数 α_x，β_x，k_t 的样本均值，图 11 - 2（b）给出的是中心死亡率对数 $In(m_x)$ 的三维平面图。由图 11 - 2（a）可知 α_x 作为 $In(m_x)$ 的平均数，在新生儿阶段的短暂下降后随着年龄而增加，这一点也可以从图 11 - 2（b）的三维图中更直观的展现出来，同时图 11 - 2（b）也表明 $In(m_x)$ 随着时间的推进而逐渐下降，即表现出死亡率的改善。图 11 - 2（e）直观描述了生存概率随着年龄和时间的变化趋势三维图。其随着年龄逐渐下降，同时随着预测年份逐渐上升的逻辑和图 11 - 2（b）是一致的。

二、年金及长寿期权的风险中性定价

与普通金融资产不同，死亡率不是一个连续交易性的资产，市场是不完备的，因此必须使用不完备市场的资产定价方法。学术界常用的不完备市场下保险产品的定价方法是王（Wang，2000）提出的王变换方法，该

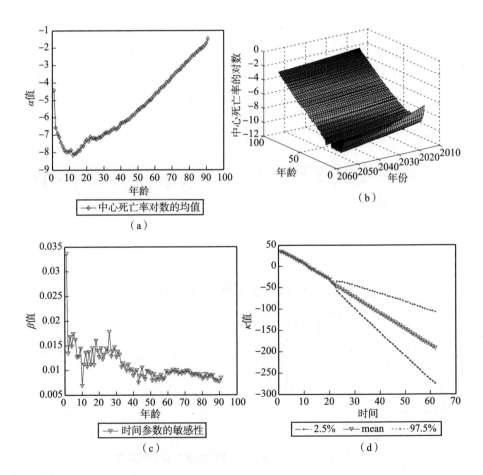

（a）

（b）

（c）

（d）

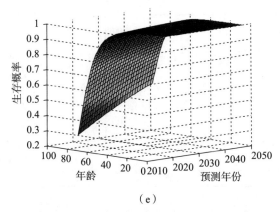

图 11 - 2　参数 α_x，β_x，k_t 的二维图及死亡率和生存概率的三维图

方法通过 $F^*(x) = \Phi[\Phi^{-1}(F(x)) + \vartheta]$ 对资产分布 $F(x)$ 进行风险中性变换，其中 ϑ 是风险的市场价格。这种单参数的概率分布转换是古瓦茨和莱文（Goovaerts and Laeven，2008）所提出的双参数 Esscher - Girsanov 变换的一个特例。王变换后的分布具有不改变原正态分布和对数正太分布形式的良好特征，即如果 X 服从正态分布 $X \sim N(\mu, \sigma^2)$，则风险中性变换之后的分布为 $X^* \sim N(\mu - \vartheta\sigma, \sigma^2)$。对分布 $In(X) \sim N(\mu, \sigma^2)$，则有 $In(X^*) \sim N(\mu - \vartheta\sigma, \sigma^2)$，因此博依和斯滕托夫特（Boyer and Stentoft，2013）基于王变换方法提出了一种风险中性模拟的定价方法。作者认为死亡率预测的不确定性主要来源于 k_t 及其随机过程中的 e_t，因为 $e_t \sim N(0, \sigma_e^2)$，所以我们只要从正态分布 $e_t^* \sim N(-\vartheta\sigma, \sigma_e^2)$ 中进行抽样就可以实现 k_t 和生存概率的风险中性化。与一些封闭式定价方案不同，风险中性模拟不需要对潜在风险因素的动态进行限制性假设，框架也更为灵活。值得一提的是，该风险中性模拟方法利用正态分布族无限可分的特征来得到任何中间时点的风险中性分布，而不仅仅是对到期日的分布进行模拟，这样不仅方便进行远期，互换和欧式期权的直接定价，对可提前执行的美式期权更是非常适用。

　　从图 11 - 3（a）中可以看出风险中性化的生存概率在所有年份都略大于实际生存概率，而图 11 - 3（b）中终生生存年金 $\ddot{a}_{60}$ 的现值分布表明，风险中性分布位于实际分布的右侧，很好地体现了风险调整的生存概率的影响。

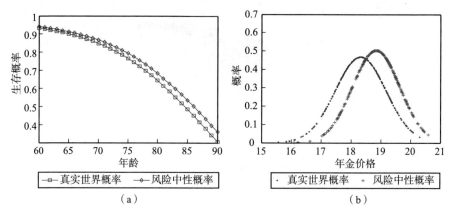

图 11-3   生存概率及年金价格实际值与风险中性值的比较

为方便起见，我们取 $\vartheta = 0.2$，从风险中性化的生存概率 $_{k}p_{x_0}^{F_k}$ 中进行抽样，产生未来情景的等概率的 MCMC 抽样路径 N 条，则长寿下限期权的定价为：

$$\gamma_{FLOOR}^{N} = \frac{1}{N}\sum_{n=1}^{N=10000}\sum_{k=1}^{\omega-x_0} e^{-rk} \times b_{t_0} \times \max(0, \ _{k}p_{x_0}^{F_K}(n) - \ _{k}p_{x_0}^{F_0}) \quad (11.18)$$

式中 $_{k}p_{x_0}^{F_k}(n)$ 表示第 n 条抽样路径上的生存概率值，显然当抽样路径足够多时，式（11.18）的估计值将收敛于真实值。同样，经长寿指数调整后的支付值可以通过式（11.19）计算：

$$b_{t_0+k}^{N} = \frac{1}{N}\sum_{n=1}^{N=10000} b_{t_0} \times [1 - \max(0, \ 1 - \ _{k}p_{x_0}^{F_0}/\ _{k}p_{x_0}^{F_K}(n))] \quad (11.19)$$

年金持有人在支付阶段每年的系统性长寿风险为 $b_0 \times \max(0, \ 1 - I_{t_0+k})$，而相应的实际支付为 $b_0 \times [1 - \max(0, \ 1 - I_{t_0+k})]$。以一个 2018 年 x 岁的人购买 $_{60-x|}\ddot{a}_x$ 的延期支付年金为例，我们将延期 5~30 年的各支付阶段长寿风险如图 11-4 所示。从图 11-4（a）可见 70 岁前，长寿风险相对有限，都低于实际支付的 5%，之后长寿风险岁年龄快速增加，这与生存概率的改善主要发生在 70 岁以后的高龄的情况是一致的；从对应的图 11-4（b）的支付情况可见，延期越长因长寿风险而导致的实际支付就越低，最高时已经接近降低 3 成。而图 11-4（c）和图 11-4（d）则从年龄和预测年份二个维度上展示了各年度长寿风险与支付值的三维图。从三维图容易看出除了年龄趋势外，风险随着预测年份增加和支付随着预测年份降低的趋势更加直观，并且预测年份越长，风险和支付的年龄趋势也越明显，可见三维图从两个维度更好地展示了死亡率预测方程中 a_x 和 k_t 的特征属性。

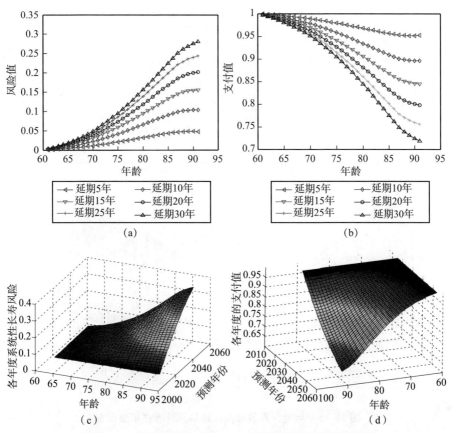

图 11 − 4   不同延期年限下各年龄的长寿风险值与支付值

表 11 − 1 给出了 $_{60-x}|\ddot{a}_x$ 分别从延期 5 ~ 30 年，每间隔 5 年的 6 个时间点的值，其值随着 x 的增加而增加，这是很直观性的精算现值造成的。该年金中所含有的长寿风险，即长寿下限期权的值随着延期的缩短而减少，这是由于 F_0 时信息和 F_k 时信息间隔缩短而使得 k 时的实际生存概率与基于 0 时的预测值差异变小。这与图 11 − 2（e）中生存概率随着预测年份的增加而增加的逻辑是一致的。长寿下限期权 γ_{FLOOR} 的这种属性也解释了表 11 − 1 最后两行的变化规律：长寿风险额度占所支付的普通年金和长寿连接型年金的比例随着 x 的增加而快速减小。值得一提的是表 11 − 1 最后一行的值也是进行风险分摊后普通年金价格的下降比例。可见购买 $_{60-x}|\ddot{a}_x^{LLLA}$ 时的价格将比普通延期年金 $_{60-x}|\ddot{a}_x$ 下降最高可达近 12%，这是对购买人相对有吸引力的一点。图 11 − 5（b）除了展示 γ_{FLOOR} 随着延期年数的变化趋势，也非常简明地显示了 γ_{FLOOR} 随着预测年份的变化趋势。图 11 − 5（a）则给出了 $x \in [30，59]$ 时，γ_{FLOOR} 在全时段对普通年金和长寿连接型年金的占比情况。

表 11 - 1　　　　　　年金及长寿下限期权的价格变化趋势

项目	30 岁	35 岁	40 岁	45 岁	50 岁	55 岁
$_{60-x}|\ddot{a}_x$	10.622	11.611	12.670	13.817	15.042	16.382
γ_{FLOOR}	1.269	1.247	1.173	1.031	0.795	0.430
$_{60-x}|\ddot{a}_x^{LLLA}$	9.353	10.364	11.497	12.786	14.247	15.952
$\gamma_{FLOOR}/_{60-x}|\ddot{a}_x^{LLLA}$	13.57%	12.03%	10.20%	8.07%	5.58%	2.70%
$\gamma_{FLOOR}/_{60-x}|\ddot{a}_x$	11.95%	10.74%	9.26%	7.46%	5.29%	2.63%

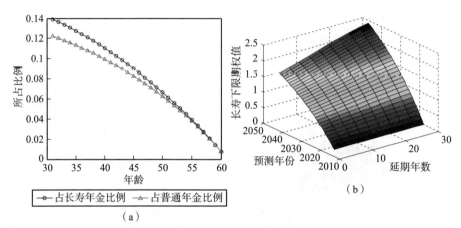

图 11 - 5　年金长寿风险变化趋势及其所占年金比例

第五节　模拟结果分析

一、模拟结果的敏感性分析

表 11 - 2 给出了不同年龄的长寿下限期权价格和长寿连接型年金价格随着长寿风险溢价值在 0~0.3 之间的变化趋势。同一长寿风险溢价水平和执行价格下，长寿期权的值随着承保年龄递减，且随着长寿风险的市场价格 ϑ 值递增。当 $\vartheta = 0$ 时，30 岁的嵌入期权价值是 40 岁的 114%，是 50 岁的 183%。而对于 40 岁时的嵌入期权值，$\vartheta = 0.3$ 时比 $\vartheta = 0$ 时大 15.3%。这就意味着长寿风险市场价格 ϑ 值越高，普通年金中的长寿风险占比就越高。长寿连接型年金购买人牺牲确定性支付将通过更大幅度的价格下降来得到补偿。

表 11 -2　　　　　不同长寿风险溢价参数下的年金与期权价格

项目	30 岁	35 岁	40 岁	45 岁	50 岁	55 岁
传统年金	10.66	11.58	12.56	13.6	14.72	15.98
长寿下限期权价格						
$\vartheta = 0$	1.595	1.53	1.397	1.186	0.8716	0.4436
$\vartheta = 0.1$	1.613	1.565	1.448	1.244	0.9259	0.4741
$\vartheta = 0.2$	1.641	1.615	1.521	1.329	0.9895	0.4915
$\vartheta = 0.3$	1.673	1.65	1.611	1.412	0.9987	0.5113
长寿连接型年金价格						
$\vartheta = 0$	9.065	10.05	11.163	12.414	13.8484	15.5364
$\vartheta = 0.1$	9.047	10.015	11.112	12.356	13.7941	15.5059
$\vartheta = 0.2$	9.019	9.965	11.039	12.271	13.7305	15.4885
$\vartheta = 0.3$	8.987	9.93	10.949	12.188	13.7213	15.4687

表 11 -3 给出的是利率变化到 3% 时各风险溢价水平下的长寿期权变化情况。与表 11 -1 中的 2% 利率环境对比,我们可以看出:首先利率的增加降低了年金保费和长寿期权的值,这是因为包括长寿期权在内的将来支付都经过了更高程度的折现;其次,同一年龄段,风险溢价水平 ϑ 越大期权价格越高,而在同一风险溢价水平 ϑ,延期越长价格越高,与表 11 -1 相比这一特征是稳健的,并没有因利率增加而发生变化;再次,与表 11 -1 相比,高利率环境下的长寿下限期权占传统年金之比更高。我们知道长寿下限期权对传统年金的占比也就是保单持有人愿意牺牲支付确定性而获得的保费折扣,高折扣自然对保单购买人具有更大的吸引力,换言之,低利率环境将弱化人们对长寿连接型年金的购买意愿。

表 11 -3　　　　　不同利率水平下长寿期权价格与占比变化趋势

项目	30 岁	35 岁	40 岁	45 岁	50 岁	55 岁
传统年金	7.464	8.581	9.841	11.26	12.86	14.67
长寿下限期权价格						
$\vartheta = 0$	1.02	1.011	0.9817	0.8908	0.7124	0.4255
$\vartheta = 0.1$	1.029	1.021	1.001	0.9288	0.7523	0.4534
$\vartheta = 0.2$	1.041	1.033	1.016	0.9351	0.7673	0.4679
$\vartheta = 0.3$	1.053	1.043	1.021	0.9578	0.7727	0.4710

项目	30 岁	35 岁	40 岁	45 岁	50 岁	55 岁
长寿下限期权占传统年金之比（%）						
$\vartheta = 0$	13.67	11.78	9.98	7.91	5.54	2.90
$\vartheta = 0.1$	13.79	11.89	10.17	8.25	5.85	3.09
$\vartheta = 0.2$	13.95	12.04	10.32	8.30	5.97	3.19
$\vartheta = 0.3$	14.11	12.15	10.38	8.51	6.01	3.21

二、税收递延政策效果评估

在目前实际补缴税率 ρ 为 7.5% 的情况下，表 11 - 4 给出了不同投保年龄下税收让利的长寿风险占比。从表 11 - 4 数据可以看出两点：首先，不同年龄对应的 ϕ 值造成了税收让利相对长寿风险比例的变化，其随着年龄减少的变化规律由长寿下限期权的年龄属性决定；其次，相同 ϕ 值的情况下，高所得税率产生的税收让利对长寿风险占比会大幅度增加，也就是说目前的政策参数更有利于高收入阶层，其补贴力度在大部分年龄已经远超年金购买人实际承担的长寿风险额度。从表 11 - 4 的计算结果可以看出对于一个 45 岁的年金购买人来说，税收递延型长寿连接年金 D - LLLA（$\lambda = 20\%$）将使他不光完全对冲掉长寿风险，而且会得到等于长寿风险 55% 额度的超额支付，这是相当具有吸引力的计算结果。

表 11 - 4　　　　　　不同投保年龄下税收让利的长寿风险占比　　　　单位：%

项目	30 岁	35 岁	40 岁	45 岁	50 岁	55 岁
$\gamma_{FLOOR} /_{60-x} | \ddot{a}_x^{LLLA} = \phi$	13.57	12.03	10.20	8.07	5.58	2.70
税收承担风险，$\lambda = 10\%$	18.43	20.78	24.50	30.99	44.80	92.72
税收承担风险，$\lambda = 20\%$	92.15	103.9	122.5	154.99	224	463.6

表 11 - 5 对普通年金 $\ddot{a}_{60}^{F_k}$，税收递延型普通年金 $D\ddot{a}_{60}^{F_k}$，长寿连接型年金 $\ddot{a}_{60}^{LLLA}$ 和税收递延型长寿连接年金 $D\ddot{a}_{60}^{LLLA}$（$\lambda = 10\%$）中年金双方各项风险与福利指标（$\delta = 0.02$，$\eta = 2$）进行了对比。其中 SCR 表示年金的偿付能力资本要求。对比 $\ddot{a}_{60}^{F_k}$ 与 $D\ddot{a}_{60}^{F_k}$ 可知，对普通年金进行税收递延，并没有改变年金发行人的 VaR，SCR 和 100% 的长寿风险承担，也没有改变年金价格，唯一变化的是购买人的等效用确定年金收入 EA 增加了

2.5%，这就意味着，即使普通的税收递延年金刺激了年金的购买，则买得越多，年金发行人承担的长寿风险也就越大，并没有得到任何改善。

表 11 - 5　　　　　　　　几种年金结构下保险双方各指标变化评估

项目	年金发行人各项指标			年金购买人各项指标			
	mean	VaR（95%）	SCR	风险承担	风险承担	EA	$P/\ddot{a}_{60}^{F_k}$
$\ddot{a}_{60}^{F_k}$	20.02	21.12	3.024	100%	0%	1	100%
$D\ddot{a}_{60}^{F_k}$	20.02	21.12	3.024	100%	0%	1.025	100%
$\ddot{a}_{60}^{LLLA}$	18.1	19.24	1.144	0%	100%	0.943	90.4%
$D\ddot{a}_{60}^{LLLA}$	18.1	19.24	1.144	0%	76.53%	0.967	90.4%

对比表 11 - 5 中的 $\ddot{a}_{60}^{F_k}$ 和 $\ddot{a}_{60}^{LLLA}$ 可知，年金发行人的 VaR，SCR 均大为改观，并且长寿风险暴露已全部转移，购买人虽然承担了 100% 的长寿风险，但年金价格下降到原来的 90.4%，这两者的此消彼长在数量上是精算等价的，但从福利角度来看，风险分摊机制以普通年金 90.4% 的价格带来了相当于普通年金 93.5% 的等效用确定年金收入，年金持有人的福利增加了，这显然是一个帕累托改进；如果再对 $\ddot{a}_{60}^{LLLA}$ 实行税收递延，则不仅保留了原来 $\ddot{a}_{60}^{LLLA}$ 的好处，还以税收优惠的形式分摊了购买人 23.47% 的长寿风险，反映在福利上就是进一步将 $\ddot{a}_{60}^{LLLA}$ 对应的等效用确定年金收入由传统年金的 94.3% 提高到 $D\ddot{a}_{60}^{LLLA}$ 的 96.7%，这是在长寿连接型年金基础上的又一个明显的帕累托改进。

表 11 - 6 给出了不同税收递延税率设计下长寿连接型年金购买人的等效用确定年金收入 EA 的变化结果。为了考虑不同时间偏好和风险厌恶程度带来的差异，表 11 - 6 中主观时间偏好参数 δ 分别取 0.02（耐心），0.04（一般）和 0.06（不耐烦），相对风险厌恶参数 η 分别取 2（低风险），5（中风险）和 10（高风险）。从 EA 的变化趋势可见，不同时间偏好参数下，高风险厌恶的人（$\eta = 10$），其等效用确定年金收入小于普通年金的 90.4%，这部分人群认为从长寿连接型年金中得到的价格优惠不足以补偿他们对确定性收入的牺牲，也就是对他们来说，长寿连接型年金不具有吸引力。

表 11 - 6　　　不同税收递延政策下年金购买人等效用变化趋势模拟

δ	0.02			0.04			0.06		
η	2	5	10	2	5	10	2	5	10
EA（$\lambda = 0$，$\rho = 0$）	0.943	0.929	0.893	0.930	0.914	0.874	0.916	0.907	0.865
EA^1（$\lambda = 0.1$，$\rho = 0.075$）	0.967	0.952	0.915	0.953	0.937	0.896	0.939	0.930	0.887
EA^2（$\lambda = 0.2$，$\rho = 0.075$）	1.061	1.045	1.005	1.046	1.028	0.983	1.031	1.020	0.973
EA^3（$\lambda = 0.1$，$\rho = 0.05$）	0.990	0.975	0.938	0.977	0.960	0.918	0.962	0.952	0.908

EA^1、EA^2 和 EA^3 是政府以税收递延方式介入年金长寿风险分摊后在不同税率设置下的等效用确定年金收入。其中 EA^1 对应的税制设计下，时间偏好参数 δ 大于 0.02 的高风险厌恶人群，效用状况仍然低于接受长寿连接型年金的门槛值 90.4%；EA^2 的税率设计意味着 20% 收入所得税的高收入人群将获得 12.5% 税率优惠，其最低效用 0.973 也将将远高于 0.904 的水平值，但这种制度设计无法惠及大部分适用 10% 收入所得税的中低收入人群；相对而言 EA^3 中对中低收入人群适用 5% 的较低补缴税率时，将使得该群体的等效用确定性收入水平都大于 0.904，这也意味着他们都能接受长寿连接型年金产品。可见在长寿连接型年金设计明确了长寿风险的权责关系后，设计合理的政府税收补助将提升新型年金产品的吸引力并促进风险的有效分摊。

第六节　结　论

本书通过对年金的长寿风险建模和数值模拟实现了两大研究目标：厘清长寿风险的权责关系并优化税收递延设计的分摊效果。具体来说，文章采用贝叶斯 MCMC 算法框架，以一体化的方式融合了死亡率预测、长寿期权定价和风险评估三大年金精算任务，探讨了年金长寿风险在发行人和持有人之间，以及在加入政府之后的三方之间的转移分摊机制，量化评估了各方相关指标的变化趋势和影响参数。

（1）通过赋予年金发行人根据将来真实死亡概率动态调整年金支付的权利，传统年金将转化成长寿连接型年金，而传统年金固有的长寿风险也将转移到年金持有人，从根本上消除了年金发行人因长寿风险造成的超额偿付压力，彻底厘清了传统年金中长寿风险的权责关系。年金 VaR 和 SCR

等风险与偿付能力指标大为改善；同时年金持有人的保费支付也将下降，而效用状况却优于该价格下传统年金的效用额度，呈改善趋势。

（2）政府以税收递延让利的方式参与到长寿连接型年金中，可以在不改变年金发行人风险状况的前提下，分摊年金持有人承担的部分长寿风险，进一步提升了持有人的效用水平。本文的数值模拟结果表明，不同税收优惠设计在长寿风险分摊和提升长寿连接型年金吸引力上具有明显政策效应。

概而言之，厘清风险权责和优化税收设计这两个研究目标在本书中是相辅相成。没有清晰的权责关系，税收让利就只能调节年金的供需关系，无法触及长寿风险的有效管理；而仅仅分清长寿风险的权责，没有税收优惠的国家助力，年金购买人过重的风险负担将扼杀其对新型年金的兴趣，通过新型年金设计来厘清长寿风险的初衷也就失去了意义。

作为下一步研究的展望，作者认为基于长寿连接型年金与税收递延的长寿风险三方分摊机制，在长寿指数设计和政策参数调整上，仍然有较大的优化空间，后续研究将深入探讨在此框架下年金长寿风险分摊的机制，路径和影响效果，进一步丰富和拓展年金长寿风险管理的损失控制理论。

参考文献

［1］柏满迎、陈丹：《寿险公司分红保险负债估价的进一步研究》，载于《金融研究》2007 年第 6 期。

［2］韩猛、王晓军：《Lee – Carter 模型在中国城市人口死亡率预测中的应用与改进》，载于《保险研究》2010 年第 10 期。

［3］郝志峰、王宁宁：《路径抽样法在贝叶斯模型选择中的应用》，载于《华南理工大学学报（自然科学版）》2004 年第 10 期。

［4］胡仕强、陈荣达：《基于双因子 Lee – Carter 模型的死亡率预测及年金产品风险评估》，载于《系统工程理论与实践》2018 年第 9 期。

［5］胡仕强：《基于贝叶斯 MCMC 方法的我国人口死亡率预测》，载于《保险研究》2015 年第 10 期。

［6］胡宗义、李毅、万闯：《基于贝叶斯 GARCH – Expectile 模型 VaR 和 ES 风险度量》，载于《数理统计与管理》2020 年第 3 期。

［7］黄匡时：《Lee – Carter 模型在模型生命表拓展中的应用——以中国区域模型生命表为例》，载于《人口研究》2015 年第 5 期。

［8］金博轶：《动态死亡率建模与年金产品长寿风险的度量——基于有限数据条件下的贝叶斯方法》，载于《数量经济技术经济研究》2012 年第 12 期。

［9］李志生、刘恒甲：《Lee – Carter 死亡率模型的估计与应用》，载于《中国人口科学》2010 年第 3 期。

［10］任燕燕、徐晓波、王姿懿：《基于贝叶斯检验方法的股票定价模型比较分析——来自中国上市公司的数据证据》，载于《数理统计与管理》2020 年第 3 期。

［11］王晓军、路倩：《高龄人口死亡率预测模型的比较与选择》，载于《保险研究》2019 年第 3 期。

［12］王晓军、任文东：《有限数据下 Lee – Carter 模型在人口死亡率预测中的应用》，载于《统计研究》2012 年第 6 期。

［13］ 魏华林、宋平凡：《随机利率下的长寿风险自然对冲研究》，载于《保险研究》2014 年第 3 期。

［14］ 吴恒煜、朱福敏、温金明：《Aaron KIM 基于序贯贝叶斯参数学习的 Lévy 动态波动率模型研究》，载于《系统工程理论与实践》2017 年第 3 期。

［15］ 吴晓坤、王晓军：《中国人口死亡率 Lee - Carter 模型的再抽样估计、预测与应用》，载于《中国人口科学》2014 年第 4 期。

［16］ 杨舸、田澎：《存在退保时分红寿险定价的最小二乘蒙特卡罗模拟》，载于《管理工程学报》2006 年第 3 期。

［17］ 曾燕、陈曦、邓颖璐：《创新的动态人口死亡率预测及其应用》，载于《系统工程理论与实践》2016 年第 7 期。

［18］ 曾燕、曾庆邹、康志林：《基于价格调整的长寿风险自然对冲策略》，载于《中国管理科学》2015 年第 12 期。

［19］ 郑海涛、罗淇耀、秦中峰等：《考虑违约情况下累积分红寿险的退保权定价模型》，载于《系统工程理论与实践》2013 年第 6 期。

［20］ 郑海涛、秦中峰、罗淇耀等：《多因素下累积分红寿险合同的公允定价模型》，载于《管理科学学报》2014 年第 12 期。

［21］ 周桦：《中国万能寿险投资账户最低收益率保证与退保期权的定价研究》，载于《系统工程理论与实践》2013 年第 3 期。

［22］ 祝伟、陈秉正：《动态死亡率下个人年金的长寿风险分析》，载于《保险研究》2012 年第 2 期。

［23］ 祝伟、陈秉正：《中国城市人口死亡率的预测》，载于《数理统计与管理》2009 年第 4 期。

［24］ An Chen, Manuel Rach. An Innovative Way of Combining Tontines and Annuities. *Insurance*：*Mathematics and Economics*，2019，89：182 - 192.

［25］ Andey Wong, Michael Sherris, Ralph Stevens. Natural Hedging Strategies for Life Insurers：Impact of Product Design and Risk Measure. *The Journal of Risk and Insurance*，2017，84（1）：153 - 175.

［26］ Arto L., Anne P., Lasse K. Bayesian Analysis of Equity-linked Savings Contracts with American-style Options. *Quantitative Finance*，2014，14（2）：343 - 356.

［27］ Atsuyuki K. Yoshiyuki K. A bayesian Approach to Pricing Longevity Risk Based on Risk Neutral Predictive Distributions. *Insurance*：*Mathematics and Economics*，2010，46：162 - 172.

[28] Bacinello A. R. , Biffis E. , Millossovich P. Pricing Life Insurance Contracts with Early Exercise Features. *Journal of Computational and Applied Mathematics*, 2010, 233: 27 –35.

[29] Bacinello A. R. , Biffis E. , Millossovich P. Regression-based Algorithms for Lifeinsurance Contracts with Surrender Guarantees. *Quantitative Finance*, 2009, 10 (9): 1077 –1090.

[30] Bacinello A. R. Fair Valuation of Guaranteed Life Insurance Participating Contract Embedding a Surrender Option. *The Journal of Risk and Insurance*, 2003, 70 (3): 461 –487.

[31] Bacinello A. R. Pricing Guaranteed Life Insurance Participating Policies with Annual Premiums and Surrender Option. *North American Actuarial Journal*, 2003, 7 (3): 1 –17.

[32] Ballotta L. Alevy Process-based Framework for the Fair Valuation of Participating Life Insurance Contracts. *Insurance: Mathematics and Economics*, 2005, 37 (1): 173 –196.

[33] Bauer, Daniel, Matthias Borger, Jochen Russ. On the Pricing of Longevity-linked Securities. *Insurance: Mathematics and Economics*, 2010, 46: 139 –149.

[34] Biffis, E. Affine Processes for Dynamics Mortality and Actuarial Valuations . *Insurance: Mathematics and Economics*, 2005, 37 (3), 443 –468.

[35] Biffis, E. , M. Denuit and P. Devolder. Stochastic Mortality under Measure Changes. *Scandinavian Actuarial Journal*, 2010, 3: 284 –311.

[36] Bignozzi and Tsanakas. Parameter Uncertainty and Residual Estimation Risk. *Journal of Risk and Insurance*, 2016, 83 (4): 949 –978.

[37] Blackburn, C. , and M. Sherris. Consistent Dynamic Affine Mortality Models for Longevity Risk Applications. *Insurance: Mathematics and Economics*, 2013, 53: 64 –73.

[38] Blake, D. , A. J. G. Cairns and K. Dowd. The Birth of the Life Market. *Asia – Pacific Journal of Risk and Insurance*, 2008, 3 (1): 6 –36.

[39] Blake, David, Andrew Cairns, Guy Coughlan, Kevin Dowd, and Richard MacMinn. The New Life Market. *Journal of Risk and Insurance*, 2013, 80: 501 –557.

[40] Blake, David, Andrew Cairns, Kevin Dowd, and Richard MacMinn. Longevity Bonds: Financial Engineering, Valuation and Hedging. *Jour-

nal of Risk and Insurance, 2006, 73: 647 –672.

[41] Blake, David, William Burrows. Survivor Bonds: Helping to Hedge Mortality Risk. *Journal of Risk and Insurance*, 2001, 68: 339 –348.

[42] Blake D. , Cairns A. J. , Dowd K. A Two Factor Model for Stochastic Mortality with Parameter Uncertainty: Theory and Calibration. *Journal of Risk and Insurance*, 2006b, 73: 687 –718.

[43] Blake D. , Cairns A J, Dowd K. Living with Mortality: Longevity Bonds and Other Mortality-linked Securities. *British Actuarial Journal*, 2006a, 12: 153 –228.

[44] Bowen Yang, Jackie Li, Uditha Balasooriya. Using Bootstrapping to Incorporate Model Error for Risk-neutral Pricing of Longevity Risk. *Insurance: Mathematics and Economics*, 2013, 52: 35 –4.

[45] Boyer M. M. , Stentoft L. If We Can Simulate It, We Can Insure It: An Application to Longevity Risk Management. *Insurance Mathematics and Economics*, 2013, 52 (1): 35 –45.

[46] Bravo J. M. , NEMD. Freitas. Value of Longevity-linked Life Annuities. *Insurance: Mathematics and Economics*, 2018, 78: 212 –229.

[47] Brouhns N. , Denuit M. , Vermunt. J. K. A Poisson Log-bilinear Regression Approach to the Construction of Projected Life Tables. *Insurance: Mathematics and Economics*, 2002, 31 (3): 373 –393.

[48] Brouhns N. , Denuit M. , Vermunt J. K. Measuring the Longevity Risk in Mortality Projections. *Bulletin of the Swiss Association of Actuaries*, 2002, 2: 105 –130.

[49] Cairns A. J. G, Blake D. , Dowd K. , Coughlan G. D. , Epstein D. , Ong A. , Balevichl. A Quantitative Comparison of Stochastic Mortality Models Using Date from England & Wales and the United States. *North American Actuarial Journal*, 2009, 13 (1), 1 –35.

[50] Cairns A. J. G. , Blake D. , Dowd K. , Coughlan G. D. , Khalaf – Allah M. Bayesian Stochastic Mortality Modelling for Two Populations. *ASTIN Bulletin*, 2011, 41 (1): 29 –59.

[51] Cairns A. J. G. , Blake D. , Dowd K. Modelling and Management of Mortality Risk: A Review. *Scandinavian Actuarial Journal*, 2008 (2): 79 – 113.

[52] Carriere J. Valuation of the Early-exercise Price for Options Using

Simulations and Nonparametric Regression. *Insurance: Mathematics and Economics*, 1996, 19 (1): 19 –30.

[53] Chen H. , Cox S. H. Modeling Mortality with Jumps: Applications to Mortality Securitization. *The Journal of Risk and Insurance*, 2009, 76: 727 – 751.

[54] Coale A. , Guo G. Revised Regional Model Life Tables at Very Low Levels of Mortality. *Population Index*, 1989, 55 (4): 613 –643.

[55] Cocco, João F. and Francisco J. Gomes. Longevity Risk, Retirement Savings, and Financial Innovation. *Journal of Financial Economics*, 2012, 103: 507 –29.

[56] Cox J. C. , Ingersoll J. E. , Ross S. A. A Theory of the Term Structure of Interest Rate. *Econometrica*, 1985, 53: 385 407.

[57] Cox, Lin, and Pedersen. Mortality Risk Modeling: Applications to Insurance Securitization . *Insurance: Mathematics and Economics*, 2010, 46 (1): 242 –253.

[58] Cox, S. H. , Lin, Y. Natural Hedging of Life and Annuity Mortality Risks. *North American Actuarial Journal*, 2007, 11 (3), 1 –15.

[59] Currie I. D. Smoothing and Forcasting Mortality Rates with P – Splines. Talk Given at the Institute of Actuaries, 2006.

[60] Czado C. , Delwarde A. , Denuit M. Bayesian Poisson Log-bilinear Mortality Projections. *Insurance: Mathematics and Economics*, 2005, 36 (3): 260 –284.

[61] Dahl M. Stochastic Mortality in Life Insurance: Market Reserves and Mortality-linked Insurance Contracts. *Insurance: Mathematics and Economics*, 2004, 35: 113 –136.

[62] Dawson P. , Blake D. , Cairns A. J. G. , Dowd K. Survivor Derivatives: A Consistent Pricing Framework. *Journal of Risk and Insurance*, 2010, 77 (3): 579 –596.

[63] Dellaportas P. , Forster J. , Ntzoufras I. On Bayesian Model and Variable Selection Using MCMC. *Statistics and Computing*, 2002, 12: 27 –36.

[64] Dellaportas P. , Smith A. Bayesian Inference for Generalized Linear and Proportional Hazards Models Via Gibbs Sampling. *Journal of the Royal Statistical Society*, 1993, 42.

[65] Denuit M. , Devolder P. , Goderniaux A. Securitization of Longevity

Risk: Pricing Survivor Bonds with Wang Transform in the Lee – Carter Framework. *Journal of Risk and Insurance*, 2007. 74, 87 – 113.

[66] Denuit M. , Haberman S. , Renshaw A. Longevity – Contingent Deferred Life Annuities. *Journal of Pension Economics and Finance*, 2015, 14 (3): 315 – 327.

[67] Denuit, M. , Haberman S. , Renshaw. A. Longevity-indexed Life Annuities. *North American Actuarial Journal*, 2011, 15: 97 – 111.

[68] Dorina Lazar and Michel M. Denuit. A Multivariate Time Series Approach to Projected Life Tables. *Applied Stochastic Models in Business and Industry*, 2009, 25: 806 – 823.

[69] Erhan B. , Virginia. R. Young. Hedging Life Insurance with Pure Endowments. *Insurance: Mathematicas and Economics*, 2007, 40: 435 – 444.

[70] Ermanno Pitacco. Guarantee Structures in Life Annuities: A Comparative Analysis. *The Geneva Papers*, 2016, 41: 78 – 97.

[71] Feng X. , Xie D. Bayesian Estimation of CIR Model. *Journal of Data Science*, 2012, 10: 271 – 280.

[72] Fisher L. , Weil R. L. Coping with the Risk of Interest-rate Fluctuations: Returns to Bondholders from Naive and Optimal Strategies. *Journal of Business*, 1971, 44: 408 – 431.

[73] Fung, M. C. , Ignatieva, K. , Sherris, M. , 2019. Managing Mortality Risk in Life Annuities: An Application of Longevity Derivatives. Risks, MDPI, Open Access J. 2019 (7): 1 – 25.

[74] Gelfand A. , Ghosh S. Model Choice: A Minimum Posterior Predictive Loss Approach. *Biomefrika*, 1998, 85: 1 – 13.

[75] Gelfand, A. , Smith, A. and Lee, T. – M. Bayesian Analysis of Constrained Parameter and Truncated Data Problems Using Gibbs Sampling. *Journal of the American Statistical Association*, 1992, 87: 523 – 532.

[76] Gelman A. , Rubin D. Inference from Iterative Simulation Using Multiple Sequences. *Statistical Science*, 1992 (7): 457 – 511.

[77] Gilks W. , Wild P. Adaptive Rejection Sampling for Gibbs Sampling. *Journal of the Royal Statistical Sociev*, 1992, 41: 337 – 348.

[78] Girosi F. , King G. Demographic Forecasting. *Cambridge University Press: Cambridge*, 2005.

[79] Goovaerts M. J. , Laeven R. J. A. Actuarial Risk Measures for Fi-

nancial Derivative Pricing. *Insurance: Mathematics and Economics*, 2008, 42: 540 – 547.

[80] Green P. Reversible Jump Markov Chain Monte Carlo Computation and Bayesian Model Determination. *Biometrika*, 1995, 82: 711 – 732.

[81] Hanewald, Katja. Explaining Mortality Dynamics: The Role of Macroeconomic Fluctuations and Cause of Death Trends. *North American Actuarial Journal*, 2011 (15): 290 – 314.

[82] Hans C. , Dobra A. , West M. Shotgun Stochastic Search for "Large p" Regression. *Journal of the American Statistical Association*, 2007, 102: 507 – 516.

[83] Ioannis Ntzoufras. *Bayesian Modelling Using WinBUGS*. Hoboken, New Jersey, John Wiley & Sons, Inc, 2009: 117 – 120.

[84] Jackie Li. An Application of MCMC Simulation in Mortality Projection for Populations with Limited Data. *Demographic Research*, 2014, 30: 1 – 48.

[85] Jaren L. , Mamon R. Valuation of Contingent Claims with Mortality and Interest Rate Risks. *Mathematical and Computing Modelling*, 2009, 49: 1893 – 1904.

[86] Jorge M. Bravo, Joao Pedro Vidal Nunes. Pricing Longevity Derivatives Via Fourier Transforms. *Insurance: Mathematics and Economics*, 2021, 96: 81 – 97.

[87] Jorge Miguel Bravo. , Najat EI Mekkaoui de Freitas. Valuation of Longevity-linked Life Annuities. *Insurance: Mathematics and Economics*, 2018, 78: 212 – 229.

[88] J. Risk, M. Ludkovski. Statistical Emulators for Pricing and Hedging Longevity Risk Products. *Insurance: Mathematics and Economics*: 2016, 68: 45 – 60.

[89] Kass R. E. , Raftery A. E. . Bayes Factors. Journal of the American Statistical Association, 1995, 90: 773 – 795.

[90] Kerkhof J. , Melenberg B. , Schumacher H. Model Risk and Capital Reserves. *Journal of Banking and Finance*, 2010, 34 (1): 267 – 279.

[91] Kim, J. , and J. Li. Risk-neutral Valuation of the Non-recourse Protection in Reverse Mortgages: A Case Study for Korea. *Emerging markets review*, 2017, 30: 133 – 154.

[92] Kogure A. , Kitsukawa K. , Kurachi Y. A Bayesian Comparison of Models for Changing Mortalities Toward Evaluating Longevity Risk in Japan. *Asia – Pacific Journal of Risk and Insurance*, 2009, 3 (2): 1 –21.

[93] Kogure A. , Kurachi Y. A Bayesian Arroach to Pricing Longevity Risk Based on Risk Neutral Predictive Distributions. *Insurance: Mathematics and Economics*, 2010, 46: 162 –172.

[94] Kogure A. , Li J. , Kamiya S. Y. A Bayesian Multivariate Risk-neutral Method for Pricing Reverse Mortgages. *To appear in North American Actuarial Journal*, 2014.

[95] Kogure, A. , T. Hasegawa. *Statistical Methods for Life Tables*. Sciences for the 21st century, Tokyo, University of Tokyo Press, 2007: 199 – 221.

[96] Lee R. D. , Carter L. R. Modeling and Forecasting US Mortality. *Journal of the American Statistical Association*, 1992, 87: 659 –671.

[97] Lee R. , T. Miller. Evaluating the Performance of the Lee – Carter Method for Forecasting Mortality. *Demography*, 2001, 38: 537 –549.

[98] Li J. An Application of MCMC Simulation in Mortality Projection for Populations with Limited Data. *Demographic Research*, 2014, 30: 1 –48.

[99] Li J. , Mary R. Hardy. Measuring Basis Risk in Longevity Hedges. *North American Actuarial Journal*, 2011, 15: 177 –200.

[100] Li N. , Lee R. , Tuljapurkar S. Using the Lee – Carter Method to Forcast Mortality for Populations with Limited Data. *International Statistical Review*, 2004, 72: 19 –36.

[101] Lin T. , Tsai C. C. L. Application of Mortality Durations and Convexities in Natural Hedges. *North American Actuarial Journal*, 2014, 18 (3): 417 –442.

[102] Lin Y. , Cox S. H. Securitization of Mortality Risks in Life Annuities. *Journal of Risk and Insurance*, 2005, 72: 227 –252.

[103] Longstaff F. A. , Schwartz E. S. Valuing American Options by Simulation: A Simple Least-squares Approach. *Review of Financial Studies* 2001, 14: 113 –147.

[104] Luciano E. , L. Regis, E. Vigna. Delta – Gamma Hedging of Mortality and Interest Rate Risk. *Insurance: Mathematicas and Economics*, 2012, 50 (3): 402 –412.

[105] Luciano E., L. Regis, E. Vigna. Single-and Cross – Generation Natural Hedging of Longevity and Financial Risk. *Insurance*: *Mathematicas and Economics*, 2017, 84 (3): 961 –986.

[106] Man Chung Fung, Gareth W Peters, Pavel V Shevchenko. A State – Space Estimation of the Lee – Carter Mortality Model and Implications for Annuity Pricing. *Quantitative Finance*, 2015, 5 (5): 705 –724.

[107] Milevsky M. A., Promislow S. D. Mortality Derivatives and the Option to Annuitise. *Insurance*: *Mathematics and Economics*, 2001, 29 (3): 299 –318.

[108] Milevsky M. A., T. Salisbury. Optimal Retirement Income Tontines. *Insurance*: *Mathematics and Economics*, 2015, 64: 91 – 105.

[109] Milidonis A., Lin Y., Cox S. Mortality Regimes and Pricing. *North American Actuarial Journal*, 2010, 15 (2): 266 –289.

[110] Müller P., Mitra R. Bayesian Nonparametric Inference—Why and How. *Bayesian Anal.*, 2013, 8 (2): 269 –302.

[111] Ngai, Andrew, Michael Sherris. Longevity Risk Management for Life and Variable Annuities: The Effectiveness of Static Hedging Using Longevity Bonds and Derivatives. *Insurance*: *Mathematics and Economics*, 2011, 49: 100 – 114.

[112] Ntzoufras I. *Bayesian Modeling Using WinBUGS*. Chance, 2009, 25 (2): 60 –61.

[113] Pedroza C. A Bayesian Forecasting Model: Predicting U. S. Male Mortality. Biostatistics, 2006, 7 (4): 530 –550.

[114] Pitacco E., M. Denuit, S. Haberman, A. Olivieri. Modeling Longevity Dynamics for Pension and Annuity Business. Oxford University Press, 2009.

[115] Plat R. One-year Value-at-risk for Longevity and Mortality . *Insurance*: *Mathematics and Economics*, 2011, 49: 462 –470.

[116] Redington F. M. Review of the Principles of Life-office Valuations. *Journal of the Institute of Actuaries*, 1952, 78: 286 –315.

[117] Renshaw A. E., Haberman S. A Cohort – Based Extension to the Lee – Carter Model for Mortality Reduction Factors. *Insurance*: *Mathematics and Economics*, 2006, 38 (3): 556 –570.

[118] Renshaw A. E., Haberman S. Lee – Carter Mortality Forecasting: A Parallel Generalized Linear Modelling Approach for England and Wales Mortali-

ty Projections. *Journal of the Royal Statistical Society*, 2010, 52 (1): 119 – 137.

[119] Renshaw A. E. , Haberman S. Lee – Carter Mortality Forecasting Incorporating Bivariate Time Series for England and Wales Mortality Projections. *City University Actuarial Research Paper* 163, 2005.

[120] Renshaw A. E. , Haberman S. Lee – Carter Mortality Forecasting with Age Specific Enhancement. *Insurance: Mathematics and Economics*, 2003, 33 (2): 255 – 272.

[121] Risk M. , Ludkovski. Statistical Emulators for Pricing and Hedging Longevity Risk Products. *Insurance: Mathematics and Economics*, 2016, 68: 45 – 60.

[122] Santolino M. The Lee – Carter Quantile Mortality Model. *Scandinavian Actuarial Journal*, 2020 (2): 1 – 20.

[123] Schmeck Maren Diane, Schmidli Hanspeter. Mortality Options: The Point of View of an Insurer . *Insurance: Mathematics and Economics*, 2021, 96: 98 – 115.

[124] Shen, Y. and T. K. Siu. Longevity Bond Pricing Under Stochastic Interest Rate and Mortality with Regime-switching. *Insurance: Mathematics and Economics*, 2013, 52: 114 – 123.

[125] Shiu E. S. W. On Redington's Theory of Immunization . *Insurance: Mathematics and Economics*, 1990 (9): 171 – 175.

[126] Sisson S. Trans-dimensional Markov Chains: A Decade of Progress and Future Perspectives. *Journal of the American Statistical Association*, 2005, 100: 1077 – 1089.

[127] Stentoft L. Convergence of the Least Squares Monte Carlo Approach to American Option Valuation. *Management Science*, 2004, 50 (9): 1193 – 1203.

[128] Tsai C. C. L. , Chung S. L. Actuarial Applications of the Linear Hazard Transform in Mortality Immunization. *Insurance: Mathematics and Economics*, 2013, 53: 48 – 63.

[129] Tsai C. C. L. , Lin T. Application of Mortality Durations and Convexities in Natural Hedging. *North American Actuarial Journal*, 2014, 18 (3): 417 – 442.

[130] Tsai C. C. L. , Lin T. On the Mortality Risk Hedging with Mortality

Immunization. *Insurance: Mathematics and Economics*, 2013, 53 (3): 580 - 596.

[131] Tsitsiklis, J. and Van Roy, B. , Optimal Stopping of Markov Processes: Hilbert Space Theory, Approximation Algorithms, and an Application to Pricing High-dimensional Financial Derivatives. *IEEE Trans. Autom. Control*, 1999, 44: 1840 - 1851.

[132] Tsitsiklis, J. and Van Roy, B. , Regression Methods for Pricing Complex American Style Options. *IEEE Trans. Neural Networks*, 2001 (12): 694 - 703.

[133] Wang C. W. , Sharon S. Yang. Pricing Survivor Derivatives with Cohort Mortality Dependence Under the Lee - Carter Framework. *Journal of Risk and Insurance*, 2013, 80: 1027 - 1056.

[134] Wang S. S. A Class of Distortion Operators for Pricing Financial and Insurance Risks. *Journal of Risk and Insurance*, 2000, 67 (1): 15 - 36.

[135] Wang S. S. Equilibrium Pricing Transforms: New Results Using Buhlmann's 1980 Economic Model. *ASTIN Bulletin*, 2003, 33 (1): 57 - 73.

[136] Wills S. , Shrris M. Securitization, Structuring and Pricing of Longevity Risk. *Insurance: Mathematics and Economics*, 2010, 46 (1): 173 - 185.

[137] Yueh M. L. , Hsin-Yu Chiu, Shou-Hsun Tsai. Valuations of Mortality-linked Structured Products. *The Journal of Derivatives*, 2016, 24: 66 - 87.

[138] Zaglauer, K. and Bauer, D. , Risk-neutral Valuation of Participating Life Insurance Contracts in a Stochastic Interest Rate Environment. *Insurance: Mathmatics and Economics*, 2008, 43: 29 - 40.

[139] Zhang S. S. and Johnny Siu-Hang Li. Longevity Risk-Sharing Annuities: Partial Indexation in Mortality Experience. *Asia Pacific Journal of Risk and Insurance*, 2017, 11 (1): 1 - 30.

附录一　本书常用 WinBUGS 函数及精算数学基础

一、本书常用 WinBUGS 函数（见表1、表2）

表1 　　　　　　　　　　本书常用的部分 WinBUGS 函数

WinBUGS Syntax	Function Description
1. abs(x)	Absolute value
2. cos(x)	Cosine function
3. equals(x1, x2)	Binaly indicator function for equal nodes
4. exp(x)	Exponent value
5. inprod(v1[ ], v2[ ])	Inner product of two vectors
6. inverse(M[,])	Inverse of a symmetric positive-definite matrix
7. log(x)	Logarithm（In）
8. max(x1, x2)	Maximum of two values
9. mean(v[ ])	Sample mean
10. min(x1, x2)	Minimum of two values
11. phi(x)	CDF of standardized normal
12. pow(x, z)	Power function
13. sin(x)	Sine function
14. sqrt(x)	Square root
15. rank(v[ ], k)	Rank of component of a vector
16. ranked(v[ ], k)	Element of a vector with rank
17. round(x)	Round to the closest integer
18. sd(v[ ])	Sample standard deviation
19. step(x)	Binary indicator function of positive nodes
20. sum(v[ ])	Sum of a vector's components
21. trunc(x)	Truncation to the close

分布名	WinBUGS 函数	均值	方差
Binomial	$x \sim dbin(p, n)$	p	$p(1-p)$
Poisson	$x \sim dpois(lamda)$	λ	λ
Beta	$x \sim dbeta(a, b)$	$a/(a+b)$	$ab/[(a+b)^2(a+b+1)]$
Exponential	$x \sim dexp(lamda)$	$1/\lambda$	$1/\lambda^2$
Gamma	$x \sim dgamma(a, b)$	a/b	a/b^2
Log-normal	$x \sim dlnorm(mu, tan)$	$e^{\mu+1/(2\tau)}$	$(e^{1/\tau}-1)e^{2\mu+1/\tau}$
Normal	$x \sim dnorm(mu, tan)$	μ	$1/\tau$
Pareto	$x \sim dpar(a, c)$	$ab/(a-1)$	$ab^2/[(a-1)^2(a-2)]$
Uniform	$x \sim dunif(a, b)$	$a/(a+b)$	$1/[12(b-a)^2]$
Multi normal	$x[1: k] \sim dmnorm(mu[], T[,])$	$E(X)=\mu$	$V(X)=T^{-1}$

二、寿险精算数学基础

精算数学的相关概念公式是本书寿险精算相关编程的理论基础，这里以极简的方式列举精算数学中最重要的 15 个知识点，以便读者能更好理解编程的精算基础。

（一）生存分布

对于一个刚出生的婴儿来说，其未来寿命 X 是一个连续型随机变量，用 $F(x)$ 表示这个随机变量 X 的分布函数，则有

$$F(x) = Pr(X \leqslant x)(x \geqslant 0)$$

这里通常假定 $F(0)=0$，$f(x)$ 表示随机变量 X 的密度函数。另记 K 是未来寿命 X 的整数部分。对生存分布的概念，称

$$S(x) = Pr(X > t), \ t \in [0, \infty)$$

为寿命 X 的生存分布或生存函数，它表示新生儿活过 t 岁的概率。显然有 $S(x) = 1 - F(x)$。

寿命 X 的死力 $\mu(t)$ 定义为

$$\mu(t) = \frac{f(x)}{1-F(x)}, \ t \in (0, \infty)$$

由此可以得到生存函数 $s(x)$ 的死力 $\mu(t)$ 表达式

$$s(t) = e^{-\int_d^t \mu(s)ds}$$

精算数学中一般用 $E(X)$ 和 $E(K)$ 寿命 X 的期望和生存整数年 K 的期望，$T(x)$ 表示 x 岁的余寿。

（二）一些基本精算符号及其相互关系

精算数学中通常采用一些符号来表示概率，具体有：

$_tp_x$：(x) 活过 t 年，生存到 $x+t$ 岁的概率

$_tq_x$：(x) 在未来 t 年内死亡的概率

$_{u|t}q_x$：(x) 活过 $x+u$ 岁，并在接下来的 t 年内死亡率的概率

如果用 l_x 表示 x 岁时的生存人数，$_nd_x$ 表示 x 岁到 $x+n$ 岁之间死亡的人数，则有如下的一些关系式成立：

$$_tp_x = \frac{l_{x+t}}{l_x}, \quad _tq_x = \frac{_td_x}{l_x}, \quad _{u|t}q_x = {}_up_x \times {}_tq_{x+u} = {}_up_x - {}_{u+t}p_x = \frac{l_{x+u} - l_{x+u+t}}{l_x}$$

生命表构造中，我们还经常用到中心死亡率的概念，中心死亡率 $_nm_x$ 定义为

$$_nm_x = \frac{_nq_x}{\int_0^n {}_tp_x dt} = \frac{_nd_x}{_nL_x}, \quad \text{其中} \ _nL_x = \int_0^n l_{x+s} ds$$

（三）生存保险

一个 x 岁的个体投保一个保额为 1 元的 n 年期生存年金，被保险人生存到 n 年末则保险人给付 1 元的生存赔付，保险合同终止。用 Z 表示保险人给付额的现值，则

$$Z = v^n I_{(T(x) \geqslant n)}$$

其中

$$I_{(T(x) \geqslant n)} = \begin{cases} 1, & T(x) \geqslant n \\ 0, & T(x) < n \end{cases}$$

记生存保险的精算现值 $E(Z) = A_{x:\overline{n}|}^{\ 1}$ 或者 $_nE_x$，显然有

$$_nE_x = E(Z) = v^n E(I_{(T(x) \geqslant n)}) = v^n {}_np_x$$

（四）定期死亡保险

当被保险人死亡时刻为 $T(x)$，保险人在死亡即时进行赔付，保险人赔付的现值 Z 可以表示为：

$$Z = v^{T(x)} I_{(T(x) < n)}$$

Z 的精算现值记为 $\overline{A}_{x:\overline{n}|}^{\ 1}$，对上式取期望容易得到：

$$\overline{A}_{x:\overline{n}|}^{\ 1} = E(v^{T(x)} I_{(T(x) < n)}) = \int_0^\infty I_{(t<n)} v^t {}_tp_x \mu_x(t) dt = \int_0^n v^t {}_tp_x \mu_x(t) dt$$

当保险人在被保险人死亡年末给付保险金时，给付时刻为 $K(x)+1$，保险人赔付的现值 Z 可以表示为：

$$Z = v^{K(x)+1} I_{(T(x) < n)}$$

Z 的精算现值记为 $A_{x:\overline{n}|}^{\ 1}$，对上式取期望容易得到：

$$A_{x:\overline{n}|}^{\ 1} = E(v^{K(x)+1} I_{(T(x)<n)}) = \sum_{k=0}^{n-1} v^{k+1} {}_{k|}q_x$$

在 UDD 假设下，有等式 $\overline{A}_{x:\overline{n}|}^{\ 1} = (i/\delta) A_{x:\overline{n}|}^{\ 1}$ 成立。

（五）终生死亡保险

对于死亡后立即给付的终生死亡保险，保险人给付的现值为

$$Z = v^{T(x)}$$

Z 的精算现值记为 $\bar{A}_x$，对上式取期望容易得到

$$\bar{A}_x = E(Z) = \int_0^\infty v^t \, {}_t p_x \mu_x(t) \, dt$$

如果保险金在被保险人死亡年度末给付，其给付现值为

$$Z = v^{K(x)+1}$$

Z 的精算现值记为 A_x，对上式取期望容易得到

$$A_x = E(Z) = \sum_{k=0}^\infty v^{k+1} \, {}_k|q_x$$

同样在 UDD 假设下，有等式 $\bar{A}_x = (i/\delta) A_x$ 成立。

（六）生死合险

对于一个 x 岁的被保险人来说，n 年期生死合险如果在死亡即时进行赔付，保险人给付时刻就等于死亡时刻 $T(x)$ 与 n 的最小值，如果记 $T(x) \wedge n = \min(T(x), n)$，那么保险人的给付现值可以表示为

$$Z = v^{T(x) \wedge n}$$

Z 的精算现值记为 $\bar{A}_{x:\overline{n}|}$，则有等式 $\bar{A}_{x:\overline{n}|} = E(Z) = A_{x:\overline{n}|}^{\ 1} + \bar{A}_{x:\overline{n}|}^{1}$ 成立。

如果在保单年度末进行赔付，保险人给付时刻为 $(K(x)+1) \wedge n = \min(K(x)+1, n)$，那么保险人的给付现值可以表示成

$$Z = v^{(K(x)+1) \wedge n}$$

Z 的精算现值记为 $A_{x:\overline{n}|}$，则有等式 $A_{x:\overline{n}|} = E(Z) = A_{x:\overline{n}|}^{\ 1} + A_{x:\overline{n}|}^{1}$ 成立。

（七）延期死亡险

延期 m 年的终身死亡险是指 x 岁的被保险人在签单后的 m 年延期内死亡，保险人不承担保险责任，而当被保险人在签单 m 年后死亡，保险人负有赔付责任。如果在死亡时立即给付 1 元的赔付，则赔付额的现值为

$$Z = v^{T(x)} I_{(T(x) \geq m)}$$

Z 的精算现值记为 ${}_m|\bar{A}_x$，容易得到

$${}_m|\bar{A}_x = E(v^{T(x)} I_{(T(x) \geq m)}) = \int_m^\infty v^t \, {}_t p_x \mu_x(t) \, dt = {}_m E_x \times \bar{A}_{x+m}$$

如果在死亡保单年度末给付 1 元的赔付，则赔付额的现值为

$$Z = v^{K(x)+1} I_{(T(x) \geq m)}$$

Z 的精算现值记为 ${}_m|A_x$，容易得到

$${}_m|A_x = E(v^{K(x)+1} I_{(T(x) \geq m)}) = \sum_{k=m}^\infty v^{k+1} \, {}_k|q_x = {}_m E_x \times A_{x+m}$$

对 x 岁保额为 1 元的延期 m 年的 n 年定期寿险，保险人给付的精算现值为 ${}_{m|n}A_x$，易得：

$$_{m|n}A_x = A^1_{x:\overline{n+m}|} - A^1_{x:\overline{m}|}$$

（八）n 年定期生存年金

从被保险人 x 岁开始支付的 n 年期生存年金，年金给付的时间是 $T(x)$ 与 n 的最小值，如果记 $T(x) \wedge n = \min(T(x), n)$，那么保险人的给付现值可以表示为 $\overline{a}_{\overline{T(x) \wedge n}|}$，其精算现值为 $\overline{a}_{x:\overline{n}|}$，容易证明：

$$\overline{a}_{x:\overline{n}|} = E\left(\int_0^{T(x) \wedge n} v^t dt\right) = E\left(\int_0^\infty v^t I_{\{t \leqslant T(x) \wedge n\}} dt\right)$$

$$= E\left(\int_0^\infty v^t P(T(x) \wedge n \geqslant t) dt\right) = \int_0^n v^t {}_t p_x dt$$

（九）终身生存年金

从被保险人 x 岁开始支付的终身生存年金，年金给付的终止时间是 $T(x)$。因此与 n 年定期相似，保险人的给付现值可以表示为 $\overline{a}_{\overline{T(x)}|}$，对应的精算现值为 $\overline{a}_x$，由精算现值定义可以证明：

$$\overline{a}_x = E\left(\int_0^{T(x)} v^t dt\right) = E\left(\int_0^\infty v^t I_{\{T(x) > t\}} dt\right)$$

$$= \int_0^\infty v^t P(T(x) > t) dt = \int_0^\infty v^t {}_t p_x dt$$

（十）延期 n 年的终身生存年金

延期 n 年的终身生存年金是指对 x 年的被保险人延期 n 年后才进行给付的终身生存年金。保险人的给付现值可以表示为 $\overline{a}_{\overline{T(x)}|} - \overline{a}_{\overline{T(x) \wedge n}|}$，对应的精算现值为 ${}_{n|}\overline{a}_x$，容易证明：

$$_{n|}\overline{a}_x = \overline{a}_x - \overline{a}_{x:\overline{n}|} = \int_0^\infty v^t {}_t p_x dt - \int_0^n v^t {}_t p_x dt = \int_n^\infty v^t {}_t p_x dt$$

（十一）期初付生存年金

从被保险人 x 岁开始给付其生存年金，每年初给付 1 元，这种支付方式的年金叫作期初付生存年金，主要类型总结如表 3 所示。

表 3　　　　　　　　　　　　期初付生存年金

项目	终身生存	n 年期生存	n 年确定终身生存	延期 n 年终身生存
支付次数	$K(x)+1$	$(K(x)+1) \wedge n$	$(K(x)+1) \vee n$	$K(x)+1-(K(x)+1) \wedge n$
支付现值	$\ddot{a}_{\overline{K(x)+1}|}$	$\ddot{a}_{\overline{(K(x)+1) \wedge n}|}$	$\ddot{a}_{\overline{(K(x)+1) \vee n}|}$	$\ddot{a}_{\overline{K(x)+1}|} - \ddot{a}_{\overline{(K(x)+1) \wedge n}|}$
精算现值	$\ddot{a}_x$	$\ddot{a}_{x:\overline{n}|}$	$\ddot{a}_{\overline{x:\overline{n}|}}$	${}_{n|}\ddot{a}_x$
计算公式	$= \sum\limits_{k=0}^{\infty} v^k {}_k p_x$	$= \sum\limits_{k=0}^{n-1} v^k {}_k p_x$	$= \ddot{a}_{\overline{n}|} + \sum\limits_{k=n}^{\infty} v^k {}_k p_x$	$= \sum\limits_{k=n}^{\infty} v^k {}_k p_x$

（十二）期末付生存年金

从被保险人 x 岁开始给付其生存年金，每年末给付 1 元，这种支付方式的年金叫作期初付生存年金，主要类型总结如表 4 所示。

表 4　　　　　　　　　　　　期末付生存年金

项目	终身生存	n 年期生存	n 年确定终身生存	延期 n 年终身生存
支付次数	$K(x)+1$	$(K(x)+1) \wedge n$	$(K(x)+1) \vee n$	$K(x)+1-(K(x)+1) \wedge n$
支付现值	$a_{\overline{K(x)+1} \|}$	$a_{\overline{(K(x)+1) \wedge n} \|}$	$a_{\overline{(K(x)+1) \vee n} \|}$	$a_{\overline{K(x)+1} \|} - a_{\overline{(K(x)+1) \wedge n} \|}$
精算现值	a_x	$a_{x:\overline{n}\|}$	$a_{\overline{x:\overline{n}\|}}$	$_n\|a_x$
计算公式	$= \sum\limits_{k=1}^{\infty} v^k {}_kp_x$	$= \sum\limits_{k=1}^{n} v^k {}_kp_x$	$= a_{\overline{n}\|} + \sum\limits_{k=n+1}^{\infty} v^k {}_kp_x$	$= \sum\limits_{k=n+1}^{\infty} v^k {}_kp_x$

（十三）保单年度的资金变化

在第 $h+1$ 个保单年度，保险人一方面在被保险人发生事故时要负责给付保险金，另一方面也可以收到被保险人缴纳的年度保费。这里定义 C_h 为第 $h+1$ 个保单年度保险人收支两线资金损失在 h 时刻的现值，即：

$$C_h = vb_{h+1}I_{\{k(x)=h\}} - \pi_h I_{\{k(x) \geq h\}}, \quad h = 0, 1, 2, \cdots$$

上式第一项 $vb_{h+1}I_{\{k(x)=h\}}$ 表示保险人在保单年度给付的现值，第二项 $\pi_h I_{\{k(x) \geq h\}}$ 表示被保险人在保单年度缴纳保费的现值。

对于保险人来说，第 h 个保单年度末其未来的损失表示对被保险人未来给付额的现值减去被保险人未来缴纳保费的现值，如果将损失量记为 $_hL$，则有

$$_hL = \left(v^{K(x)+1-h}b_{K(x)+1} - \sum_{j=h}^{K(x)} \pi_j v^{j-h} \right) I_{(K(x) \geq h)}, \quad h = 0, 1, 2, \cdots$$

如果把保险人在第 h 个保单年度末的净准备金记为 $_hV$，则净准备金表示未来损失量 $_hL$ 在条件 $k(x) \geq h$ 下的期望值，即

$$_hV = E(_hL \mid k(x) \geq h) = \sum_{j=0}^{\infty} v^{j+1}b_{h+j+1} {}_j\|q_{x+h} - \sum_{j=0}^{\infty} \pi_{h+j} v^j {}_jp_{x+h}$$

上式右边第一项 $\sum\limits_{j=0}^{\infty} v^{j+1}b_{h+j+1} {}_j\|q_{x+h}$ 是保险人未来给付额的精算现值，第二项 $\sum\limits_{j=0}^{\infty} \pi_{h+j} v^j {}_jp_{x+h}$ 是被保险人未来缴纳保费的精算现值，显然这两者之差就是未来法思想下的净准备金。

（十四）全离散式寿险责任准备金（见表5）

表5 全离散式寿险责任准备金

险别	符号	未来法计算公式	
终身寿险	$_kV_x$	$A_{x+k} - P_x \ddot{a}_{x+k}$	
n 年定期寿险	$_kV^1_{x:\overline{n}|}$	$A^1_{x+k:\overline{x-k}|} - P^1_{x:\overline{n}|}\ddot{a}_{x+k:\overline{x-k}|}$ 0	$k<n$ $k=n$
n 年生存保险	$_kV_{x:\overline{n}|}^{\;1}$	$A_{x+k:\overline{x-k}|}^{\quad 1} - P_{x:\overline{n}|}^{\;1}\ddot{a}_{x+k:\overline{x-k}|}$ 1	$k<n$ $k=n$
缴费期 h 年的终身寿险	$_k^hV_x$	$A_{x+k} - {_h}P_x \ddot{a}_{x+k:\overline{h-k}|}$ A_{x+k}	$k<n$ $k\geqslant n$
延期 n 年的终身生存年金	$_kV(_n|\ddot{a}_x)$	$A_{x+k:\overline{x-k}|}^{\quad 1}\ddot{a}_{x+k} - P(_n|\ddot{a}_x)\ddot{a}_{x+k:\overline{x-k}|}$ $\ddot{a}_{x+k}$	$k<n$ $k\geqslant n$

（十五）全连续式寿险责任准备金（见表6）

表6 全连续式寿险责任准备金

险别	符号	未来法计算公式	
终身寿险	$_t\bar{V}(\bar{A}_x)$	$\bar{A}_{x+t} - \bar{P}(\bar{A}_x)\bar{a}_{x+t}$	
n 年定期寿险	$_t\bar{V}(\bar{A}^1_{x:\overline{n}|})$	$\bar{A}^1_{x+t:\overline{n-t}|} - \bar{P}(\bar{A}^1_{x:\overline{n}|})\bar{a}_{x+t:\overline{n-t}|}$ 0	$t<n$ $t=n$
n 年生存保险	$_t\bar{V}(A_{x:\overline{n}|}^{\;1})$	$A_{x+t:\overline{n-t}|}^{\quad 1} - \bar{P}(\bar{A}_{x:\overline{n}|}^{\;1})\bar{a}_{x+t:\overline{n-t}|}$ 1	$t<n$ $t\geqslant n$
缴费期 h 年的终身寿险	$_t^h\bar{V}(\bar{A}_x)$	$\bar{A}_{x+t} - {_h}\bar{P}(\bar{A}_x)\bar{a}_{x+t:\overline{h-t}|}$ $\bar{A}_{x+t}$	$t<h$ $t\geqslant h$
延期 n 年的终身生存年金	$_t\bar{V}(_n|\bar{a}_x)$	$A_{x+t:\overline{n-t}|}^{\quad 1}\bar{a}_{x+n} - \bar{P}(_n|\bar{a}_x)\bar{a}_{x+t:\overline{n-t}|}$ $\bar{a}_{x+t}$	$t<n$ $t\geqslant n$

附录二 本书各章 WinBUGS 程序及编写解析

一、第二章 WinBUGS 程序及编写解析

基础代码

```
model{
for(i in 2:N){
for(j in 2:T){
M[i,j] ~ dnorm(u[i,j],invsigma2. E)
u[i,j] <- a[i] + b[i] * k[j]
}}

for(i in 2:N){
a[i] ~ dnorm(0,invsigma2. a)
b[i] ~ dnorm(0. 010989,invsigma2. b)
}
a[1] ~ dnorm(0,invsigma2. a)
b[1] <- 1 - sum(b[2:N])

for(j in 2:T){
k[j] <- mu + k[j-1] + w[j-1]
r[j] <- invsigma2. k
w[j] ~ dnorm(0,r[j])
}
w[1] ~ dnorm(0,r[1])
r[1] <- invsigma2. k

k[1] <- (0 - 231 * mu - w[1] - sum(w[1:2]) - sum(w[1:3]) - sum(w
```

$[1:4]$) $-$ sum(w[1:5]) $-$ sum(w[1:6]) $-$ sum(w[1:7]) $-$ sum(w[1:8]) $-$
sum(w[1:9]) $-$ sum(w[1:10]) $-$ sum(w[1:11]) $-$ sum(w[1:12]) $-$ sum
(w[1:13]) $-$ sum(w[1:14]) $-$ sum(w[1:15]) $-$ sum(w[1:16]) $-$ sum(w
[1:17]) $-$ sum(w[1:18]) $-$ sum(w[1:19]) $-$ sum(w[1:20]) $-$ sum(w
[1:21]))/22mu ~ dnorm(mu0, invsigma2. mu)
invsigma2 ~ dgamma(alpha, beta)

```
for( j in 1:20 ){
k[ j+16 ] <- mu+k[ j+15 ]+w[ j+15 ]
for( i in 1:91 ){
m[ i,j ] <- exp( a[ i ]+b[ i ] * k[ j+16 ] )
}}
```

```
for( j in 17:35 ){
w[ j ] ~ dnorm( 0, invsigma2 )
}
}
```

程序解析：（1）以上的基础代码是寿险精算贝叶斯 MCMC 算法里最基础和最常用的代码，不仅在死亡率预测里有用到，在精算定价和精算风险管理等一切精算任务中都是必不可少的，在以后的章节里我们将省略并简称为基础代码。代码里 i 和 j 分别表示年龄 x 和年份 t，因此 a[i] $=a_x$，b[i] $=b_x$，i $=1\sim91$ 指 x $=1\sim91$ 岁，invsigma2. a $=\sigma_a^{-2}$，invsigma2. b $=\sigma_b^{-2}$k[j] $=k_t$，j $=1\sim22$ 指 1995~2016 年，j $=23-$ 指预测的第一年，也就是 2017 年的死亡率指数。r[j] $=(t_j-t_{j-1})^{-1}\sigma_k^{-2}$，在本文中使用连续年份数据时，r[j] $=$ invsigma2. k $=\sigma_k^{-2}$，mu $=\mu(\rho)$，invsigma2. mu $=\sigma_\mu^{-2}$，alpha $=\alpha_k$，beta $=\beta_k$，m[i, j] $=m_{xt}$，i $=1\sim91$ 指 x $=1\sim91$ 岁，j $=1\sim22$ 指 1995~2016 年，j $=23-$ 指预测的第一年。（2）年龄拓展及预期寿命预测代码。我国人口统计年鉴的很多年份，最高年龄只有 90 岁，高于 90 岁都被称之为 90＋，而没有再给出具体年龄的统计数据，对于这种情况可以用科尔和郭（Coale and Guo，1989）的方法将死亡率拓展到生命表的 105 最高年龄。对于 t＞2016 年的任何一年 t，假定有 $m_{105,t}=m_{90,t}+0.55$，这是基于其他人口群体的观察数据的设定。并且有：

$$\ln m_{90,t}-\ln m_{89,t}=f_t,\quad \ln m_{91,t}-\ln m_{90,t}=f_t-g_t,$$

$$\ln m_{92,t} - \ln m_{91,t} = f_t - 2g_t, \quad \cdots, \quad \ln m_{105,t} - \ln m_{104,t} = f_t - 15g_t,$$

由此容易得出

$$g_t = -(\ln m_{105,t} - \ln m_{89,t} - 16f_t)/120$$

$$\ln m_{91,t} = \ln m_{90,t} + f_t - g_t,$$

$$\cdots$$

$$\ln m_{105,t} = \ln m_{90,t} + 15f_t - 120g_t$$

在此基础上，由精算数学知识 $\overset{0}{e}_0 = \int_0^\infty {}_s p_0 ds$，我们可估计未来 20 年出生时的预期寿命，在基本程序基础上，可增加程序如下：

```
for( j in 1 :20){
lx[1,j] <-1
for(i in 2 :105){lx[i,j] <-lx[i-1,j] * cxp( -m[i  1,j])}
for(i in 1 :104){ae0[i,j] <-lx[i,j] * (1 -0.5 * (1 -exp( -m[i,j]))))}
ae0[105,j] <-lx[105,j] * (1 -0.5)
e0[j] <-sum(ae0[1 :105,j])
}
```

这里 lx[i，j]代表 ${}_s p_0$，e0[j] 表示 $\overset{0}{e}_0$，i = 1 ~ 105，对应的 s = 0 ~ 104。

二、第三章 WinBUGS 程序（双因子模型死亡率及生存概率预测程序）

```
model
{
for(i in 1 :N){
for(j in 1 :T){
M[i,j] ~ dnorm(u[i,j],T. [i,j])
T. [i,j] <-invsigma2. E * V[N,N]
u[i,j] <-a[i] +b1[i] * k1[j] +b2[i] * k2[j]
}}

for(1 in 1 :N){
for(p in 1 :N){
V[1,p] <-equals(1,p)
n[1,p] <-1
}}
```

```
for( i in 2 :N) {
a[ i] ~ dnorm(0,T. a[ i] )
T. a[ i] <- invsigma2. a * V[ N,N]
b1[ i] ~ dnorm( b,T. b1[ i] )
T. b1[ i] <- invsigma2. b1 * V[ N,N]
b2[ i] ~ dnorm( b,T. b2[ i] )
T. b2[ i] <- invsigma2. b2 * V[ N,N]
}

b <- -0. 010989 * n[ N,N]
a[ 1] ~ dnorm(0,T. a[ 1] )
T. a[ 1] <- invsigma2. a * V[ N,N]
b1[ 1] <- 1 - sum( b1[ 2 :N] )
b2[ 1] <- 1 - sum( b2[ 2 :N] )

for( j in 2 :T) {
k1[ j] <- mu1 + k1[ j - 1] + w1[ j]
w1[ j] ~ dnorm(0,invsigma2. w1 )
k2[ j] <- q * mu2 + k2[ j - 1] + w2[ j]
w2[ j] ~ dnorm(0,invsigma2. w2 )
}

w1[ 1] ~ dnorm(0,invsigma2. w1 )
w2[ 1] ~ dnorm(0,invsigma2. w2 )
invsigma2. w1 ~ dgamma( aw1 ,bw1 )
invsigma2. w2 ~ dgamma( aw2 ,bw2 )

k1[ 1] <- (0 - 231 * mu - w[ 1] - sum( w[ 1 :2] ) - sum( w[ 1 :3] ) - sum( w
[ 1 :4] ) - sum( w[ 1 :5] ) - sum( w[ 1 :6] ) - sum( w[ 1 :7] ) - sum( w[ 1 :8] ) -
sum( w[ 1 :9] ) - sum( w[ 1 :10] ) - sum( w[ 1 :11] ) - sum( w[ 1 :12] ) - sum
( w[ 1 :13] ) - sum( w[ 1 :14] ) - sum( w[ 1 :15] ) - sum( w[ 1 :16] ) - sum( w
[ 1 :17] ) - sum( w[ 1 :18] ) - sum( w[ 1 :19] ) - sum( w[ 1 :20] ) - sum( w
[ 1 :21] ) )/22mu1 ~ dnorm( mu10 ,invsigma2. mu1 )
```

```
k2[1] <- (0 - 120 * q * mu2 - w2[2] - sum(w2[2:3]) - sum(w2[2:4]) -
sum(w2[2:5]) - sum(w2[2:6]) - sum(w2[2:7]) - sum(w2[2:8]) - sum
(w2[2:9]) - sum(w2[2:10]) - sum(w2[2:11]) - sum(w2[2:12]) - sum
(w2[2:13]) - sum(w2[2:14]) - sum(w2[2:15]) - sum(w2[2:16]))/16


mu2 ~ dnorm(mu20, invsigma2. mu2)
q ~ dnorm(0, invsigma2. q)


for(j in 1:31){
k1[j+16] <- mu1 + k1[j+15] + w1[j+16]
k2[j+16] <- q * mu2 + k2[j+15] + w2[j+16]
for(i in 1:91){
m[i,j] <- exp(a[i] + b1[i] * k1[j+16] + b2[i] * k2[j+16])
}}


for(j in 17:47){
w1[j] ~ dnorm(0, invsigma2. w1)
w2[j] ~ dnorm(0, invsigma2. w2)
}


for(j in 1:31){
lx[1,j] <- 1
for(i in 2:91){lx[i,j] <- lx[i-1,j] * exp(-m[i-1,j])}
for(i in 1:90){ae0[i,j] <- lx[i,j] * (1 - 0.5 * (1 - exp(-m[i,j])))}
ae0[91,j] <- lx[91,j] * (1 - 0.5)
e0[j] <- sum(ae0[1:91,j])
}
```

程序解析：最后一段程序是对预期寿命的预测，因为根据精算数学知识有：
$\overset{\circ}{e}_0 = \int_0^\infty {}_sp_0 ds$，进一步地可以写成 $\overset{\circ}{e}_0 = \int_0^\infty {}_sp_0 ds \approx {}_{0.5}p_0 + {}_{1.5}p_0 + {}_{2.5}p_0 + \cdots +$
${}_{104.5}p_0 = {}_{0.5}p_0 + {}_{0.5}p_1 \times {}_1p_0 + {}_{0.5}p_2 \times {}_2p_0 + \cdots + {}_{0.5}p_{104} \times {}_{104}p_0$，同时注意到
${}_{s+1}p_0 \approx {}_sp_0 \times \exp(-m_{s,j})$，s 是整数，而且有 ${}_{0.5}p_0 \approx 1 - 0.5(1 - \exp(-m_{x,j}))$。
程序中 lx[i, j] 代表 ${}_sp_0$，显然 lx[1, j] = 1，${}_{0.5}p_s \times {}_sp_0 = $ ae0[i, j] = lx[i,

$j] * (1 - 0.5 * (1 - \exp(-m[i, j])))$ 同时有 $e0[j]$ 表示 e_0^0, $i = 1 \sim 105$, 对应的 $s = 0 \sim 104$。

三、第四章 WinBUGS 程序

程序 1：有限 3 年数据的程序（预测，风险中性化和年金计算）

```
model
{
for( i in 1:N){
for( j in 1:T){
M[i,j] ~ dnorm( u[i,j] , invsigma2. E)
u[i,j] <- a[i] + b[i] * k[j]
}}

for( i in 2:N){
a[i] ~ dnorm( 0 , invsigma2. a)
b[i] ~ dnorm( 0. 010989 , invsigma2. b)
}

a[1] ~ dnorm( 0 , invsigma2. a)
b[1] <- 1 - sum( b[2:N])

for( j in 2:T){
k[j] <- 10 * mu + k[j-1] + w[j-1]
r[j] <- invsigma2. k/10
w[j] ~ dnorm( 0 , r[j])
}

w[1] ~ dnorm( 0 , r[1])
r[1] <- invsigma2. k/10

k[1] <- ( 0 - 30 * mu - w[1] - sum( w[1:2]))/3
mu ~ dnorm( mu0 , invsigma2. mu)
invsigma2 ~ dgamma( alpha , beta)
```

```
for(j in 1:30){
k[j+3] <- mu + k[j+2] + w[j+2]
for(i in 1:91){
m[i,j] <- exp(a[i] + b[i] * k[j+3])
}}

for(j in 4:32){
w[j] ~ dnorm(0,invsigma2)
}

for(j in 2:T){
kl[j] <- mu + kl[j-1] + wl[j-1]
wl[j] ~ dnorm(U[1],invsigma2.k)
}

U[1] <- -0.2 * sqrt(1/invsigma2.k)
wl[1] ~ dnorm(U[1],invsigma2.k)
kl[1] <- k[1]

for(j in 1:40){
kl[j+22] <- mu + kl[j+21] + wl[j+21]
for(i in 1:91){
ml[i,j] <- exp(a[i] + b[i] * kl[j+22])
}}

for(j in 1:30){
for(l in 1:51){
pl[l,j] <- exp( -sum(ml[40:40+l-1,j]))
Pl[l,j] <- exp( -0.02 *l) * pl[l,j]
}

A[j] <- sum(Pl[21:51,j])
}
```

程序 2：有限 6 年数据的程序（预测，风险中性化和年金计算）
```
model
{
for( i in 1:N){
for( j in 1:T){
M[i,j] ~ dnorm(u[i,j],invsigma2. E)
u[i,j] <- a[i] + b[i] * k[j]
}}

for( i in 2:N){
a[i] ~ dnorm(0,invsigma2. a)
b[i] ~ dnorm(0. 010989,invsigma2. b)
}

a[1] ~ dnorm(0,invsigma2. a)
b[1] <- 1 - sum(b[2:N])

for( j in 2:T){
k[j] <- 5 * mu + k[j-1] + w[j-1]
r[j] <- invsigma2. k/5
w[j] ~ dnorm(0,r[j])
}

w[1] ~ dnorm(0,r[1])
r[1] <- invsigma2. k/5

k[1] <- (0 - 75 * mu - w[1] - sum(w[1:2]) - sum(w[1:3]) - sum(w
[1:4]) - sum(w[1:5]))/6
mu ~ dnorm(mu0,invsigma2. mu)
invsigma2 ~ dgamma(alpha,beta)

for( j in 1:26){
k[j+6] <- mu + k[j+5] + w[j+5]
for( i in 1:91){
```

```
m[i,j] <- exp(a[i] + b[i] * k[j + 6])
}}

for(j in 7:31) {
w[j] ~ dnorm(0, invsigma2)
}

for(j in 2:T) {
k1[j] <- mu + k1[j - 1] + w1[j - 1]
w1[j] ~ dnorm(U[1], invsigma2.k)
}

U[1] <- -0.2 * sqrt(1/invsigma2.k)
w1[1] ~ dnorm(U[1], invsigma2.k)
k1[1] <- k[1]

for(j in 1:40) {
k1[j + 22] <- mu + k1[j + 21] + w1[j + 21]
for(i in 1:91) {
m1[i,j] <- exp(a[i] + b[i] * k1[j + 22])
}}

for(j in 1:26) {
for(l in 1:51) {
p1[l,j] <- exp( - sum(m1[40:40 + l - 1, j]))
P1[l,j] <- exp( - 0.02 * l) * p1[l,j]
}
A[j] <- sum(P1[21:51, j])
}
```

程序解析:

因为有:

k[2] = 5 * mu + k[1] + w[1]

$k[3] = 5 * mu + k[2] + w[2] = 10 * mu + k[1] + sum(w[1:2])$

$k[4] = 5 * mu + k[3] + w[3] = 15 * mu + k[1] + sum(w[1:3])$

$k[5] = 5 * mu + k[4] + w[4] = 20 * mu + k[1] + sum(w[1:4])$

$k[6] = 5 * mu + k[5] + w[5] = 25 * mu + k[1] + sum(w[1:5])$

又因为 sum（k [1：6]）=0，将上式相加得到：

$75 * mu + k[1] + w[1] + sum(w[1:2]) + sum(w[1:3]) + sum(w[1:4]) + sum(w[1:5]) = 0$

变形即得 6 年数据下的相关程序

$k[1] <- (0 - 75 * mu - w[1] - sum(w[1:2]) - sum(w[1:3]) - sum(w[1:4]) - sum(w[1:5]))/6$

其他三年期数据下相关程序语言与此类似。

四、第五章程序

程序 1：生存概率预测，风险中性化，年金及 $\bar{k}$ 计算程序

```
model
{
for(i in 1:N){
for(j in 1:T){
M[i,j] ~ dnorm(u[i,j],invsigma2. E)
u[i,j] <- a[i] + b[i] * k[j]
}}
invsigma2. E ~ dgamma(ae,be)
for(i in 2:N){
a[i] ~ dnorm(0,invsigma2. a)
b[i] ~ dnorm(0.010989,invsigma2. b)
}
a[1] ~ dnorm(0,invsigma2. a)
b[1] <- 1 - sum(b[2:N])
k[2] <- 4 * mu + k[1] + w[1]
r[1] <- invsigma2/4
w[1] ~ dnorm(0,r[1])
k[3] <- 5 * mu + k[2] + w[2]
w[2] ~ dnorm(0,r[2])
r[2] <- invsigma2/5
```

```
k[4] <- 5 * mu + k[3] + w[3]
w[3] ~ dnorm(0, r[3])
r[3] <- invsigma2/5
k[5] <- 5 * mu + k[4] + w[4]
w[4] ~ dnorm(0, r[4])
r[4] <- invsigma2/5
k[1] <- (0 - 46 * mu - w[1] - sum(w[1:2]) - sum(w[1:3]) - sum(w
[1:4]))/5
mu ~ dnorm(mu0, invsigma2. mu)
invsigma2 ~ dgamma(alpha, beta)
for(j in 1:31) {
k[j+5] <- mu + k[j+4] + w[j+4]
for(i in 1:91) {
m[i,j] <- exp(a[i] + b[i] * k[j+5])
}}
for(j in 5:36) {
w[j] ~ dnorm(0, invsigma2)
}
for(j in 1:31) {
lx[1,j] <- 1
for(i in 2:91) { lx[i,j] <- lx[i-1,j] * exp(-m[i-1,j]) }
for(i in 1:90) { ae0[i,j] <- lx[i,j] * (1 - 0.5 * (1 - exp(-m[i,j]))) }
ae0[91,j] <- lx[91,j] * (1 - 0.5)
e0[j] <- sum(ae0[1:91,j])
v[j] <- pow(1.02, -j)
for(j in 2:T) {
kl[j] <- mu + kl[j-1] + wl[j-1]
wl[j] ~ dnorm(U[1], invsigma2. k) }
U[1] <- -0.2 * sqrt(1/invsigma2. k)
wl[1] ~ dnorm(U[1], invsigma2. k)
kl[1] <- k[1]
for(j in 1:40) {
kl[j+22] <- mu + kl[j+21] + wl[j+21]
for(i in 1:91) {
```

```
ml[i,j] <- exp( a[i] + b[i] * kl[j + 22] ) } }
for( l in 1 :26 ) {
p[l,j] <- exp( - sum( ml[65 :65 + l,j] ) ) }
bx[j] <- v[1] * p[1,j] + v[2] * p[2,j] + v[3] * p[3,j] + v[4] * p[4,j] + v
[5] * p[5,j] + v[6] * p[6,j] + v[7] * p[7,j] + v[8] * p[8,j] + v[9] * p
[9,j] + v[10] * p[10,j] + v[11] * p[11,j] + v[12] * p[12,j] + v[13] * p
[13,j] + v[14] * p[14,j] + v[15] * p[15,j] + v[16] * p[16,j] + v[17] *
p[17,j] + v[18] * p[18,j] + v[19] * p[19,j] + v[20] * p[20,j]
cx[j] <- v[21] * p[21,j] + v[22] * p[22,j] + v[23] * p[23,j] + v[24] * p
[24,j] + v[25] * p[25,j] + v[26] * p[26,j]
ax[j] <- bx[j] + cx[j] }
```

程序解析：（1）本书基于王变换方法采用了一种风险中性模拟的定价方法。因为死亡率预测的不确定性主要来源于 k_t 及其随机过程中的 e_t ，且 $e_t \sim N(0, \sigma_e^2)$ ，所以我们只要从正态分布 $e_t^* \sim N(-\vartheta\sigma, \sigma_e^2)$ 中进行抽样就可以实现 k_t 和生存概率的风险中性化。程序中 U[1] <- -0.2 * sqrt(1/ invsigma2. k) 是市场风险价值 $\vartheta = 0.2$ 时的 e_t^* 的期望 $-\vartheta\sigma$ ，这样程序中语句 wl[1] ~ dnorm(U[1]，invsigma2. k) 就表示从风险中性化的正态分布 $e_t^* \sim N(-\vartheta\sigma, \sigma_e^2)$ 中进行抽样。（2）ax[j] 给出的是基于不同时间点的终生生存年金的预测值，这样随着 j 的变化，我们就可以得到该年金值随着生存概率改善二变化的三维趋势图。

五、第六章程序：死亡率与利率预测程序

```
model
{
for( i in 1 :N) {
for( j in 1 :T) {
M[i,j] ~ dnorm( u[i,j], invsigma2. E)
u[i,j] <- a[i] + b[i] * k[j]
} }

for( i in 2 :N) {
a[i] ~ dnorm( 0, invsigma2. a)
b[i] ~ dnorm( 0. 010989, invsigma2. b)
```

```
}
a[1] ~ dnorm(0,invsigma2. a)
b[1] <-1 - sum(b[2:N])

for(j in 2:T){
k[j] <- mu + k[j-1] + w[j-1]
r[j] <- invsigma2. k
w[j] ~ dnorm(0,r[j])
}
w[1] ~ dnorm(0,r[1])
r[1] <- invsigma2. k

k[1] <- (0 - 231 * mu - w[1] - sum(w[1:2]) - sum(w[1:3]) - sum(w
[1:4]) - sum(w[1:5]) - sum(w[1:6]) - sum(w[1:7]) - sum(w[1:8]) -
sum(w[1:9]) - sum(w[1:10]) - sum(w[1:11]) - sum(w[1:12]) - sum
(w[1:13]) - sum(w[1:14]) - sum(w[1:15]) - sum(w[1:16]) - sum(w
[1:17]) - sum(w[1:18]) - sum(w[1:19]) - sum(w[1:20]) - sum(w
[1:21]))/22
mu ~ dnorm(mu0,invsigma2. mu)
invsigma2 ~ dgamma(alpha,beta)
for(j in 1:40){
k[j+22] <- mu + k[j+21] + w[j+21]
for(i in 1:91){
m[i,j] <- exp(a[i] + b[i] * k[j+22])
}}

for(j in 23:61){
w[j] ~ dnorm(0,invsigma2. k)
}

for(j in 2:T){
k1[j] <- mu + k1[j-1] + w1[j-1]
w1[j] ~ dnorm(U[1],invsigma2. k)
}
```

```
U[1] <--0.6 * sqrt(1/invsigma2.k)
w1[1] ~ dnorm(U[1],invsigma2.k)


k1[1] <- k[1]
for(j in 1:40){
k1[j+22] <- mu + k1[j+21] + w1[j+21]
for(i in 1:91){
m1[i,j] <- exp(a[i] + b[i] * k1[j+22])
}}


for(j in 23:61){
w1[j] ~ dnorm(U[1],invsigma2.k)
}


for(j in 1:31){
for(l in 1:31){
p[l,j] <- exp( -sum(m[60:60+l-1,j]))
p1[l,j] <- exp( -sum(m1[60:60+l-1,j]))
}}
A[60] <- sum(Pl[1:31,1])


R <- 1/250
R. <- R/31
for(t in 1:3441){


Y.[t+1] ~ dnorm(mu[t+1],tau)
mu[t+1] <- Y.[t] + (a-b*Y.[t]) * R.


Y1[t] <- 1/Y.[t]
C1[t] <- Y.[t+1]/Y.[t]
tau <- U/(Y.[t] * R.)
}
s <- sqrt(s2)
s2 <- 1/tau
```

```
Y. [1] <- Y[1]

for(M in 1:P-1){
Y. [31 * M + 1] <- Y[M + 1]
}

a ~ dnorm(mu. a, tau. a)T(0,)
b ~ dnorm(mu. b, tau. b)T(0,)
U ~ dgamma(v, u)
mu. a <- (L2 * C - L12 * D)/(L1 * L2 - pow(L12,2))
mu. b <- (-L12 * C + L1 * D)/(L1 * L2 - pow(L12,2))
L1 <- R. * U * A
L2 <- R. * U * B
L12 <- -R. * 3441 * U
tau. a <- L1
tau. b <- L2
A <- sum(Y1[1:3441])
B <- sum(Y. [1:3441])
D <- Y[1] - Y[P]
C <- -3441 + sum(C1[1:3441]
for(M in 1:P){
m[112 + M] <- m[112 + M - 1] + (a - b * m[112 + M - 1]) * R
}
m[112] <- Y[P]
for(1 in 1:31){
df[1,1] <- p1[1,j] * m[(112 + M) * R]
df <- sum(df[1:31,1])
}}
```

程序解析：这一章中死亡率预测程序与前几章相似，利率预测的贝叶斯程序是参照文献 Feng X. and Xie D. （2012）中 CIR 利率模型离散化方法编写的。这里因为利率和死亡率的预测放在同一个程序里，其数据的输入格式为：

List(N = 91, T = 22, M = structure(. Data = c(处理后的死亡率数据),. Dim =

c(91,22)),

X = structure(. Data = c(处理后的利率数据 1), . Dim = c(78,2)), y = c(处理后的利率数据 2))

这里 X 和 y 是分别对原始利率数据经处理后所得，基本公式为：

$$y_i = \frac{r_{t_i+1} - r_{t_i}}{\sqrt{r_{t_i}}}, \quad x_{1i} = \frac{\Delta}{\sqrt{r_t}}, \quad x_{2i} = \Delta \sqrt{r_t}$$

六、第七章 WinBUGS 程序：美式与欧式长寿期权定价

```
model
{
for(i in 1:N){
for(j in 1:T){
M[i,j] ~ dnorm(u[i,j], invsigma2. E)
u[i,j] <- a[i] + b[i] * k[j]
}}


for(i in 2:N){
a[i] ~ dnorm(0, invsigma2. a)
b[i] ~ dnorm(0. 010989, invsigma2. b)}
a[1] ~ dnorm(0, invsigma2. a)
b[1] <- 1 - sum(b[2:N])
for(j in 2:T){
k[j] <- mu + k[j-1] + w[j-1]
r[j] <- invsigma2. k
w[j] ~ dnorm(0, r[j])}
w[1] ~ dnorm(0, r[1])
r[1] <- invsigma2. k
k[1] <- (0 - 231 * mu - w[1] - sum(w[1:2]) - sum(w[1:3]) - sum(w
[1:4]) - sum(w[1:5]) - sum(w[1:6]) - sum(w[1:7]) - sum(w[1:8]) -
sum(w[1:9]) - sum(w[1:10]) - sum(w[1:11]) - sum(w[1:12]) - sum
(w[1:13]) - sum(w[1:14]) - sum(w[1:15]) - sum(w[1:16]) - sum(w
[1:17]) - sum(w[1:18]) - sum(w[1:19]) - sum(w[1:20]) - sum(w
[1:21]))/22
mu ~ dnorm(mu0, invsigma2. mu)
```

```
invsigma2 ~ dgamma( alpha,beta)
for( j in 1:40){
k[j+22] <- mu +k[j+21] +w[j+21]
for( i in 1:91){
m[i,j] <- exp( a[i] +b[i] * k[j+22])
}}
for( j in 23:61){
w[j] ~ dnorm( 0,invsigma2. k)}
for( j in 2:T){
k1[j] <- mu +k1[j-1] +w1[j-1]
w1[j] ~ dnorm( U[1],invsigma2. k)}
U[1] <--0. 2 * sqrt( 1/invsigma2. k)
w1[1] ~ dnorm( U[1],invsigma2. k)
k1[1] <- k[1]
for( j in 1:40){
k1[j+22] <- mu +k1[j+21] +w1[j+21]
for( i in 1:91){
m1[i,j] <- exp( a[i] +b[i] * k1[j+22])
}}
for( j in 23:61){
w1[j] ~ dnorm( U[1],invsigma2. k)}
for( j in 1:30){
for( 1 in 1:61){
p[1,j] <- exp( - sum( m1[30:30 +1-1,j]))
R[1,j] <- exp( -0. 02 * 1) * max( 0,p[1,j] -p[1,1])
}}
for( j in 1:30){
B[30,j] <- sum( R[31:61,j])
CF1[30,j] <- s0 +s1 * p[30,j] +s2 * pow( p[30,j],2)
x <- max( ( p[1,j] -p[1,1]),0) - CF1[30,j]
}
s0 ~ dnorm( 0. 0,0. 0001)
s1 ~ dnorm( 0. 0,0. 0001)
s2 ~ dnorm( 0. 0,0. 0001)
```

```
for(j in 1:30){
for(t in 1:5){
tl <- t * step(x) + tl * step( - x)
CF <- exp( - 0.02 * tl) * max(0, p[tl, j] - p[tl, 1])
}}
```

程序解析：由前半段的死亡率预测程序可知，p[l, j] <- exp(- sum(m1 [30：30 + l - 1, j])) 表示 30 年的人生存到 30 + l 岁的概率，这里的 j 表示年份信息，j = 1 表示基于历史数据后第一年对未来生存概率的预测，程序 R[l, j] <- exp(- 0.02 * l) * max(0, p[l, j] - p[l, 1]) 表示 j 年实际生存概率相对于预测第一年数据下生存概率计算的长寿风险现值。基于此程序语言中的 B[30, j] <- sum(R[31：61, j]) 表示 30 ~ 60 岁区间生存年金中生存概率改善导致的长寿风险精算现值。CF1[30, j] <- s0 + s1 * p [30, j] + s2 * pow(p[30, j], 2) 是文献 Longstaff and Schwartz（2001）美式期权定价中以最小二乘方法来估计条件期望值的基函数。WinBUGS 语言 step（x）类似与示性函数，当 $x < 0$，step(x) = 0；当 $x \geq 0$，step(x) = 1。

七、第八章 WinBUGS 程序

程序 1：死亡率免疫程序

```
model
{
for(i in 1:N){
for(j in 1:T){
M[i, j] ~ dnorm(u[i, j], invsigma2. E)
u[i, j] <- a[i] + b[i] * k[j]
}}

for(i in 2:N){
a[i] ~ dnorm(0, invsigma2. a)
b[i] ~ dnorm(0.010989, invsigma2. b)
}

a[1] ~ dnorm(0, invsigma2. a)
b[1] <- 1 - sum(b[2:N])
```

```
for( j in 2:T){
k[j] <- mu + k[j-1] + w[j-1]
r[j] <- invsigma2. k
w[j] ~ dnorm(0,r[j])
}

w[1] ~ dnorm(0,r[1])
r[1] <- invsigma2. k
k[1] <- ( 0 -231 * mu - w[1] - sum( w[1:2]) - sum( w[1:3]) - sum( w
[1:4]) - sum(w[1:5]) - sum(w[1:6]) - sum(w[1:7]) - sum(w[1:8]) -
sum(w[1:9]) - sum(w[1:10]) - sum(w[1:11]) - sum(w[1:12]) - sum
(w[1:13]) - sum(w[1:14]) - sum(w[1:15]) - sum(w[1:16]) - sum(w
[1:17]) - sum(w[1:18]) - sum(w[1:19]) - sum(w[1:20]) - sum(w
[1:21]))/22

mu ~ dnorm( mu0 , invsigma2. mu)
invsigma2 ~ dgamma( alpha , beta)

for( j in 1:31){
k[j+16] <- mu + k[j+15] + w[j+15]
for( i in 1:91){
m[i,j] <- exp( a[i] + b[i] * k[j+16])
}}

for( j in 17:46){
w[j] ~ dnorm(0 , invsigma2)
}
for( j in 1:20){
for( l in 1:20){
p[l,j] <- exp( - sum( m[40 +j:40 +j +l -1 ,j]))
P[l,j] <-l * exp( -0. 02 * l) * p[l,j]}
a0[j] <- sum( P[1:19,j])
a1[j] <- sum( P[1:18,j +1])
a2[j] <- sum( P[1:17,j +2])
```

$a3[j] <- sum(P[1:16,j+3])$

$a4[j] <- sum(P[1:15,j+4])$

$a5[j] <- sum(P[1:14,j+5])$

$a6[j] <- sum(P[1:13,j+6])$

$a7[j] <- sum(P[1:12,j+7])$

$a8[j] <- sum(P[1:11,j+8])$

$a9[j] <- sum(P[1:10,j+9])$

$a10[j] <- sum(P[1:9,j+10])$

$a11[j] <- sum(P[1:8,j+11])$

$a12[j] <- sum(P[1:7,j+12])$

$a13[j] <- sum(P[1:6,j+13])$

$a14[j] <- sum(P[1:5,j+14])$

$a15[j] <- sum(P[1:4,j+15])$

$a16[j] <- sum(P[1:3,j+16])$

$a17[j] <- sum(P[1:2,j+17])$

$a18[j] <- sum(P[1:1,j+18])$

}

程序2：组合准备金计算程序（接基本程序）

for(j in 1:20){

for(l in 1:20){

$p[1,j] <- exp(-sum(m[39+j:39+j+1-1,j]))$

$P[1,j] <- exp(-0.02*1) * p[1,j]$}

$V0[j] <- -0.1654 + 0.01633 * sum(P[1:19,j]) - 0.3045 * sum(P[1:9,j])$

$V1[j+1] <- -0.1529 + 0.01633 * sum(P[1:18,j+1]) - 0.3045 * sum(P[1:8,j+1])$

$V2[j+2] <- -0.1403 + 0.01633 * sum(P[1:17,j+2]) - 0.3045 * sum(P[1:7,j+2])$

$V3[j+3] <- -0.1271 + 0.01633 * sum(P[1:16,j+3]) - 0.3045 * sum(P[1:6,j+3])$

$V4[j+4] <- -0.1138 + 0.01633 * sum(P[1:15,j+4]) - 0.3045 * sum(P[1:5,j+4])$

$V5[j+5] <- -0.1001 + 0.01633 * sum(P[1:14,j+5]) - 0.3045 * sum(P[1:4,j+5])$

$V6[j+6] <- -0.0857 + 0.01633 * sum(P[1:13,j+6]) - 0.3045 * sum(P$

$[1:3,j+6])$

$V7[j+7] <- 0.0765 + 0.01633 * sum(P[1:12,j+7]) - 0.3045 * sum(P[1:2,j+7])$

$V8[j+8] <- 0.0570 + 0.01633 * sum(P[1:11,j+8]) - 0.3045 * sum(P[1:1,j+8])$

$V9[j+9] <- 0.0416 + 0.1505 * sum(P[1:10,j+9])$

$V10[j+10] <- 0.3308 + 0.1505 * sum(P[1:9,j+10])$

}

程序解析: $p[1, j] <- exp(- sum(m[40+j: 40+j+1-1, j]))$ 表示的也是生存概率, 但是与 $p[1, j] <- exp(- sum(m[40: 40+1-1, j]))$ 不同, 后者是基于 j 年信息对 40 岁的人生存到 40+1 岁的生存概率, 实质仍然是静态的生命表, 定格在 j 年; 而前者是动态的, 当 j = 1 时, 表示 41 岁的人生存到 41+1 的生存概率, 到 42 岁时, 是基于 j = 2 时的信息的预测, 这是一个动态值。$P[1, j] <- 1 * exp(- 0.02 * 1) * p[1, j]$} 是基于文献 Lin and Tsai (2013) 计算死亡率久期的语言。$V0[j] <- 0.1654 + 0.01633 * sum(P[1: 19, j]) - 0.3045 * sum(P[1: 9, j])$ 是根据精算数学知识, 把准备金计算公式中的符号都转化成了年金形式。

八、第九章 WinBUGS 程序

程序 1: 延期 20 年 5~31 年期寿险久期计算程序

```
model
{
for(i in 1:N){
for(j in 1:T){
M[i,j] ~ dnorm(u[i,j],invsigma2. E)
u[i,j] <- a[i] + b[i] * k[j]
}}

for(i in 2:N){
a[i] ~ dnorm(0,invsigma2. a)
b[i] ~ dnorm(0.010989,invsigma2. b)
}
a[1] ~ dnorm(0,invsigma2. a)
```

```
b[1] <- 1 - sum(b[2:N])

for(j in 2:T){
k[j] <- mu + k[j-1] + w[j-1]
r[j] <- invsigma2. k
w[j] ~ dnorm(0,r[j])
}
w[1] ~ dnorm(0,r[1])
r[1] <- invsigma2. k

k[1] <- (0 - 120 * mu - w[1] - sum(w[1:2]) - sum(w[1:3]) - sum(w
[1:4]) - sum(w[1:5]) - sum(w[1:6]) - sum(w[1:7]) - sum(w[1:8]) -
sum(w[1:9]) - sum(w[1:10]) - sum(w[1:11]) - sum(w[1:12]) - sum
(w[1:13]) - sum(w[1:14]) - sum(w[1:15]))/16
mu ~ dnorm(mu0,invsigma2. mu)
invsigma2 ~ dgamma(alpha,beta)
for(j in 1:31){
k[j+16] <- mu + k[j+15] + w[j+15]
for(i in 1:91){
m[i,j] <- exp(a[i] + b[i] * k[j+16])
}}

for(j in 17:46){
w[j] ~ dnorm(0,invsigma2)
}

for(j in 1:20){
for(l in 1:51){
p[l,j] <- exp( -sum(m[40:40+l-1,j]))
P[l,j] <- l * exp( -0. 02 * l) * p[l,j]
}

A1[j] <- sum(P[20:24,j])
A2[j] <- sum(P[20:25,j])
```

```
A3[j] <- sum(P[20:26,j])
A4[j] <- sum(P[20:27,j])
A5[j] <- sum(P[20:28,j])
A6[j] – A27[j] 同上规律,省略
}
```

程序 2:延期 20 年 5 ~ 31 年期年金久期计算程序

```
for(j in 1:20){
for(1 in 1:30){
p[1,j] <- exp( – sum(m[40:40 +1 –1,j]))
P[1,j] <- 1 * exp( –0.02 * 1) * p[1,j]
}
A1[j] <- sum(P[1:4,j])
A2[j] <- sum(P[1:5,j])
A3[j] <- sum(P[1:6,j])
A4[j] <- sum(P[1:7,j])
A5[j] <- sum(P[1:8,j])
A6[j] – A27[j] 同上规律,省略
}
```

程序 3:40 岁 5 ~ 31 年期盈余久期计算程序(接基本程序)

```
for(j in 1:20){
for(1 in 1:31){
p[1,j] <- exp( – sum(m[40:40 +1 –1,j]))
P[1,j] <- 1 * exp( –0.02 * 1) * p[1,j]
}

A1[j] <- 0.02194 * sum(P[1:4,j]) +P[5,j]
A2[j] <- 0.0220 * sum(P[1:5,j]) +P[6,j]
A3[j] <- 0.0220 * sum(P[1:6,j]) +P[7,j]
A4[j] <- 0.0221 * sum(P[1:7,j]) +P[8,j]
A5[j] <- 0.0222 * sum(P[1:8,j]) +P[9,j]
A6[j] <- 0.0222 * sum(P[1:9,j]) +P[10,j]
A7[j] <- 0.0223 * sum(P[1:10,j]) +P[11,j]
```

$A8[j] <-0.0224 * sum(P[1:11,j]) +P[12,j]$

$A9[j] <-0.0224 * sum(P[1:12,j]) +P[13,j]$

$A10[j] <-0.0226 * sum(P[1:13,j]) +P[14,j]$

$A11[j] <-0.0226 * sum(P[1:14,j]) +P[15,j]$

$A12[j] <-0.0227 * sum(P[1:15,j]) +P[16,j]$

$A13[j] <-0.0228 * sum(P[1:16,j]) +P[17,j]$

$A14[j] <-0.0229 * sum(P[1:17,j]) +P[18,j]$

$A15[j] <-0.0230 * sum(P[1:18,j]) +P[19,j]$

$A16[j] <-0.0231 * sum(P[1:19,j]) +P[20,j]$

$A17[j] <-0.0232 * sum(P[1:20,j]) +P[21,j]$

$A18[j] <-0.0234 * sum(P[1:21,j]) +P[22,j]$

$A19[j] <-0.0235 * sum(P[1:22,j]) +P[23,j]$

$A20[j] <-0.0236 * sum(P[1:23,j]) +P[24,j]$

$A21[j] <-0.0238 * sum(P[1:24,j]) +P[25,j]$

$A22[j] <-0.0240 * sum(P[1:25,j]) +P[26,j]$

$A23[j] <-0.0243 * sum(P[1:26,j]) +P[27,j]$

$A24[j] <-0.0245 * sum(P[1:27,j]) +P[28,j]$

$A25[j] <-0.0247 * sum(P[1:28,j]) +P[29,j]$

$A26[j] <-0.0249 * sum(P[1:29,j]) +P[30,j]$

$A27[j] <-0.0252 * sum(P[1:30,j]) +P[31,j]$

}

程序解析：由第九章公式（9.4） $D[\ddot{a}_{x:\overline{n}|}(\mu_X)] = \sum_{k=0}^{n-1} d(k) \times {}_kp_x \times e^{-\delta k}$，WinBUGS 中死亡率久期计算的核心程序语言为：$p[1, j] <- \exp(-sum(m[40:40+1-1, j]))$ 这是计算从 40 岁生存到 40+1 岁的生存概率；$P[1, j] <-1 \times \exp(-0.02 \times 1) \times p[1, j]$ 是公式（9.4）中的 $d(k)\ {}_kp_x \times e^{-\delta k}$ 项，而 $A1[j] <-sum(P[20:24, j])$ 就是公式（9.4），计算的是延期 20 年的 5 年期寿险的死亡率久期。程序 2 中年金的久期也是同样的逻辑。

盈余久期计算是首先根据精算数学知识和本书第九章公式（9.6）把盈余化成下式：

$${}_0S[P(\mu_x)] = \omega \times {}_0S[P_1(\mu_x)] + (1-\omega){}_0S[P_2(\mu_x)]$$

$$= \omega(1 - {}_nE_x) + (1-\omega-\omega d)\ddot{a}_{x:\overline{n}|} - [\omega p_1 + (1-\omega)p_2] \times \ddot{a}_{x:\overline{m}|}$$

$$= \sum_{k=0}^{n-1} n_k^p$$

这里用到基本的精算等式 $A^1_{x:\overline{n}|} = 1 - d \times \ddot{a}_{x:\overline{n}|} - {}_nE_x$，$d = i/(1+i)$ 是贴现率，${}_nE_x$ 是精算贴现因子，且 ${}_nE_x = v^n \times {}_np_x$。把盈余转化成年金的函数，再根据程序 2 中年金久期计算语言，就可以得到盈余久期的计算语言。

九、第十章 WinBUGS 程序

程序 1：长寿上限期权对冲程序

```
model
{
for(i in 1:N){
for(j in 1:T){
M[i,j] ~ dnorm(u[i,j],invsigma2. E)
u[i,j] <- a[i] + b[i] * k[j]
}}

for(i in 2:N){
a[i] ~ dnorm(0,invsigma2. a)
b[i] ~ dnorm(0. 010989,invsigma2. b)
}
a[1] ~ dnorm(0,invsigma2. a)
b[1] <- 1 - sum(b[2:N])

for(j in 2:T){
k[j] <- mu + k[j-1] + w[j-1]
r[j] <- invsigma2. k
w[j] ~ dnorm(0,r[j])

}
w[1] ~ dnorm(0,r[1])
r[1] <- invsigma2. k
k[1] <- (0 - 231 * mu - w[1] - sum(w[1:2]) - sum(w[1:3]) - sum(w
[1:4]) - sum(w[1:5]) - sum(w[1:6]) - sum(w[1:7]) - sum(w[1:8]) -
sum(w[1:9]) - sum(w[1:10]) - sum(w[1:11]) - sum(w[1:12]) - sum
(w[1:13]) - sum(w[1:14]) - sum(w[1:15]) - sum(w[1:16]) - sum(w
[1:17]) - sum(w[1:18]) - sum(w[1:19]) - sum(w[1:20]) - sum(w
```

```
[1:21]))/22
mu ~ dnorm(mu0,invsigma2. mu)
invsigma2 ~ dgamma(alpha,beta)
for(j in 1:40){
k[j+22] <-mu+k[j+21]+w[j+21]
for(i in 1:91){
m[i,j] <-exp(a[i]+b[i] * k[j+22])
}}
for(j in 23:61){
w[j] ~ dnorm(0,invsigma2. k)
}
for(j in 2:T){
kl[j] <-mu+kl[j-1]+wl[j-1]
wl[j] ~ dnorm(U[1],invsigma2. k)
}
U[1] <--0. 2 * sqrt(1/invsigma2. k)
wl[1] ~ dnorm(U[1],invsigma2. k)

kl[1] <-k[1]
for(j in 1:40){
kl[j+22] <-mu+kl[j+21]+wl[j+21]
for(i in 1:91){
ml[i,j] <-exp(a[i]+b[i] * kl[j+22])
}}
for(j in 23:61){
wl[j] ~ dnorm(U[1],invsigma2. k)
}
for(j in 1:31){
for(l in 1:31){
p[l,j] <-exp( -sum(m[60:60+l-1,j]))
pl[l,j] <-exp( -sum(ml[60:60+l-1,j]))
P[l,j] <-exp( -0. 02 * l) * p[l,j]
Pl[l,j] <-exp( -0. 02 * l) * pl[l,j]
R[l,j] <-exp( -0. 02 * l) * max(((p[l,j]-p[l,1]),0)
```

```
R1[1,j] <- exp( -0.02 * 1) * max((p1[1,j] - p[1,1]),0)
}}
A[60] <- sum(P1[1:31,1])
B[60] <- sum(P1[1:31,1:31])
B1[60] <- sum(R[1:31,1:31])
B2[60] <- sum(R1[1:31,1:31])
for(j in 1:31){
C[60,j] <- A[60] - B[60] + B2[60] - B1[60]
}
```

程序2：不同期限互换对冲程序（接基本程序）

```
for(j in 1:31){
for(1 in 1:31){
p[1,j] <- exp( -sum(m[60:60 + 1 - 1,j]))
p1[1,j] <- exp( -sum(m1[60:60 + 1 - 1,j]))
P[1,j] <- exp( -0.02 * 1) * p[1,j]
P1[1,j] <- exp( -0.02 * 1) * p1[1,j]
R[1,j] <- exp( -0.02 * 1) * (p1[1,1] - p[1,j])
}}
A[60] <- sum(P1[1:31,1])
B[60] <- sum(P1[1:31,1:31])
C[60] <- A[60] - B[60]
C1[60] <- A[60] - B[60] + sum(R[1:10,1])
C2[60] <- A[60] - B[60] + sum(R[1:20,1])
C3[60] <- A[60] - B[60] + sum(R[1:30,1])
```

程序3：各年龄互换头寸程序（接基本程序）

```
for(j in 1:31){
for(1 in 1:31){
p[1,j] <- exp( -sum(m[60:60 + 1 - 1,j]))
p1[1,j] <- exp( -sum(m1[60:60 + 1 - 1,j]))
P[1,j] <- exp( -0.02 * 1) * p[1,j]
P1[1,j] <- exp( -0.02 * 1) * p1[1,j]
R[1,j] <- exp( -0.02 * 1) * (p1[1,1] - p[1,j])
```

}}

C[60] <- sum(R[1:31,1])

C[62] <- sum(R[3:31,1])

C[64] <- sum(R[5:31,1])

C[66] <- sum(R[7:31,1])

C[68] <- sum(R[9:31,1])

C[70] <- sum(R[11:31,1])

C[72] <- sum(R[13:31,1])

C[74] <- sum(R[15:31,1])

C[76] <- sum(R[17:31,1])

C[78] <- sum(R[19:31,1])

C[80] <- sum(R[21:31,1])

程序解析：本章程序 1 中 A[60] <- sum(P1[1：31, 1])表示风险中性化后的年金资产价值，注意这里 P1[1：31, 1]中的 j = 1，表示资产是基于第一年对生存概率的预测值计算的年金价格，实质上是由静态生命表计算而得，而 B[60] <- sum(P1[1：31, 1：31])作为负债，对年金持有人的支付是取决于未来时刻的实际生存概率，是动态变化的生存概率，所以这里不再是 j = 1。B2[60] <- sum(R1[1：31, 1：31])是计算持有长寿上限期权的随机折现现金流，这也是基于动态的生存概率计算的。B1[60] < -sum(R[1：31, 1：31])是长寿上限期权的价格。C[60, j] <- A[60] - B[60] + B2[60] - B1[60]是对应于第十章的公式（10.9），表示经过长寿上限期权对冲的年金折现盈余头寸。程序 2 中 C1[60] <- A[60] - B[60] + sum(R[1：10, 1])表示互换对冲后年金的折现盈余头寸，对应着第十章中的公式（10.6）. 这里 A[60]和 B[60]一样都表示年金发行人的资产和负债，而 sum(R[1：10, 1])是来自长寿互换多头的随机折现现金流。程序 3 中 C[60] <- sum(R[1：31, 1])和 C[62] <- sum(R[3：31, 1])分别年金持有人 60 和 62 岁时来自长寿互换多头的随机折现现金流。其他程序代码与程序 1 相同。

十、第十一章 WinBUGS 程序

程序 1（死亡率预测，风险中性化，与看涨期权计算综合程序）

model

```
{
for( i in 1:N){
for( j in 1:T){
M[i,j] ~ dnorm(u[i,j],invsigma2. E)
u[i,j] <- a[i] + b[i] * k[j]
}}

for( i in 2:N){
a[i] ~ dnorm(0,invsigma2. a)
b[i] ~ dnorm(0. 010989,invsigma2. b)
}
a[1] ~ dnorm(0,invsigma2. a)
b[1] <- 1 - sum(b[2:N])

for( j in 2:T){
k[j] <- mu + k[j-1] + w[j-1]
r[j] <- invsigma2. k
w[j] ~ dnorm(0,r[j])

}
w[1] ~ dnorm(0,r[1])
r[1] <- invsigma2. k

k[1] <- (0 - 231 * mu - w[1] - sum(w[1:2]) - sum(w[1:3]) - sum(w
[1:4]) - sum(w[1:5]) - sum(w[1:6]) - sum(w[1:7]) - sum(w[1:8]) -
sum(w[1:9]) - sum(w[1:10]) - sum(w[1:11]) - sum(w[1:12]) - sum
(w[1:13]) - sum(w[1:14]) - sum(w[1:15]) - sum(w[1:16]) - sum(w
[1:17]) - sum(w[1:18]) - sum(w[1:19]) - sum(w[1:20]) - sum(w
[1:21]))/22
mu ~ dnorm(mu0,invsigma2. mu)
invsigma2 ~ dgamma(alpha,beta)
for( j in 1:40){
k[j+22] <- mu + k[j+21] + w[j+21]
for( i in 1:91){
```

```
m[i,j] <- exp(a[i] + b[i] * k[j + 22])
}}

for(j in 23:61){
w[j] ~ dnorm(0, invsigma2. k)
}

for(j in 2:T){
kl[j] <- mu + kl[j - 1] + wl[j - 1]
wl[j] ~ dnorm(U[1], invsigma2. k)
}
U[1] <- -0. 2 * sqrt(1/invsigma2. k)
wl[1] ~ dnorm(U[1], invsigma2. k)

kl[1] <- k[1]
for(j in 1:40){
kl[j + 22] <- mu + kl[j + 21] + wl[j + 21]
for(i in 1:91){
ml[i,j] <- exp(a[i] + b[i] * kl[j + 22])
}}

for(j in 23:61){
wl[j] ~ dnorm(U[1], invsigma2. k)
}

for(j in 1:30){
for(l in 1:31){
p[l,j] <- exp( - sum(ml[60:60 + l - 1,j]))
R[l,j] <- exp( - 0. 02 * l) * max(0, p[l,j] - p[l,1])
}}
```

程序 2：长寿风险占比程序（接基本程序后）
```
for(j in 1:10){
for(l in 1:31){
```

```
R1[1,j] <- exp( -0.02 * 1) * max(0,p1[1,j] - p2[1])
RR[1,j] <- exp( -0.02 * 1) * p1[1,j]
}


B[j] <- sum(R1[1:31,j])
A1[j] <- sum(RR[1:31,j])
C1[j] <- B[j]/(A1[j] - B[j])
}
```

程序 3：延期 30 年的长寿连接型年金保费计算程序（接基本程序后）

```
for(j in 1:40){
for(1 in 1:61){
p[1,j] <- exp( -sum(m1[30:30 + 1 - 1,j]))
}
}
for(j in 1:40){
for(1 in 1:61){
R[1,j] <- exp( -0.02 * 1) * max(0,p[1,j] - p[1,1])
RR[1,j] <- exp( -0.02 * 1) * p[1,j]
RRR[1,j] <- 1/RR[1,j]
}}
A[30] <- sum(RR[31:61,30])
B[30] <- sum(R[31:61,30])
C[30] <- sum(RRR[1:30,1])/(A[30] - B[30])
```

程序 4：确定性等价年金收入 EA 计算程序（接基本程序后）

```
A <- P[1,1] + P[2,2] + P[3,3] + P[4,4] + P[5,5] + P[6,6] + P[7,7] +
P[8,8] + P[9,9] + P[10,10] + P[11,11] + P[12,12] + P[13,13] + P[14,
14] + P[15,15] + P[16,16] + P[17,17] + P[18,18] + P[19,19] + P[20,
20] + P[21,21] + P[22,22] + P[23,23] + P[24,24] + P[25,25] + P[26,
26] + P[27,27] + P[28,28] + P[29,29] + P[30,30] + P[31,31]
EA <- exp( -1.047/A)
```

程序5：长寿连接型年金的终生效用计算程序（接基本程序后）

```
for( j in 1:40){
for( l in 1:31){
R[l,j] <-exp( -0.02 * l) * p[l,j] * log( P[l,j] )
}
}
```

B <- R[1,1] + R[2,2] + R[3,3] + R[4,4] + R[5,5] + R[6,6] + R[7,7] + R[8,8] + R[9,9] + R[10,10] + R[11,11] + R[12,12] + R[13,13] + R[14,14] + R[15,15] + R[16,16] + R[17,17] + R[18,18] + R[19,19] + R[20,20] + R[21,21] + R[22,22] + R[23,23] + R[24,24] + R[25,25] + R[26,26] + R[27,27] + R[28,28] + R[29,29] + R[30,30] + R[31,31]

程序解析：本章程序2中B[j] <- sum(R1[1：31,j])计算的是年金中的长寿风险，而程序语言A1[j] <- sum(RR[1：31,j])计算的是包含长寿风险在内的年金价格，度量的是年金发行人的实际负债，因此程序语言C1[j] <- B[j]/(A1[j] − B[j])计算的传统年金保费中长寿风险的占比。与程序2相似，程序3中A[30] <- sum(RR[31：61,30])计算的是延期30年的年金价格，B[30] <- sum(R[31：61,30])计算的是该延期30年的终生年金中长寿风险的价值，而C[30] <- sum(RRR[1：30,1])/(A[30] − B[30])计算的是该延期年金中长寿风险价值的占比。在程序4和程序5中，终生效用按照本章公式（11.11）计算，消费就是随真实死亡率调整的年金动态支付。程序语言A是依动态生存概率计算的将来各时点精算折现因子之和。而等效用固定年金收入EA是依照本章公式（11.12）计算所得。